O DIREITO AO TRABALHO DA PESSOA PORTADORA DE DEFICIÊNCIA

AÇÃO AFIRMATIVA

O PRINCÍPIO CONSTITUCIONAL DA IGUALDADE

SANDRO NAHMIAS MELO

Juiz do Trabalho. Mestre e Doutor em Direito pela Pontifícia Universidade Católica de São Paulo. Professor do Programa de Pós-Graduação da Universidade do Estado do Amazonas.

O DIREITO AO TRABALHO DA PESSOA PORTADORA DE DEFICIÊNCIA

AÇÃO AFIRMATIVA

O PRINCÍPIO CONSTITUCIONAL DA IGUALDADE

EDITORA LTR
SÃO PAULO

Dados Internacionais de Catalogação na Publicação (CIP)
(Câmara Brasileira do Livro, SP, Brasil)

Melo, Sandro Nahmias

O direito ao trabalho da pessoa portadora de deficiência : o princípio constitucional da igualdade : ação afirmativa / Sandro Nahmias Melo. — São Paulo : LTr, 2004.

Bibliografia.
ISBN 85-361-0584-4

1. Ação afirmativa — Programas — Brasil 2. Deficientes — Leis e legislação — Brasil 3. Direito do trabalho — Brasil 4. Igualdade perante a lei — Brasil I. Título.

04.4552 CDU-34:331.92:362.65(81)

Índices para catálogo sistemático:

1. Brasil : Direito ao trabalho : Portadores de deficiência 34:331.92:362.65(81)
2. Brasil : Portadores de deficiência : Direito ao trabalho 34:331.92:362.65(81)

Editoração eletrônica: **LINOTEC**
Capa: **ELIANA C. COSTA**
Impressão: **BOOK**

(Cód. 2900.4)

LTr®

EDITORA LTDA.

Rua Apa, 165 - CEP 01201-904 - Fone (11) 3826-2788 - Fax (11) 3826-9180
São Paulo, SP - Brasil - www.ltr.com.br

Agosto, 2004

Dedico este livro

A Deus, sempre...

À Tennessa, por seu amor e perseverança,
e ao nosso pequeno Samuel, herança do Senhor.

Aos meus pais, Lindalva e Orlando,
ratificando, uma vez mais, meu amor filial.

Agradecimentos

Ao caro Professor Doutor Pedro Paulo Teixeira Manus,
por quem nutro profunda admiração.
Seus frutos como pai, jurista e magistrado,
denunciam a nobreza de seu caráter
e generosidade única no trato com as pessoas.

Ao Professor Doutor Georgenor de Sousa Franco Filho,
jurista apaixonado pelo Direito do Trabalho,
pelas lições jurídicas e de vida.

Ao amigo Arão Amazonas pelo estímulo nas horas difíceis.

SUMÁRIO

CAPÍTULO II — O DIREITO AO TRABALHO DA PESSOA PORTADORA DE DEFICIÊNCIA

CAPÍTULO III — O PRINCÍPIO CONSTITUCIONAL DA IGUALDADE E A AÇÃO AFIRMATIVA *(AFFIRMATIVE ACTION)*

CAPÍTULO IV — MEDIDAS POSITIVAS DE ACESSO AO TRABALHO

APRESENTAÇÃO

O novo livro que a Editora LTr oferece ao público trata de tema de extrema relevância e, infelizmente, pouco versado pelos estudiosos do Direito do Trabalho. Trata-se da questão referente à pessoa portadora de deficiência e da necessidade de correta equação do seu direito ao trabalho, que tem como fundamento o princípio constitucional da igualdade.

Felizmente o Professor e Juiz do Trabalho *Sandro Nahmias Melo* decidiu enfrentar esta questão delicada e produziu excelente obra, fruto de sua tese de doutoramento no Programa de Pós-Graduação da Pontifícia Universidade Católica de São Paulo, que tive a honra de orientar e que mereceu nota máxima por unanimidade da banca examinadora, com votos de louvor.

Cuida o livro do portador de deficiência examinando a questão sob o aspecto histórico, terminológico e discorrendo sobre as várias manifestações da deficiência.

Ingressa a seguir na questão do direito ao trabalho da pessoa portadora de deficiência no direito brasileiro, quer sob a ótica constitucional, quer sob a ótica da lei ordinária, abordando também o tema no direito estrangeiro.

A seguir o autor traz a sua maior contribuição sobre o tema que é ação afirmativa como forma de efetivar o princípio constitucional da igualdade, estudando-a sob a ótica do direito constitucional e do trabalho.

Conclui a obra o exame do que denomina de medidas positivas, exemplificando situações e demonstrando com dar efetividade à garantia teórica de proteção e oportunidade à pessoa portadora de deficiência.

Como disse trata-se de livro de grande atualidade e valor, que se ocupa de tema delicado e que provoca um sentimento de culpa e certa emoção em todos nós. Certamente estes os motivos de questão tão relevante em nossa sociedade não merecer a correta equação que reclamada. O livro ao centrar a questão sob a ótica das ações afirmativas contribui com absoluta certeza para que sigamos o rumo adequado na solução dos variados problemas a respeito.

Sandro Nahmias Melo além de juiz e professor competente e dedicado é pessoa de valores preciosos que demonstra com sua conduta e ações o homem íntegro e preocupado com seu semelhante, buscando a cada passo dar sua contribuição para melhorar a vida ao seu redor.

Sua trajetória como juiz do trabalho e professor universitário é reflexo de sua conduta como cidadão, tanto em relação a sua família e amigos, quanto em relação à sociedade de modo geral, dando atenção a todos, sem distinção entre os que o cercam e buscando sempre tornar efetivos os direitos reconhecidos a todas as pessoas, tendo como norte em suas idéias e ações os valores mais altos e importantes.

Felizmente a Editora LTr cuidou de trazer a público mais um brilhante trabalho de *Sandro Nahmias Melo* que vem enriquecer a bibliografia jurídico-trabalhista para satisfação de todos nós.

Pedro Paulo Teixeira Manus

Juiz do Tribunal Regional do Trabalho da 2ª Região
Doutor e livre-docente em Direito do Trabalho pela PUCSP
Professor dos cursos de graduação e pós-graduação da PUCSP
Titular da Academia Paulista de Direito, da Academia Nacional de Direito do Trabalho, da Academia Paulista de Magistrados e do Instituto Iberoamericano de Derecho del Trabajo y de la Seguridad Social.

PREFÁCIO

Conheci o Prof. Dr. *Sandro Nahmias Melo* quando, em 1999, fiz parte da banca examinadora de sua dissertação de Mestrado em Direito das Relações Sociais, na PUC de São Paulo, intitulada *Meio ambiente do trabalho: direito fundamental*, depois transformada em livro (São Paulo, LTr, 2001). Reencontramo-nos, mais tarde, quando, a seu convite, fui proferir palestra no vizinho Estado do Amazonas. Ele é Juiz do Trabalho, na 11ª Região trabalhista brasileira, e professor universitário em Manaus, a bela metrópole da Amazônia Ocidental, que, ao lado da minha cidade de Belém do Pará, formam os dois principais pólos exportadores de talentos para o Brasil e para o mundo.

Voltei a vê-lo, mais tarde, em alguns conclaves jurídicos nacionais. E, para gáudio meu, chamou-me o meu amigo Prof. Dr. *Pedro Paulo Teixeira Manus* para, mais uma vez, examiná-lo, agora a fim de conferir-lhe o grau de Doutor em Direito. Corria a manhã de 12 de abril de 2002, e deparei, novamente, com a jovem e preocupada figura de *Sandro Nahmias Melo* defendendo, com invulgar talento, a tese *O direito ao trabalho da pessoa portadora de deficiência e o princípio constitucional da igualdade (ação afirmativa).*

Se, na primeira oportunidade, a nota máxima foi o mínimo que se poderia, unanimemente, conferir, outra não foi a situação que vivenciamos, os examinadores, na nova ocasião: outra nota 10, com a recomendação para publicar a obra.

... E aqui está. Um texto denso, sério, profundo, coerente, ajustando-se ao que de melhor existe sobre tema de singular importância. A ação afirmativa, como instrumento para a garantia da igualdade que o *caput* do art. 5º da Lei Fundamental do Brasil reconhece, a fim de proporcionar aos portadores de necessidades especiais o direito do trabalho, é de valor indiscutível, e *Sandro Nahmias Melo* desenvolve, com elegância e conhecimento, o exame da matéria. De um excelente histórico sobre os portadores de necessidades especiais, expressão que o autor não prefere, optando por usar aquela que a própria Constituição em vigor adota, chega ao tema central, a ação afirmativa, demonstrando sua utilidade e sua eficácia no sentido de repor a dignidade da pessoa humana no patamar que sempre mereceu estar.

Vários autores brasileiros têm se dedicado ao tema. Tive ocasião de apresentar os livros de *Christiane Marques*, brilhante professora da PUC de São Paulo, sobre *Discriminação estética e contrato de trabalho* (São Paulo, LTr, 2002) e de *José Claudio Monteiro de Brito Filho*, outro brilhante jurista da Amazônia, sobre *Discriminação no trabalho* (São Paulo, LTr, 2002). Em ambos, verifiquei a preocupação geral com a prevalência da igualdade independentemente das eventuais diferenças ou limites que possa o ser humano possuir. Agora, essa certeza se confirma. *Sandro Nahmias Melo,* esse jovem e promissor jurista do vizinho Amazonas, aborda outro viés de tema tão relevante e de interesse de toda a sociedade. Se, como escrevi alhures, todos somos feitos à semelhança de Deus, Deus, Pai Misericordioso, não abriu chance a divisões odiosas que possam existir. E, se homens existem que fazem separações entre seres humanos, seja por qualquer razão, cabe o reparo, com o fito de diminuir desigualdades e eliminar ofensivas discriminações. A ação afirmativa está aí e a obra de *Sandro Nahmias Melo* abre a porta para que se implemente esse mecanismo em nosso país. Por isso, é livro indispensável e ganhamos, com ele, todos os cidadãos brasileiros.

Georgenor de Sousa Franco Filho

Juiz Togado do TRT da 8ª Região, Professor Titular de Direito Internacional da UNAMA, Doutor em Direito pela Universidade de São Paulo, 1º Vice-Presidente da Academia Nacional de Direito do Trabalho

Introdução

Já há algum tempo acalentávamos o desejo de empreender estudo científico sobre as peculiaridades que envolvem as relações de trabalho das chamadas pessoas portadoras de deficiência, mais precisamente há cerca de cinco anos quando o tema veio à baila em um dos ricos debates travados durante o Curso de Especialização em Direito do Trabalho, promovido pela PUC/SP, no qual atuamos como professor assistente.

Após um exame inicial sobre dados estatísticos, constatamos que, apesar do Brasil possuir uma das maiores populações de pessoas portadoras de deficiência do mundo, a taxa de participação destas no mercado de trabalho era inversamente proporcional ao seu número. Optamos, então, por delimitar o campo do presente estudo à realidade e ao ordenamento jurídico brasileiros.

Chamou-nos a atenção, neste particular, a exigüidade de trabalhos jurídicos dedicados ao tema, os quais, em sua maioria, limitavam-se a enumerar os dispositivos legais regulamentadores das oportunidades de trabalho das pessoas portadoras de deficiência, abstendo-se, todavia, de qualquer análise sobre a eficácia de tais normas no meio social.

Assim sendo, afigurou-nos precário um estudo do direito ao trabalho das pessoas portadoras de deficiência dissociado de um exame sobre os reflexos deste direito, e das normas que o embasam, no plano concreto das ocorrências. Decidimos, então, que o estudo deveria convergir para propostas de realizabilidade do direito posto.

Destacou-se, então, o princípio constitucional da igualdade, centro medular do Estado Social, como resposta à necessidade de apresentarmos meios destinados a conferir efetividade ao direito ao trabalho da pessoa portadora de deficiência.

Mantendo fidelidade à idéia original, de esquivar-se de um estudo técnico distanciado da realidade brasileira, efetuamos, durante cerca de três anos, pesquisas em jornais de circulação nacional, especialmente na Folha de S. Paulo, e em periódicos semanais, os quais, direta ou indiretamente tratavam do tópico "pessoa portadora de deficiência". Os fatos relevantes apurados nesta pesquisa são parte integrante do corpo deste trabalho.

Definidas estas linhas mestras, a presente tese foi dividida em quatro partes.

Buscando aclarar este tema, ainda pouco trabalhado pela doutrina e jurisprudência, realizamos, inicialmente, um escorço histórico sobre as relações de trabalho das pessoas portadoras de deficiência, com especial atenção às práticas discriminatórias. Na etapa seguinte, vencidos os problemas terminológico e conceitual acerca da designação da pessoa portadora de deficiência, buscamos apresentar um rol exemplificativo das espécies de deficiência.

Todo o primeiro capítulo foi dedicado aos temas supracitados.

No capítulo seguinte, o segundo, procuramos demonstrar qual o tratamento concedido ao direito ao trabalho da pessoa portadora de deficiência no ordenamento jurídico pátrio, tanto na legislação constitucional como não infraconstitucional.

No mais, considerando que, hodiernamente, as questões de trabalho e emprego tendem à globalização, cresce em importância a prática do estudo comparativo com as legislações estrangeiras, na medida em que possibilita uma melhor compreensão das normas que versam sobre a matéria integrantes do nosso direito positivo. Razões pelas quais efetuamos estudo sobre as normas constitucionais de países, entre eles os que integram o Mercosul, que tutelam, mediata ou imediatamente, o direito ao trabalho da pessoa portadora de deficiência.

No capítulo três, após superarmos a problemática terminológica em torno da eficácia das normas constitucionais, enfrentamos a difícil tarefa de caracterizar e definir, ainda que minimamente, o conteúdo jurídico do princípio constitucional da igualdade, e, só assim, reconhecê-lo como na meio de efetivação do direito ao trabalho das pessoas portadoras de deficiência.

Empreendeu-se, em seguida, análise criteriosa sobre as vertentes do princípio constitucional da igualdade — a formal e a material — e as repercussões de cada uma sobre obstáculos impostos às pessoas portadoras de deficiência, com relação ao acesso ao mercado de trabalho. Tal digressão teve como objetivo final demonstrar, de maneira concludente, que o direito ao trabalho, mormente o da pessoa portadora de deficiência, só é alcançado plenamente através de condutas estatais positivas: as ações afirmativas.

Levando em consideração a cruel realidade de segregação da pessoa portadora de deficiência que se descortina no Brasil e visando que o direito ao trabalho das mesmas não figure apenas como uma declaração legal solene, limitada ao uso retórico, é que o último capítulo desta obra dedica-se à apresentação de propostas relativas às políticas estatais positivas destinadas a conferir efetividade a este direito fundamental. Dentre estas medidas positivas optamos por destacar a necessidade de educação e qualificação das pessoas portadoras de deficiência para o trabalho, associadas a uma política de incentivos fiscais aos empregadores. Foram referidas, ainda, as chamadas garantias fundamentais, como instrumentos de garantia do direito fundamental ao trabalho. Tendo sido destacada, por fim, a atuação do Ministério Público do Trabalho em defesa do direito ao trabalho das pessoas portadoras de deficiência.

Ao concluirmos este trabalho que, indubitavelmente, é merecedor de maiores análises pela doutrina, esperamos ter contribuído para que se intensifiquem os estudos acerca das oportunidades de trabalho conferidas às pessoas portadoras de deficiência, pois a carência de estudos no campo das medidas estatais positivas é impeditiva de uma discussão mais concreta e menos apaixonada sobre o que realmente obstaculiza o acesso da pessoa portadora de deficiência ao mercado de trabalho.

CAPÍTULO I

DA PESSOA PORTADORA DE DEFICIÊNCIA

> *"Quem fez a boca do homem? Ou quem fez o mudo, ou o surdo, ou o que vê, ou o cego? Não sou eu, o Senhor?" (Êxodo 4:11)*

1.1. CONSIDERAÇÕES INICIAIS

Hanna Arendt, em sua obra *A condição humana*, ao apresentar os conceitos do que considera as três atividades humanas fundamentais, destaca o labor como a atividade diretamente relacionada à própria vida, que assegura a sobrevivência do indivíduo e a vida da espécie.[1]

Bobbio, por sua vez, destaca o trabalho como um dos três direitos sociais fundamentais[2], afirmando, em tom peremptório, que: "a reivindicação do direito ao trabalho como direito fundamental — tão fundamental que passou a fazer parte de todas as Declarações de Direitos contemporâneas — teve as mesmas boas razões da anterior reivindicação do direito de propriedade como direito natural".[3]

Neste sentido, a Declaração dos Direitos do Homem e do Cidadão, em seu art. 23.1, aponta o trabalho como direito humano funda-

---

[1] *A condição humana*, p. 57.

[2] Norberto Bobbio, *A era dos direitos*, p. 71. Segundo o autor, os outros dois seriam o direito à instrução e o direito à saúde.

[3] *Ibidem*, p. 77. Neste sentido, Sebastião Geraldo de Oliveira — *Proteção jurídica à saúde do trabalhador*, p. 317 — observa, com fineza de pensamento, que: "o primeiro direito fundamental é indiscutivelmente o direito à vida. Este direito, no entanto, está apoiado em alguns pilares essenciais, dentre eles o *trabalho* e a saúde" (grifo nosso). Ressalte-se, ainda, que o trabalho, além de direito, constitui-se em um princípio bíblico, na medida em que está escrito "Do suor do teu rosto comerás o teu pão" (Gênesis 3:19)

mental, ao dispor que: "Todo homem tem direito ao trabalho, à livre escolha de emprego, a condições justas e favoráveis de trabalho e à proteção contra o desemprego".

Apesar de insofismável a premissa no sentido de ser o trabalho um direito materialmente fundamental (essencial à vida)[4], cumpre reconhecer que o campo dos direitos do homem — ou, mais precisamente, das normas que declaram, reconhecem, definem, atribuem direitos ao homem — aparece, certamente, como aquele onde é maior a defasagem entre a posição da norma e sua efetiva aplicação.[5] Tal defasagem ocorre porque, na atribuição dos direitos sociais, diferentemente do que ocorre nos direitos de liberdade, "não se podem deixar de levar em conta as diferenças específicas, que são relevantes para distinguir um indivíduo do outro, ou melhor, um grupo de indivíduos de outro grupo".[6]

Dentro deste prisma de consideração das diferenças existentes entre grupos sociais, é mister questionar-se: Tais diferenças constituiriam óbice legítimo para a não extensão ou limitação, pura e simples, a determinado grupo social, do direito ao trabalho? Parece-nos que não.

Historicamente, entretanto, as diferenças entre os indivíduos têm sido utilizadas como fator de limitação e até de supressão do direito ao trabalho. Homens, mulheres, negros, estrangeiros sofreram e têm sofrido discriminação em função de suas características peculiares.

Os grupos minoritários sempre sofreram mais agudamente com as restrições impostas por um "grupo dominante" quanto ao exercício do direito ao trabalho (condições de trabalho, diferenças salariais etc. ...). Elucide-se que os referidos "grupos minoritários" não estão relacionados, necessariamente, a uma situação numérica desvantajosa. O que se tem por pressuposto é que tais grupos não se encontrem em uma posição social dominante, sendo reconhecida a existência contra eles algum tipo de desvantagem ou de discriminação.[7]

---

[4] Sobre a classificação e conceituação dos direitos fundamentais ver a nossa obra "*Meio ambiente do trabalho: direito fundamental*", *passim*.

[5] Cf. Norberto Bobbio, ob. cit., p. 77. Neste sentido Paulo Bonavides — *Curso de direito constitucional*, p. 545 — aponta "a necessidade de fazer eficazes os direitos fundamentais e a insuficiência da Velha Hermenêutica".

[6] *Ibid.*, p. 71. O autor destaca ainda que, "com relação ao trabalho, são relevantes as diferenças de idade e de sexo; com relação à instrução, são relevantes diferenças entre crianças normais e crianças que não são normais; com relação à saúde, são relevantes diferenças entre adultos e velhos".

[7] Cf. Maria Aparecida Gugel, *Discriminação positiva*, pp. 22/23.

Assim não é incomum a adoção de práticas discriminatórias contra segmentos sociais numericamente expressivos (o caso das mulheres em alguns países mulçumanos ou dos negros na África do Sul).

Entre tais grupos sobreleva-se aquele formado pelas chamadas pessoas portadoras de deficiência, que apesar de, segundo a Organização das Nações Unidas, representar cerca de 10% da população mundial,[8] têm sofrido, historicamente, mais do que qualquer outro grupo minoritário a discriminação quanto ao exercício do direito fundamental ao trabalho.

Este tipo de discriminação cresce em gravidade na medida em que se negar o acesso ao trabalho a uma pessoa portadora de deficiência implica, na prática, em excluí-la da sociedade, uma vez que o trabalho é, na vida adulta, recurso fundamental para a inserção social da pessoa, da mesma forma que a educação o é, na infância, adolescência e juventude.

Tal prática de segregação tem origem, entre outros fatores, principalmente no entendimento, equivocado, de que as pessoas portadoras de deficiência são incapazes para o trabalho, não tendo condições plenas para contribuir para o seu bem-estar pessoal e para a própria comunidade. Dentro desta ótica, como nos dias de hoje o trabalho, além de um direito, é uma atividade supervalorizada, quem não consegue trabalhar é visto como, um fardo, como um inútil ... como um "deficiente".[9]

Deve ser rechaçado, portanto, o estereótipo segundo o qual a pessoa portadora de deficiência é incapaz para o trabalho. Incapacidade e pessoa portadora de deficiência não andam necessariamente juntas. É certo que as pessoas portadoras de deficiência apresentam limitações para o exercício de determinadas atividades, mas não para *toda* e qualquer atividade. Tais limitações, inclusive, são superadas, na maioria dos casos, mediante empenho da pessoa portadora de deficiência combinado com o apoio Estatal e da sociedade.

---

[8] *Apud* Folha de S. Paulo de 04.04.2001, pág. C. 10. O referido percentual pode variar dependendo do país sob análise. Lafaiete Pussoli — *A pessoa portadora de deficiência e a reserva de mercado*, p. 63 — destaca que "na África, como conseqüência de guerras, a proporção de pessoa portadora de deficiência em relação à população é calculada na base de 20% e, incluindo os familiares, os parentes e as instituições públicas e filantrópicas, os efeitos negativos das deficiências podem afetar em até 50% do total da população". No Brasil, a ONU reconheceu a prevalência da referida taxa de 10% (Folha de S. Paulo de 04.04.2001, pág. C. 10).

[9] Expressão repudiada pela doutrina como se verá, de maneira detalhada, no item 1.3 *infra*.

A própria história mostra que é um equívoco atribuir-se à pessoa portadora de deficiência a pecha de incapaz. Destaque-se, como marco da cultura cristã, a liderança de um homem com *severos problemas de comunicação* que se tornou o libertador de mais de um milhão de hebreus do jugo egípcio.[10] As composições de um músico alemão, produzidas depois que adquiriu *grave deficiência auditiva*, são um marco da cultura ocidental.[11] Um homem atingido pela *poliomielite* aos 39 anos forjou a nação hoje reconhecida como a mais poderosa do mundo, presidindo-a na pior crise econômica verificada ao longo de sua história.[12] Ao final do século XX, a produção científica de um portador de *deficiência sensorial e locomotora* revoluciona a Física Quântica.[13] No Brasil, um artista, com os *dedos das mãos perdidos ou imobilizados*, esculpiu suas fantásticas obras barrocas em Minas Gerais.[14]

Apesar destes exemplos, ainda persiste hodiernamente a visão de que as pessoas portadoras de deficiência têm uma incompatibilidade invencível com o trabalho. O estigma da deficiência ainda inculca a falsa idéia de que todos os deficientes são iguais. O resul-

---

[10] *Moisés* apesar do problema de fala (*gagueira* segundo Donald C. Stamps, *Bíblia de Estudo Pentecostal*, p. 121) foi líder absoluto do povo hebreu durante a imorredoura marcha até a terra prometida. Cf. *Bíblia Sagrada*, Livro de Êxodo 12:37. (As mulheres, segundo Donald Stamps — ob. cit, p. 135 — não eram contadas).

[11] *Ludwig van Beethoven*, gênio da música erudita, aos 27 anos começou a sentir problemas em seus ouvidos. Apesar de só ter ficado completamente surdo aos 52 anos, sua obra demonstra a sua competência como um dos maiores compositores que o mundo já conheceu. Cf. Otto Marques da Silva, *Uma questão de competência*, p. 28.

[12] *Franklin Delano Roosevelt* foi o 32º presidente do Estados Unidos da América e um dos mais formidáveis líderes daquela nação. Apesar de ter permanecido "preso" a uma cadeira de rodas comandou as tropas americanas durante a 2ª Guerra Mundial, sendo ainda responsável pelo Plano *New Deal*, o qual resgatou a economia americana do caos. Cf. http://encarta.msn.com.

[13] *Stephen Hawking*, físico inglês, paralisado desde a juventude por uma doença degenerativa incomum, que atrofia os músculos, comunica-se com o mundo através um computador adaptado à sua cadeira de rodas, em cujo teclado especial, com uma fraca pressão nos dedos, digita pausadamente cada letra. Tal limitação não o impediu de tornar-se um dos cientistas mais respeitados do mundo quando, em 1974, identificou uma radiação mais tarde batizada com o seu nome. Seu livro "Uma breve História do Tempo" foi traduzido para 33 idiomas e vendeu mais de 9 milhões de exemplares. Nascido em 1942, em Oxford, Inglaterra, é matemático, astrofísico e doutor em cosmologia. Desde 1979, é professor da Universidade de Cambridge, ocupando a cadeira que pertenceu a *Isaac Newton*. Cf. *O universo numa casca de noz*, último livro de Hawking, lançado no Brasil em novembro de 2001, São Paulo, Ed. Mandarim.

[14] *Antônio Francisco Lisboa*. O "Aleijadinho" costumava mandar que seus auxiliares amarrassem o martelo e cinzel em suas mãos para que pudesse esculpir suas obras. Cf. Rubens Valtecides Alves, *Deficiente físico — Novas dimensões de proteção ao trabalhador*, p. 27.

tado deste preconceito é que, mesmo quando habilitados a exercerem uma profissão compatível com a sua deficiência, esbarram em objeções, claras ou disfarçadas, que lhes impedem o acesso ao mercado de trabalho.

Todo esse preconceito resultou no isolamento da pessoa portadora de deficiência, à medida que lhe foi retirado o direito de participar do contingente produtivo. O presente trabalho guarda a pretensão de desmitificar o ideário de total incapacidade da pessoa portadora de deficiência, mostrando não só a efetiva possibilidade de integração social da mesma, através do trabalho, mas acima de tudo, que o trabalho é um direito fundamental, essencial à vida digna de todo ser humano. Mesmo porque, "antes de mais nada o trabalho é 'para o homem' e não o homem 'para o trabalho'".[15]

O trabalho, como essência deste estudo, atua como elemento indispensável à integração social da pessoa portadora de deficiência prevista constitucionalmente (CF/88, art. 203, IV). Afinal os seres humanos passam mais tempo no trabalho do que em qualquer outra atividade. É ali que se formam os grupos de amigos e de lazer. É também no trabalho que são testados os novos valores sociais, a tolerância, o respeito e a solidariedade.

E é dentro desta perspectiva de direito essencial ao alcance de uma vida digna, constitucionalmente garantida, como direito, principalmente, à *igualdade* — materialmente entendida — que se pretende enfocar a necessidade de implementar condições de acesso ao trabalho para a pessoa portadora de deficiência, principalmente porque como observado, com autoridade, pelo Papa João Paulo II "o trabalho constitui uma dimensão fundamental do homem sobre a terra".[16]

É imperioso, destarte, que o direito ao trabalho das pessoas portadoras de deficiência não seja apenas reconhecido, e sim efetivado. Não basta apenas apontar o problema. Num discurso geral sobre direitos, mormente os fundamentais, deve-se manter acesa a preocupação acerca da distinção entre a teoria e a prática, ou melhor, deve-se manter em mente, antes de mais nada, que a teoria e prática percorrem estradas diversas e a velocidades díspares, sob pena de direitos, como de acesso ao trabalho às pessoas portadoras de deficiência, tornarem-se meras aspirações legais às quais o nome de "direitos" serve unicamente para atribuir um título de nobreza.

---

[15] João Paulo II, *Encíclica Laborem Exercens, in Encíclicas do Papa João Paulo II*, p. 111.

[16] *Ibidem*, p. 112.

Assim sendo, guardando fidelidade à idéia de ser essencial a atribuição de efetividade aos direitos fundamentais, este trabalho tem a ambição de não só apontar a posição do direito ao trabalho e à integração social da pessoa portadora de deficiência no ordenamento jurídico pátrio, mas também apresentar meios para a garantia de ambos. Para tanto, surge, em destaque, no desenvolvimento da tese, o *princípio constitucional da igualdade*, em sua vertente material, como meio de viabilização prática destes direitos. O direito à igualdade, por considerar positivamente as diferenças humanas, é o verdadeiro alicerce de todos os direitos constitucionalmente conferidos às pessoas portadoras de deficiência.

Assim, o princípio constitucional da igualdade, no decorrer deste estudo, é considerado como instrumento hábil para remoção dos obstáculos de acesso ao emprego impostos às pessoas portadoras de deficiência, bem como fundamento dos instrumentos destinados a ultrapassar a real desigualdade entre os cidadãos.

Cumpre advertir ainda que, para que tal objetivo seja alcançado, foi necessária, até para a delimitação do conceito de *pessoa portadora de deficiência*[17], a referência de critérios estranhos à ciência do Direito; todavia, imprescindíveis para o alcance do perfeito entendimento da idéia a ser desenvolvida.

Assim, a referência a termos, bem como a adoção de critérios de outras ciências que não a jurídica, tais como a Medicina, a Psicologia, ou mesmo a Sociologia, se justifica pela necessidade de se fazer uma abordagem didática e clara do tema estudado.[18] Como abordar o tema sobre a capacitação de pessoa portadora de deficiência mental ao exercício de determinada função, sem a idéia de que existem diversos níveis de deficiência mental? Como entender o preparo, a adequação do meio ambiente de trabalho de uma pessoa com deficiência visual, com deficiência de locomoção, sem o preciso conhecimento dos graus de limitações de cada uma?

No mais, cumpre destacar que todos os comentários formulados na área de Medicina, Psicologia ou outro ramo de estudo estranho ao Direito, não tiveram a ambição de esgotar o assunto ou mesmo de aprofundá-lo, visando, apenas, trazer algum referencial para a discussão da matéria. Assim sendo, jamais houve a intenção, até por uma questão de delimitação do objeto de estudo — necessário

---

[17] O uso da expressão, inclusive, não é unívoco entre os estudiosos do tema como apontado, de maneira minuciosa, no item 1.3.1 *infra*.

[18] Neste sentido Luiz Alberto David Araujo, *A proteção constitucional das pessoas portadoras de deficiência*, pp. 18-19.

em um trabalho que se propõe científico — de analisar profundamente os temas das áreas já referidas, procurando abordá-los tão-somente como instrumentos de reflexão para a interpretação do direito ao trabalho da pessoa portadora de deficiência. Por fim, a delimitação do tema, por si só justifica a falta de aprofundamento dos temas relacionadas às áreas científicas já mencionadas.

1.2. ESCORÇO HISTÓRICO DAS RELAÇÕES DE TRABALHO DAS PESSOAS PORTADORAS DE DEFICIÊNCIA

1.2.1. Período anterior ao século XVI

O tratamento dispensado ao portador de deficiência, desde os primórdios da humanidade, assim como as expressões utilizadas para sua designação, jamais foi unívoco, tendo sido dividido mesmo se considerada a investigação histórica de grupos sociais tradicionais (grego, romano etc.). De um lado o temos, como conduta prevalente, o tratamento discriminatório reservado ao portador de deficiência. No outro extremo, e de incidência rara, a pessoa portadora de deficiência chega a ser considerada como uma bênção divina para o grupo social ao qual pertence.[19]

Nas civilizações clássicas dos hebreus, gregos e romanos, povos cuja a vida em sociedade era regulada por farta legislação, encontramos inúmeras referências acerca das pessoas portadoras de deficiência.

Segundo a Bíblia, os Hebreus, com base na Lei de Moisés, dedicavam tratamento discriminatório às pessoas portadoras de qualquer tipo de deficiência. A própria Bíblia, relata a determinação de Moisés, no Livro de Levítico, no sentido de que os "deficientes" fossem afastados de funções sacerdotais:

> *"Pois nenhum homem em que houver alguma deformidade se chegará a oferecer o pão do seu Deus. Pois nenhum homem em que houver alguma deformidade se chegará: como homem cego, ou coxo, ou de nariz chato, ou de membros demasiadamente compridos, ou homem que tiver o pé quebrado, ou quebrada a mão, ou corcovado,*

[19] Rubens Valtecides Alves — *Deficiente físico — Novas dimensões da proteção ao trabalhador*, p.19 — cita o exemplo tribos primitivas que adotam este postura: Os *Semangs*, tribo da Malásia, onde só pessoas que usavam bastões ou muletas para locomoção devido a um defeito físico ou à cegueira eram procuradas para dar conselhos ou para decidir disputas; os *Ashantis*, habitantes do sul de Gana (África). Para eles, as crianças portadoras de deficiência eram treinadas como arautos do Rei, sendo destacadas para servirem de mensageiros nas missões delicadas, como notícias de guerra.

ou anão, ou que tiver belida no olho, ou sarna, ou impigens, ou que tiver testículo quebrado. Nenhum homem da semente de Arão, o sacerdote, em que houver alguma deformidade, se chegará para oferecer as ofertas queimadas do SENHOR."[20]

Os leprosos, como era costume da época[21], tão logo fossem descobertos, eram expulsos do espaço comum, postos para fora dos muros da cidade, exilados em algum lugar aonde iam se juntar com outros acometidos da mesma moléstia. O exílio era o instrumento de purificação do espaço urbano.

Note-se que a conduta discriminatória não impediu que as pessoas portadoras de deficiência conquistassem, mediante empenho e bênção divina, posições de liderança dentro da sociedade hebraica. Assim aconteceu com *Moisés*[22], *Jacó*[23] e *Paulo.*[24]

A Cultura grega, por sua vez, talvez tenha sido aquela que mais evidenciou a dicotomia no tratamento da pessoa portadora de deficiência. Como lembram *Olney Assis* e *Lafaiete Pussoli*[25], apesar da discriminação sempre presente, é na democracia grega que encontramos os alicerces para a fundamentação dos direitos das pessoas portadoras de deficiências.

---

[20] Livro: Levítico, Capítulo: 21, Versículos: 17-21. "Defeitos físicos desqualificavam os descendentes de Arão para servirem como sacerdotes e oferecerem sacrifícios em favor do povo (vv. 17-23). (1) O requisito do corpo físico integral do sacerdote, falava do propósito divino, no sentido do sacerdote ser exemplo vivo da vida total do ministro a serviço do Senhor. O sacerdote tendo um corpo sem defeito seria mais eficaz no serviço de Deus. Todavia, quem não pudesse servir como ministro devido a tais defeitos, não perdia o direito de participar do pão de Deus (v. 22)" (Donald C. Stamps, *Bíblia de Estudo Pentecostal*, p. 217). Nídia Regina Limeira de Sá — *O discurso bíblico sobre deficiência*, p. 36 — ao comentar sobre a referida exigência, conclui que, "no entanto, talvez a explicação mais apropriada seja a de que, no Velho Testamento, ao dar Lei ao povo, Deus estava procurando construir a visão de santidade, pureza e perfeição, então não podia aceitar qualquer coisa que fosse menos que perfeita, seja um animal sacrificial ou um sacerdote. Os sacerdotes com defeito físico não podiam apresentar ofertas sacrificiais, mas como os demais, podiam participar da carne sacrificial".

[21] Cf. Donald C. Stamps, *Bíblia de Estudo Pentecostal*, II Reis 7:3-4, p. 585.

[22] "Então disse Moisés ao Senhor: Ah! Senhor! (...) *sou pesado de boca e pesado de língua*. Respondeu-lhe o Senhor: Quem fez a boca do homem? Ou quem faz o mudo ou o surdo, Ou o que vê ou o cego? Não sou eu o Senhor? (grifo nosso — Êxodo 4:10-11).

[23] "Jacó, porém, ficou só; e lutou com ele um varão, até que a alva subia. E vendo que não prevalecia contra ele, tocou a juntura de sua coxa; e se deslocou a juntura da coxa de Jacó, lutando com ele (...) E saiu-lhe o sol, quando passou a Peniel; e *manquejava da sua coxa"*. (grifo nosso — Gênesis 32:24-25;31).

[24] "E, para que não me ensoberbecesse com a grandeza das revelações foi-me posto *um espinho na carne,* mensageiro de Satanás, para me esbofetear, a fim de que não me exalte" (grifamos — II Coríntios 12:7).

[25] Olney Queiroz Assis e Lafaiete Pussoli, *Pessoa deficiente:direitos e garantias*, p. 32.

Nas cidades gregas de Atenas e Esparta a orientação era no sentido da eliminação das crianças mal-constituídas. Para o povo guerreiro espartano, as crianças eram propriedade do Estado, e ao Conselho de Anciãos da cidade cabia examinar as crianças ao nascer. Caso fossem julgadas "fracas" ou "disformes" eram jogadas do alto do Taigeto (Taygetos), abismo de 2400 (dois mil e quatrocentos) metros de altitude. Já os escolhidos, aqueles que preenchiam os valores estabelecidos pelo Estado, eram, a partir dos 12 (doze) anos, mandados para o campo, onde deviam aprender, sozinhos, a sobreviver. Caso não morressem de fome ou frio, estavam aptos a serem treinados como soldados de Esparta.[26]

Platão, um dos mais notáveis filósofos gregos, ao idealizar uma sociedade perfeita, defendeu a aplicação de medidas eugênicas, ao asseverar que:

> *"Convém, segundo princípios aqui assentados, que sejam freqüentes os enlaces dos melhores indivíduos de ambos os sexos e, ao contrário, raros os dos maus. Vale apenas criar filhos dos primeiros e não dos últimos, se é que se quer que o rebanho conserve sem degeneração toda a beleza (...) Os filhos bem nascidos serão levados ao berço comum e confiados a amas-de-leite que terão habitações à parte em um bairro da cidade. Quanto às crianças enfermiças e as que sofrerem qualquer deformidade, serão levadas, como convém, a paradeiro desconhecido e secreto (...) Quanto aos corpos de constituição doentia, não lhes prolongava vida e os sofrimentos com tratamentos e purgações regradas, que os poriam em condições de se reproduzirem em outros seres fadados provavelmente a serem iguais aos progenitores (...)*
>
> *(...) e, pelo que toca aos que receberam corpo mal-organizado, deixá-los morrer."*[27]

Aristóteles, em sua obra "A Política", também defendeu a adoção de medidas eugênicas como forma de fortalecer a unidade do Estado, ao propor que: "Sobre o destino das crianças recém-nascidas, deve haver uma lei que decida os que serão expostos e os que serão criados. Não seja permitido criar nenhuma criança que nasça mutilada, isto é, sem algum dos seus membros".[28]

Como já exposto, estamos diante de um verdadeiro paradoxo. O povo grego, artífice do conceito de igualdade, tendo forjado os

---

[26] Cf. Guilherme José Purvin de Figueiredo, *A pessoa portadora de deficiência e o Princípio da Igualdade de oportunidades no Direito do Trabalho*, p. 48.

[27] Platão, *A República*, pp. 130, 133, 207 e 209.

[28] Aristóteles, *A política*, p. 73.

alicerces dos direitos das pessoas portadoras de deficiência, tinha, entre os seus maiores filósofos, pessoas que defendiam a adoção de medidas que se chocavam frontalmente com tais direitos. Destaque-se ainda que havia contradição entre os argumentos defendidos pelos próprios filósofos. *Aristóteles*, a título de exemplo, defendia a igualdade entre os cidadãos, o que implicava na defesa das pessoas por mais diferentes que fossem em razão de sua origem, aparência, classe ou função. O referido filósofo sustentava que:

> *"Entre semelhantes, a honestidade e a justiça consistem em que cada um tenha sua vez. Apenas isto conserva a igualdade. A desigualdade entre iguais e as distinções entre semelhantes são contra a natureza e, por conseguinte, contra a honestidade ... Entre semelhantes por natureza, o direito, dizem eles, e a posição social devem ser os mesmos."*[29]

Aristóteles, ainda, foi um precursor na defesa específica dos direitos das pessoas portadoras de deficiência, mormente no que tange ao direito ao trabalho, chegando a declarar que é "mais fácil ensinar um aleijado a desempenhar uma tarefa útil do que sustentá-lo como indigente".[30]

Assim, o mesmo Estado grego que doutrinava a morte das crianças defeituosas, adotava legislação que protegia os interesses dos deficientes. Em Atenas e Esparta, havia regulamentações oficiais que conferiam aos guerreiros feridos e seus familiares proteção e vantagens de diversas naturezas, como a "Lei de Sólom" (640 a 558 a. C.), determinando que "os soldados feridos gravemente e os mutilados em combate serão alimentados pelo Estado; não obstante, naquela época, já havia desvios na aplicação das leis, onde falsos 'deficientes' procuravam tirar proveito da lei, o que levou 'Lysias' a fazer um discurso intitulado de 'Em favor dos deficientes'".[31]

Realmente a formação guerreira do povo grego, apesar de não admitir direitos aos "nascidos deficientes", sempre valorizou os direitos dos deficientes "nascidos em campo de batalha"[32]. *Otto Mar-*

---

[29] *Ibidem*, pp. 63 e 153.

[30] *Apud* Otto Marques da Silva, *A Epopéia Ignorada. A pessoa deficiente na história do mundo de ontem e de hoje*, p. 97.

[31] Rubens Valtecides Alves, *Deficiente físico — Novas dimensões da proteção ao trabalhador*, p. 21.

[32] A própria mitologia grega, através de Homero, escritor de "Ilíada e Odisséia", descreve que nas "Ilíadas" o Deus Hefesto era portador de deficiência nas pernas, possuindo, todavia, grandes habilidades em metalurgia e artes marciais. Cf. Rubens Valtecides Alves, ob. cit., p. 21.

ques da Silva relata como Alexandre "o Grande" valorizava os esforços e sacrifícios de seus soldados, estabelecendo direitos aos mutilados em batalha:

> *"... os doentes e inválidos, que haviam perdido algum membro na guerra, após lhes haver dado magníficos presentes, escreveu ao seu lugar-tenente Antípater, que em todas as assembléias de jogos e de divertimentos públicos, eles fossem preferidos e se sentassem nos melhores lugares, coroados de flores e quis ainda que as crianças, órfãs dos que haviam falecido a seu serviço, recebessem o salário de seus pais."*[33]

Apesar destes direitos de cunho assistencial, verificamos o nascedouro, na sociedade grega, da idéia de habilitação ou reabilitação das pessoas portadoras de deficiência para o trabalho. Destaca *Rubens Valtecides Alves*, com autoridade, sobre o tema:

> *"A dupla determinação de Aristóteles em impor que fosse dado trabalho aos 'deficientes' capazes de trabalhar e 'óbulos' para quem não pudesse exercer atividades, já refletia uma correta política nas atitudes sociais de integração e aproveitamento, e mesmo de assistência às 'pessoas portadoras de deficiências físicas'. Assim os 'deficientes' capazes deviam trabalhar e os outros seriam beneficiários da assistência estatal em virtude da contingência da vida social que os impedia de obter ganhos provindos de seu próprio trabalho."*[34]

Com este pensamento afasta-se o enfoque puramente assistencialista do direito, encarando o deficiente como elemento produtivo em potencial. Os atos Estatais neste sentido não eram "de benevolência ou caridade, mas em verdadeiros direitos impostos pelas legislações aos 'deficientes' que não podiam exercer trabalhos para obter 'ganhos' para a sua sobrevivência".[35]

Ora, diante desta farta legislação em prol das pessoas portadoras de deficiência, mister se faz contextualizar historicamente as práticas discriminatórias contra esta mesma classe, especificamente quanto às medidas eugênicas já apontadas.

Platão, grande defensor da eugenia, por exemplo, "viveu na época da decadência da democracia ateniense; por isso sua obra examina, analisa e denuncia a degradação da polis e não do seu

---

[33] Otto Marques da Silva, *A Epopéia Ignorada. A pessoa deficiente na história do mundo de ontem e de hoje*, p.113.

[34] Ob. cit., p. 22.

[35] Rubens Valtecides Alves, ob. cit., p. 22.

esplendor. Daí a sua preocupação em fundar um Estado mais perfeito e mais completo que os Estados conhecidos ... A obra de *Platão* reflete a realidade de seu tempo. A decadência e a crise da república democrática inspiram o modelo platônico de sociedade ideal que, na concepção dele, seria o modelo capaz de superar a crise então instalada. Na república platônica os portadores de deficiências apareciam como uma mal e, portanto, deveriam ser eliminados".[36]

A discriminação contra as pessoas portadoras de deficiência, todavia, não ficou restrita aos gregos. A Lei das XII Tábuas, especificamente, na Tábua IV que trata do pátrio poder, declarara:

> "I — Que o filho nascido monstruoso seja morto imediatamente."

Na mesma lei estava prevista a Pena de Talião:

> "II — Contra aquele que destruiu o membro de outrem e não transigiu com o mutilado, seja aplicada a pena de Talião."

Sobre o assunto, *Jayme de Altavila* esclarece: "Tinha o romano uma espécie de obsessão contra os defeitos físicos e não perdoava até mesmo aqueles que chegavam à suprema autoridade, como o imperador Claudius, que sempre foi ridicularizado pela sua manqueira ou claudicância".[37]

Como evidência de superação dos obstáculos e preconceitos, o imperador romano Sétimo Severo (193 a 211 d. C.) que, ao final de sua vida, viu suas pernas perderem completamente a força, devido a um mal reconhecido à época como gota. Era carregado para todos os lados em uma liteira. Ao prender conspiradores que queriam afastá-lo do cargo por não poder mais andar, disse com muita firmeza: *"Agora vocês aprenderam que não se governa um Império com as pernas! ..."*.[38]

De maneira intrigante, uma política estatal que contribuiu para o aumento do número de deficientes que o próprio Estado buscava

---

[36] Olney Queiroz Assis e Lafaiete Pussoli, *Pessoa deficiente: Direitos e garantias*, p. 36.

[37] Jayme de Altavila, *A origem do direito dos povos*, p. 94. Galba, também Imperador romano (séc. I d. C.) foi levado ao cargo máximo do Império com 66 anos de idade, após brilhante carreira militar. Seu problema físico era evidente pois, além de não conseguir segurar com as mãos sequer uma missiva, não podia atar os cordões de couro de suas sandálias de general. Cf. Otto Marques da Silva, *uma questão de competência*, p. 27.

[38] *Apud* Otto Marques da Silva, *uma questão de competência*, p. 27.

excluir, foi a embasada na aplicação da Lei de Talião, como pode ser observado na Lei das XII Tábuas e no Código de Hamurabi, prevendo este uma série de mutilações como punição à infração da lei. Dispunha este código, a título de exemplo, que: a língua do filho que renegasse os pais deveria ser cortada; a mão do médico cujo paciente faleceu durante a operação deveria ser decepada; etc. ...[39]

O Código de Manu, no Capítulo — Das Injúrias — estabelecia as seguintes penas: língua cortada; estilete de ferro em brasa, óleo fervendo pela boca etc. Quanto aos portadores de deficiência, o Código discriminava dispondo em seu art. 612: "Os eunucos, os homens degradados, os cegos e surdos de nascimento, os loucos, os idiotas mudos e estropiados não são admitidos a herdar".[40]

Mais uma vez nota-se um contra-senso. As mesmas culturas que procuravam excluir os portadores de deficiência, seja através de medidas eugênicas, seja através da eliminação dos deficientes em tempos de guerra[41], adotavam uma estrutura legislativa calcada na Lei de Talião que, via de regra, só contribuía para o aumento deste contingente de deficientes que o próprio Estado buscava excluir.

Como ponderam *Assis* e *Pussoli*, sobre as punições com mutilação, apenas "com o aparecimento da sociedade industrial e, con-

[39] O Código de Hamurabi (1800 a. C.) dispunha ainda, *in verbis*: "Art. 192 — Se o filho adotivo de um funcionário do palácio ou filho adotivo de uma sacerdotisa disser a seu pai que o criou ou à sua mãe que o criou: ' Tu não és meu pai, tu não és minha mãe', cortarão a sua língua; Art. 193 — Se o filho de um funcionário do palácio ou o filho de uma sacerdotisa identificou a casa do seu pai, renegou seu pai que o criou ou sua mãe que o criou e foi para casa de seu pai, arrancarão o seu olho; Art. 194 — Se um homem livre entregou seu filho a uma ama e esse filho morreu nas mãos da ama, (se) a ama, sem conhecimento do pai ou de sua mãe, aleitou um outro filho, comprovarão (isto) contra ela e, porque sem o conhecimento de seu pai ou sua mãe aleitou um outro filho, cortarão o seu seio; Art. 195 — Se um filho bateu em seu pai, cortarão a sua mão; Art. 196 — Se um homem livre destruiu o olho de um (outro) homem livre, destruirão o seu olho; ... Art. 198 — Se destruiu o olho de um homem vulgar ou quebrou o osso de um homem vulgar, pesará uma mina de prata; Art. 199 — Se destruiu o olho do escravo de um homem livre, pesará a metade de seu preço; ... Art. 218 — Se um médico fez em um homem livre uma operação difícil com o escalpelo de bronzes e causou a morte do homem livre ou abriu a região superciliar de um homem livre com seu escalpelo de bronze e destruiu o olho do homem livre, eles cortarão a sua mão; (...) Art. 226 — Se um barbeiro, sem o consentimento do dono do escravo, raspou a marca de um escravo que não é seu, cortarão a mão desse barbeiro". *Apud* Olney Queiroz Assis e Lafaiete Pussoli, *Pessoa deficiente: Direitos e garantias*, pp. 28-29.

[40] Ob. cit., pp. 28-29.

[41] A Lei ateniense prescrevia que todas as pessoas "inúteis" deveriam ser mortas quando a cidade estivesse sitiada. Cf. Olney Queiroz Assis e Lafaiete Pussoli, ob. cit., p. 36.

seqüentemente, do Estado Moderno, que se desenvolverá uma nova estratégia sobre o corpo humano. Agora não mais para expô-lo, para mutilá-lo, mas para aprimorá-lo, para recuperá-lo e adestrá-lo".[42]

1.2.2. Do século XVI até a criação da OIT

As idéias de *Aristóteles* quanto ao trabalho das pessoas portadoras de deficiência repetiram-se na Inglaterra. No reinado de Henrique VII uma lei de 1530 prescreveu que os vagabundos sadios seriam flagelados e encarcerados ou amarrados atrás de um carro e açoitados até que o sangue escorresse pelo corpo. Segundo *Assis* e *Pussoli*, "na primeira reincidência, além da pena de flagelação, metade da orelha seria cortada; na segunda seria enforcado como criminoso irrecuperável e inimigo da comunidade".[43]

Em 1531 foi editada a "Lei dos Pobres" que permitiu que juízes autorizassem "velhos abandonados" e "pessoas portadoras de defeitos físicos sérios" a pedirem esmolas. A referida lei foi revista em 1723, quando então foram criadas as *Workhouse* destinadas a utilizar mão-de-obra de deficientes. Entretanto, tais postos de trabalho acabaram sendo preenchidos integralmente por pobres, ficando os deficientes fora desse processo criado, em princípio, em seu benefício.[44]

Outro fator que marcou a relação de trabalho das pessoas portadoras de deficiência, já no século XIX, foi a eclosão da Revolução Industrial. Enquanto na Idade Antiga o Estado cuidava de mutilar os criminosos e vadios, impingindo-lhes, de um só golpe, a marca visível da deficiência, a indignidade das condições de trabalho e na vida das cidades onde se concentravam as fábricas, realizavam a mesma função mutiladora em doses homeopáticas. Neste período de epidemias generalizadas, habitações fétidas, trabalho infantil e de mulheres, mortes e acidentes cresceram em proporções alarmantes.

Com relação às medidas preventivas de acidentes adotadas à época, nos locais de trabalho, observa *Sebastião de Oliveira:*

> *"Contando com a sorte ou com o instinto de sobrevivência, cabia ao próprio trabalhador zelar pela sua defesa diante do ambiente de trabalho agressivo e perigoso, porque as engrenagens aceleradas*

---

[42] Ob. cit., p. 37.

[43] Ob. cit., p. 40.

[44] Rubens Valtecides Alves, *Deficiente físico — Novas dimensões da proteção ao trabalhador*, p. 25.

e expostas das engenhocas de então estavam acima da saúde ou da vida desprezível do operário. Segundo as concepções da época (o laissez-faire*) os acidentes, as lesões e as enfermidades eram subprodutos da atividade empresarial e a prevenção era incumbência do próprio trabalhador."*[45]

O trabalho das mulheres e crianças era uma constante nas fábricas, principalmente porque constituíam mão-de-obra barata. Na Inglaterra do século XIX, as crianças eram oferecidas aos distritos industrializados em troca de alimentação. Este tráfico, inclusive, ocorria de maneira oficializada, na medida em que as próprias *paróquias* — unidades administrativas civis inglesas, subdivisões territoriais do condado criadas pela denominada Lei dos Pobres — incumbiam-se de organizar este comércio, transformando as crianças trabalhadoras em fonte de riqueza nacional. Neste sórdido intercâmbio, as paróquias estipulavam ainda que cada industrial teria de aceitar *uma criança com retardamento mental num lote de vinte crianças sadias*.[46]

O trabalho dos menores cercava-se de más condições sanitárias. Não havia o mínimo de higiene nas oficinas, e as raras casas de aprendizagem mantinham dormitórios comuns para meninos e meninas.

Para que se tenha uma idéia do pensamento dominante naquela época, *Daniel Defoe*, industrial inglês, defendia a máxima de que "não havia nenhum ser humano de mais de quatro anos que não podia ganhar a vida trabalhando".[47]

---

[45] Sebastião Geraldo de Oliveira, *Proteção jurídica à saúde do trabalhador*, pp. 55-56.

[46] Amauri Mascaro Nascimento, *Curso de Direito do Trabalho*, pp. 10-11. O autor ressalta, ainda, que durante a celebração desses verdadeiros contratos de compra e venda "se lhes afirmava (às crianças) seriamente, do modo mais positivo e solene, que iriam transformar-se todos, desde o momento de seu ingresso na fábrica, em damas e cavalheiros, assegurando-lhes que comeriam *roastbeef* e *plum-pudding*, que poderiam montar os cavalos de seus amos, que teriam relógios de prata e os bolsos sempre cheios, e não eram os empregadores ou seus subalternos os autores de tão infame engano, senão os próprios funcionários das paróquias".

[47] Cf. Amauri Mascaro Nascimento, *Curso de Direito do Trabalho*, p. 11. Amauri Mascaro, com relação ao tipo de trabalho imposto aos menores, cita a instauração de uma comissão, conforme relato de Claude Folen, cujas perguntas e respostas, feitas aos pais de duas menores, transcritas em sua obra — *Historia general del trabajo* — foram as seguintes: "1. Pergunta: A que horas vão as menores para a fábrica? Resposta: Durante seis semanas foram às três horas da manhã e voltaram às dez da noite. 2. Pergunta: Quais os intervalos concedidos, durante as dezenove horas, para descansar ou comer? Resposta: Quinze minutos para o desjejum, meia hora para o almoço e quinze minutos para beber. 3. Pergunta: Tinha muita dificuldade para despertar as suas filhas? Resposta: Sim, a princípio tínhamos que sacudi-las para despertá-las e se le-

Não se dava em melhores circunstâncias o trabalho das mulheres. O baixo nível das condições trabalho deu azo, inclusive, à seguinte crítica do jornal *The New York Tribune*: "O modo em que vivem essas mulheres, promiscuidade, a falta de higiene em seus alojamentos, a impossibilidade para elas de lograr a menor distração, de adquirir a mais remota cultura intelectual e, ainda, de educar os seus filhos, pode ser facilmente imaginada; mas podemos assegurar aos nossos leitores que seria preciso uma imaginação singularmente desperta para conceber a trágica realidade".[48]

As reações da opinião pública, chocada com estas informações, impulsionaram a intervenção estatal. Surge então na Inglaterra, em 1802, a *Lei de Peel*, que foi uma das primeiras a conter prescrições de natureza sanitária. A Lei regulamentava condições de higiene mínimas no local de trabalho, tais como: "As paredes e os tetos das oficinas deviam ser branqueados com cal duas vezes ao ano. Cada oficina devia ter janelas bastante grandes para assegurar ventilação conveniente. Cada aprendiz devia receber duas vestimentas completas, renovadas à razão de uma por ano, ao menos. Dormitórios separados deviam acomodar menores de sexos diferentes, com camas suficientes para que não fossem colocados nunca mais de dois menores em uma cama (...)".[49]

Na seqüência do intervencionismo estatal inglês, sobreveio a Lei de 1833 (*Factory Act*), provocada pela comissão chefiada por Michael Sadler, constituída para aferir as condições de trabalho nas fábricas. A referida Lei proibiu o emprego de menores de 9 anos, limitou a jornada diária de menores de 13 anos a 9 horas, dos adolescentes de menos de 18 anos a 12 horas, proibiu o trabalho noturno e, acompanhando-a, foram nomeados, dada à necessidade de fiscalização do cumprimento das normas, quatro inspetores de fábrica.

Ainda na Inglaterra, tivemos as Leis: de 1842, proibindo o trabalho das mulheres e menores em subsolo; de 1844, limitando o trabalho das mulheres a 10 horas diárias; de 1850 e 1853, fixando a jornada geral de trabalho dos homens em 12 horas, entre outras.

---

vantarem, bem como vestirem-se antes de ir ao trabalho. (...) 9. Pergunta: As menores estavam cansadas com esse regime? Resposta: Sim, muito. Mais de uma vez ficaram adormecidas com a boca aberta. Era preciso sacudi-las para que comessem. 10. Pergunta: Suas filhas sofreram acidentes? Resposta: Sim, a maior, a primeira vez que foi trabalhar, prendeu o dedo numa engrenagem e esteve cinco semanas no hospital de Leeds. 11. Pergunta: Recebeu salário durante esse tempo? Resposta: Não, desde o momento do acidente cessou o salário. (...)".

[48] Amauri Mascaro Nascimento, ob. cit., p.13.

Após a Revolução Industrial, as duas grandes guerras que assolaram o mundo resultaram em uma maré-montante de "novos portadores de deficiência". As seqüelas da Primeira Guerra Mundial marcaram indelevelmente a Humanidade, o que culminou refletindo na Organização Mundial do Trabalho — OIT que, em 1925, adotou a Recomendação n. 22 que representou o primeiro reconhecimento, por parte da comunidade internacional, das necessidades, acerca do trabalho, das pessoas portadoras de deficiência.

Efetivamente, nos períodos pós-guerra propagou-se a idéia de habilitação e reabilitação dos mutilados de guerra, dos "heróis sobreviventes". *Otto Marques da Silva* aponta a legislação francesa que implementou instrumentos para empregar seus mutilados da Primeira Guerra Mundial, enumerando que:

> *"... Na França, onde, por Lei assinada em 2.01.1918, todo o militar ferido na guerra ou portador de uma deficiência devido às suas atividades de soldado e que se tornasse incapacitado para o trabalho civil ou militar, tinha o direito de inscrever-se gratuitamente em uma escola profissionalizante, tendo em vista a necessidade de sua readaptação para o trabalho e sua colocação no mercado competitivo. A prioridade para a obtenção de empregos na área civil, de unidades, médicas, de aparelhos ortopédicos e de cadeiras de roda gratuitas, fazia e fez até hoje parte desse direito. Uma lei de 30 de janeiro de 1923 deu aos mutilados de guerra e também às conhecidas como viúvas de guerra, o direito de preferência para certas funções no Estado, funções estas que, se fossem ocupadas, não poderiam ser extintas pelo Governo."*[50]

Foi, entretanto, na Segunda Guerra Mundial, como ensina *Jair Vanderlei Kremer,* "que essas necessidades afloraram como questão do Estado e de toda a sociedade. De um lado, os interesses dos mutilados de guerra, que pressionavam o Estado por uma política séria no sentido de reabilitá-los para o mercado de trabalho, e de outro, a pressão dos civis portadores de deficiências que desejavam permanecer ativos, uma vez que haviam ocupado, com bons resultados, os postos vagos na indústria, comércio e serviços deixados por aqueles que haviam sido convocados para a guerra".[51]

---

[49] Paul Mantoux, *La Revolución Industrial en el siglo XVIII*, Aguilar, 1962, p. 468, *apud* Amauri Mascaro Nascimento, ob. cit., pp. 33-34.

[50] Otto Marques da Silva, *A Epopéia Ignorada. A pessoa deficiente na história do mundo de ontem e de hoje*, p. 305.

[51] *A evolução histórica dos direitos das pessoas portadoras de deficiência*, p. 161.

Foi através da Recomendação n. 99, em 22.06.1955, que a OIT evidenciou a necessidade de que fossem adotadas, internacionalmente, práticas de integração das pessoas portadoras de deficiência ao mercado de trabalho. A referida Recomendação dispõe que todos os indivíduos com limitações, quaisquer que seja a origem, têm direito aos meios de reabilitação profissional.[52]

Apesar dos exemplos apresentados, cumpre anotar que, mesmo nestes tempos modernos, constatamos a existência de práticas discriminatórias que remontam aos tempos da Grécia antiga. O Jornal Folha de S. Paulo de 21 de maio de 1990 noticiou que a província chinesa de Gansu legalizou a esterilização de "retardados mentais" e que a referida lei vem sendo posta em prática, resultando, até aquela data, na esterilização de mais de *cinco mil* pessoas. Vê-se, portanto, que mesmo nos dias atuais o tratamento dispensado às pessoas portadoras de deficiência não é convergente. Se por um lado, há a predisposição de países democráticos em caminhar em direção à proteção dos interesses das pessoas portadoras de deficiência, por outro, há países com estrutura autoritária de governo, como o caso da China, que perseveram em direção oposta.

1.3. CONCEITO

1.3.1. Problema terminológico

Como observa *Guilherme José Purvin de Figueiredo*, "a escolha da mais adequada expressão e da definição do que venha a ser uma pessoa portadora de deficiência é uma constante nas poucas monografias jurídicas que tratam do tema".[53] Neste particular, é inegável a importância da questão terminológica, uma vez que o uso da linguagem imprópria, ambígua ou conflitante, na abordagem do conhecimento científico, prejudica a exposição metódica, assim como dificulta a compreensão.[54]

Infelizmente, os termos e expressões que têm sido utilizados correntemente na designação das pessoas portadoras de deficiên-

---

[52] Ver o Capítulo II *infra*.

[53] *A pessoa portadora de deficiência e o princípio da igualdade de oportunidades no direito do trabalho, in* Direitos das pessoas portadoras de deficiência, p. 46.

[54] Segundo Otto Marques da Silva — *Uma questão de competência, p. 30* — "o consenso terminológico relativo às pessoas com deficiência poderá levar a um acordo entre os profissionais, as famílias, as próprias pessoas interessadas e a sociedade em geral, como verdadeiro ponto de partida para um entendimento sem ambigüidades".

cia são marcados pela impropriedade e, principalmente, por uma inadvertida tendência de substantivar o que talvez pudesse ser considerado como adjetivo indesejável (deficiente).[55]

Luiz Alberto David Araujo, referindo-se à obra de *Nair Lemos Gonçalves*[56], na qual esta pretendeu traçar uma diretriz sobre a legislação de proteção dos portadores de deficiência, destaca a utilização várias expressões para designar as pessoas portadoras de deficiência, tais como "indivíduos de capacidade limitada", "minorados", "impedidos", "descapacitados", "excepcionais", *"minusválidos"*, *"disable person"*, *"handicapped person"*, *"unsual person"*, *"special person"*, "inválido", além de "deficiente" que, segundo *Luiz Alberto*, é o termo mais usado.[57]

Otto Marques da Silva[58] destaca outras expressões aparentemente descontraídas e até jocosas que acabam por revelar a opinião das pessoas que as utilizam — velada mas verdadeira — sobre as pessoas portadoras de deficiência as quais só contribuem para a criação de mais estigmas, além daqueles já existentes na sociedade. Entre elas temos: "aleijado", "chumbado", "defeituoso", "surdo-mudo", "ceguinho" etc.[59]

---

[55] Um dos pontos recorrentes na discussão envolvendo a terminologia empregada para designar as pessoas portadoras de deficiência é a necessidade de afastar-se o uso de termos de conotação negativa. Durante o primeiro seminário regional sobre participação plena e igualdade de oportunidades, realizado por iniciativa da *Asociación Colombiana de Personas Impedidas*, em Bogotá (10 a 12 de junho de 1998), no qual foi debatido o tema "Igualdade de Oportunidades", os participantes do referido evento chegaram a constatações interessantes, dentre as quais a seguinte: *"Tanto el Gobierno Nacional, como las organizaciones DE y PARA personas con limitaciones y la comunidad en general, vienen utilizando términos peyorativos para referirse a estas persosnas, tales como minusválido, inválido, impedido, incapacitado etc."*. Dentro desta constatação surgiu, ainda, a seguinte conclusão: *"Tanto el Estado en la redación de acuerdos, ordenanzas, leyes y decretos, como las organizaciones DE y PARA personas con limitaciones, deben unificar la terminologia y evitar el uso de términos peyorativos tales como minusválido, inválido, impedido, incapacitado etc., con el fin de ir educando a la comunidad. Por lo anterior, se recomienda el uso de la palavra LIMITADO al referirse a este tipo de personas"*. *Apud* Otto Marques da Silva, *Uma questão de competência*, p. 29.

[56] Nair Lemos Gonçalves, *O Estado de Direito do Excepcional* – IX Congresso Nacional de Federação das APE's ,1979. Separata sem constar editor, *apud* Luiz Alberto David Araujo, *A proteção constitucional das pessoas portadoras de deficiência*, p. 20.

[57] Em inglês, são comuns as expressões *"persons with disabilities"* ou *"handicapped persons"*. Nos textos em espanhol, verificamos a utilização indistinta das expressões *"personas con impedimento"*, *"hombres y mujeres gravemente incapacitados"*, e *"personas con minusvalia"*.

[58] Ob. cit., p. 32

[59] Na grande maioria dos países, os diferentes termos que têm sido utilizados para fazer referência a pessoas que acabam marcadas pela existência de uma deficiência

Dos diversos termos apontados, é interessante a análise detida de pelo menos dois, notadamente aqueles utilizados com maior freqüência, a saber: *excepcional* e *deficiente*.[60]

Em nível constitucional, a expressão "excepcional" foi utilizada pela Emenda Constitucional n. 1, de 1969 para designar as pessoas portadoras de deficiência.[61] É certo que alguns dicionários atribuem um significado positivo ao termo "excepcional", tais como "excelente, incomum, extraordinário".[62] Todavia, não prevalece este significado quando em questão a pessoa portadora de deficiência. Neste caso, a conotação é, invariavelmente, negativa.

Luiz Alberto David Araujo, lembra, que a expressão excepcional "traz uma idéia normalmente mais ligada à deficiência mental. Há uma tendência muito forte de se tratarem as pessoas mentalmente doentes como sendo 'excepcionais'. Assim sendo, entendemos desaconselhável o uso do termo, especialmente porque a matéria deve ser tratada da forma mais comum possível, pois o Direito precisa trabalhar com dados da realidade e esta indica que a palavra 'excepcional' não tem grande aceitação para cuidar de deficiências físicas ou de deficiência de metabolismo".[63]

Otto Marques da Silva sintetiza, com clareza habitual, o sentimento das pessoas portadoras de deficiência quanto ao uso do termo excepcional para sua designação:

> *"É um termo abominado no mundo das pessoas com deficiências físicas e sensoriais, que não admitem ser nem reconhecidas nem adjetivadas como tal. E quem duvidar desta informação, poderá fazer sua própria experiência e sentir a reação que o levará a nunca mais repeti-la.*
>
> *No entanto, ninguém pode acreditar que pessoas que trabalham com os assim chamados excepcionais (termo lamentável!) usem a palavra de má-fé. Seria até injusto fazer essa afirmação. O termo tem*

---

têm gerado considerável confusão de denominações e de conceitos. Esta situação provoca dificuldades até na comunicação entre entidades interessadas na educação, habilitação e reabilitação da pessoa portadora de deficiência.

[60] Cf. Luiz Alberto David Araujo, *A proteção constitucional das pessoas portadoras de deficiência*, p. 20.

[61] O Novo Dicionário Brasileiro da Língua Portuguesa (Aurélio Buarque de Holanda Ferreira), entre vários verbetes explicita o seguinte para o vocábulo excepcional: "indivíduos (diz-se mais especialmente de crianças) portadores de algum defeito físico ou enfermidade, como cegueira, surdez, mudez, paralisia, retardamento mental etc., que os prejudicam na aprendizagem ou diminuem sua capacidade para atividades físicas".

[62] Aurélio Buarque de Holanda Ferreira, *Novo Dicionário da Língua Portuguesa*, 2ª ed., Rio de Janeiro: Nova Fronteira, 1996.

[63] Ob. cit., p. 21.

sido praticamente utilizado por todas elas, sem qualquer análise e sem mesmo parar para pensar. Usam-no porque esse é o termo mais universalmente utilizado, dizem elas. Raramente ocorre uma autocrítica."[64]

O termo mais utilizado é, como já anotado, "deficiente", que, segundo as concepções a seguir reproduzidas, quer dizer: "falto, falho, carente, incompleto, imperfeito"[65]; "que possui deficiência; falho; imperfeito, incompleto".[66]

De acordo com *Antonio Herman de Vasconcelos*, "muitos argumentam, com razão, que o termo deficiente mais serve para ressaltar as diferenças do indivíduo do que as suas similaridades com o chamado grupo 'normal'"[67], desaconselhando o uso dos vocábulos *deficiente físico* e *deficiente mental*, atribuindo como mais adequada a expressão *"portador de deficiência"*.

Há, todavia, uma idéia falha na expressão "portador de deficiência". Nela estariam inseridos todos os indivíduos que "portassem", "possuíssem", uma falta, uma falha sensorial, motora ou mental. Note-se que esta expressão deixa de abarcar, por exemplo, os superdotados [68]. *Luiz David Araujo* alerta que essas pessoas (superdotados) "são portadores de deficiência e não têm nenhuma falta. Pelo contrário, sua inteligência é superior à do homem comum; suas habilidades são mais aguçadas que o padrão normal. No entanto, dentre os superdotados podem estar pessoas portadoras de deficiência".[69]

David Araujo destaca, ainda, que não é a falha que caracteriza a pessoa portadora de deficiência, a falta não se situa no indivíduo, mas em seu relacionamento com a sociedade. Assevera o referido autor:

"O que difere a pessoa portadora de deficiência não é a falta de um membro nem a visão ou audição reduzidas. O que caracteriza a

---

[64] *Uma questão de competência*, p. 32.

[65] Aurélio Buarque de Holanda Ferreira, *Novo Dicionário da Língua Portuguesa*, 2ª ed., Rio de Janeiro: Nova Fronteira, 1996.

[66] Cândido de Oliveira, *Dicionário Mor da Língua Portuguesa*, São Paulo, Livro Mor Editora Ltda.

[67] *A tutela das pessoas portadoras de deficiência pelo Ministério Público*, in Direitos das pessoas portadoras de deficiência, p. 15.

[68] Os superdotados, também chamados de *excepcionais positivos*, merecem tutela especial, pois, igualmente, requerem método de ensino próprio. Cf. *Moacyr de Oliveira*, Deficientes sua tutela jurídica, *in* Revista dos Tribunais, vol. 533, pp. 70-71. Ver também Luiz Alberto David Araujo, *A proteção constitucional das pessoas portadoras de deficiência*, p. 35 ss.

[69] Ob. cit., p. 24.

pessoa portadora de deficiência é a dificuldade de se relacionar, de se integrar na sociedade. O grau de dificuldade para a integração social é que definirá quem é ou não portador de deficiência."[70]

Entendemos, para fins deste trabalho, que a deficiência deve ser abordada como uma questão social.[71] A cegueira, por exemplo, não pode ser simplificada a um problema de restrições do campo visual. Ela é resultado das restrições e barreiras sociais. O mesmo ocorre com a surdez, mudez. Como preleciona *Pastore*, "as ferramentas da medicina e da psicologia não são suficientes para remover os problemas dessas deficiências, pois grande parte delas é criada pelo meio social. A sociedade que não provê os necessários ajustamentos acaba aprisionando os portadores de deficiência dentro do próprio corpo".[72]

Atualmente, em função das falhas nos termos expostos, a expressão pessoa portadora de deficiência, começa a ser questionada, propondo-se, alternativamente, o uso da expressão "pessoas portadoras de necessidades especiais".[73]

Ante todo o exposto, apesar de estarmos cientes de que a expressão mais comumente empregada é a de "pessoas portadoras de deficiência", inclusive em sede constitucional e infraconstitucional, entendemos como mais adequada a expressão "*pessoas portadoras de necessidades especiais*"[74]. Frise-se, ainda, que a expressão pro-

---

[70] *A proteção constitucional das pessoas portadoras de deficiência*, p. 22. Com base nos seus argumentos o autor apresenta o seguinte exemplo: "Imaginemos um operário que tenha um dedo amputado. Conforme o ofício por ele desenvolvido, encontrará sérias dificuldades para conseguir outro emprego na mesma atividade, até então desenvolvida. Na mesma hipótese, um trabalhador intelectual poderá sofrer muito menos diante da mesma perda. Ambos têm uma deficiência, ou seja uma perda ou uma falha. No entanto, os resultados práticos são completamente distintos. No primeiro caso, estaríamos diante de pessoa portadora de deficiência, enquanto, no segundo, por não haver qualquer dificuldade de integração social, já que o trabalho intelectual desenvolvido é o mesmo, permanecendo o indivíduo no mesmo patamar profissional e integrativo social, não estaríamos diante de pessoa que necessitasse qualquer cuidado especial. No primeiro caso, constata-se uma inferioridade (além de uma deficiência); no segundo, apenas deficiência".

[71] Neste sentido Luiz Alberto David Araujo, ob. cit., p. 22. e José Pastore, *Oportunidades de trabalho para portadores de deficiência*, p. 28.

[72] José Pastore, *Oportunidades de trabalho para portadores de deficiência*, p. 28.

[73] Cf. Guilherme José Purvin de Figueiredo, *A pessoa portadora de deficiência e o princípio da igualdade de oportunidades no direito do trabalho, in* Direitos das pessoas portadoras de deficiência, p. 47.

[74] Apesar do autor ter, inicialmente, defendido expressão diversa como a mais adequada, notadamente a expressão *"pessoas com deficiência"*. Entretanto, a expressão

posta não tem a pretensão de se impor como prevalente, devendo ser acolhida de bom grado toda terminologia que não ressalte a dependência da pessoa com deficiência, mas evidenciando as mesmas como seres humanos, detentores de direitos, com o reconhecimento mais de suas "diferenças" do que de suas "deficiências".

O adjetivo utilizado não pode se sobrepor jamais ao substantivo básico identificador da condição humana: *pessoa!* Em outras palavras, as deficiências jamais podem vir antes das pessoas, sob pena de, a partir daí, compor-se uma visão estereotipada das pessoas portadoras de deficiência, sendo este mais um motivo para que sejam totalmente abandonadas as qualificações pejorativas. *José Pastore* define, com agudeza de percepção, o sentimento de repulsa social inerente a essas qualificações pejorativas:

> *"É isso que acontece quando as pessoas se referem ao paralítico, ao cego, ao surdo etc. Elas destacam, em primeiro lugar, o atributo — e não o ser humano. Com base nisso, passam a imputar ao portador daquela limitação um conjunto de imperfeições que ele não tem. É assim que se forma o estigma. Quem tem estigma é tratado, pelos preconceituosos, como um ser não inteiramente humano. O estigma se agrava quando, por exemplo, se juntam numa só pessoa o fato de ser deficiente, mulher e negra. Neste caso, fala-se em 'opressão simultânea'. É a sociedade que transforma muitas pessoas eficientes em deficientes."*[75]

Destaque-se, por fim, que apesar da expressão proposta (pessoas com deficiência), optamos por utilizar, no desenvolvimento do presente estudo, a expressão *pessoa portadora de deficiência*, mais viável para efeitos didáticos, notadamente porque esta é a expressão utilizada na Constituição Federal de 1988 e na legislação infraconstitucional que regula a matéria.

1.3.2. Amplitude conceitual

Como resta evidente, após a exposição do que convencionamos chamar de "problema terminológico", a tarefa de conceituar a pessoa portadora de deficiência é extremamente complexa, em função dos inúmeros elementos e fatores que podem gerar uma "condição de deficiência".

"pessoas portadoras de necessidades especiais", indubitavelmente, corresponde melhor à idéia de promoção de condutas positivas para conferir-se eficácia ao direito ao trabalho deste grupo social.

[75] *Oportunidades de trabalho para portadores de deficiência*, pp. 22-23.

O grau de dificuldade da tarefa ora enfrentada, ou seja, a busca da definição do termo de natureza complexa, faz-nos lembrar de situação similar enfrentada pelo professor *Celso Bastos* quando convidado para um evento no qual tinha que proferir palestra sobre o direito adquirido. Lembrando o citado professor, em artigo publicado nos Cadernos de Direito Constitucional ...[76], que, certa feita, durante um Congresso do qual participava, "um tesista, apresentava digressões muito ricas sobre o tema (direito adquirido), e à medida que avançava a sua fala sentia que ficava cada vez mais difícil encontrar uma definição razoável do que seria direito adquirido e, num ar peremptório, proclamou, com grande riso do auditório: 'O direito adquirido é o direito adquirido'".[77] Parafraseando o insigne professor, em análise do caso relatado: "Dá-nos a mesma vontade", com relação à definição da chamada pessoa portadora de deficiência. Ou seja, muito fácil seria utilizar a "técnica" já referida e concluir: a pessoa portadora de deficiência é a pessoa portadora de deficiência. Com efeito, embora seja irrefutável esta definição, não é menos certo que ela em nada nos auxilia, afastando-se do rigor técnico que deve pautar o presente trabalho.

Com relação ao conceito da pessoa portadora de deficiência, preocupa-nos mostrar a amplitude do mesmo. São inúmeras as chamadas "condições marginalizantes".[78] Como distingue *Hugo Nigro Mazzilli* "o campo das deficiências tem natureza mais variada possível. Desde a subnutrição, o subdesenvolvimento, os acidentes ecológicos, os acidentes de trânsito, os acidentes do trabalho, o uso indevido de drogas, a falta de uma política pré-natal adequada — tudo isso tem contribuído para o surgimento de pessoas de acentuadas deficiências mentais, sensoriais, orgânicas, comportamentais e sociais".[79]

Como exposto alhures, a caracterização de uma pessoa portadora de deficiência possui uma forte carga social, ou melhor, de falta de integração social. Neste sentido preleciona *Mazzilli:*

> *"Torna-se objeto de preocupação, portanto, não só o portador de deficiência física e mental, propriamente consideradas; na verdade,* a questão diz respeito a todo o tipo de pessoas que são socialmente marginalizadas *e que passam a sofrer algum tipo de restrição ou*

[76] Bastos, "Necessidade de regulamentação constitucional", *in* Cadernos de Direito Constitucional e Ciência Política n. 18, p. 51.

[77] Bastos, ob. cit., p. 51.

[78] Terminologia utilizada por Hugo Nigro Mazzili, *A pessoa portadora de deficiência e o Ministério Público*, *in* Direitos das pessoas portadoras de deficiência, p. 77.

[79] Ob. cit., p. 79.

discriminação (quer em virtude da avançada condição etária, quer por força da estatura ou em decorrência até da própria aparência física — como as pessoas feias ou obesas). E, sob certo aspecto, mesmo os superdotados são marginalizados, pois que dificilmente acabam tendo desenvolvimento e campo adequados à sua condição." [80]

A beleza e perfeição física, como fica evidente através dos meios de comunicação, são cultuados nos dias atuais. Modernamente, tais atributos são usados, por muitos grupos sociais, como indicadores de sucesso[81]. Neste contexto, a deformidade, as limitações e os defeitos são vistos como empecilhos do êxito, dando ensejo a um sentimento de repulsa social. Como destacado por *Mazzilli*, as pessoas obesas, nos dias de hoje, não conseguem integrar-se socialmente: os empregos lhe são negados; os meios de transportes não admitem sua compleição física diferenciada.[82]

---

[80] Hugo Nigro Mazzilli, *A pessoa portadora de deficiência e o Ministério Público*, *in* Direitos das pessoas portadoras de deficiência, p. 78.

[81] *José Pastore* em artigo publicado no Jornal da Tarde (São Paulo) de 11.1.99, intitulado "Beleza e sucesso profissional", faz referência a uma pesquisa norte-americana *(Beauty Productivity and Discrimination)* na qual se estudou a relação entre a beleza e o sucesso profissional, relatando que: "Os dois pesquisadores procuraram estudar o sucesso profissional de mulheres formadas em Direito. Eles colocaram em folhas de papel homogêneo, e individualmente, as fotografias das faces de 4.400 moças por ocasião de sua formatura nas faculdades de direito do Estados Unidos. O julgamento foi feito por quatro juízes (dois homens e duas mulheres) que, de forma independente, classificaram as moças em cinco níveis: 5) muito bonitas; 4) acima da média; 3) na média; 2) abaixo da média; 1) bem abaixo da média — feias. As moças foram pesquisadas ao longo de suas carreiras. (...) 1) Em cada 100 moças analisadas, as advogadas que militam no setor privado classificaram-se como muito mais bonitas do que as do setor público. Os pesquisadores não arriscaram traçar a causação entre os dois fatos. 2) Os recrutadores das advogadas, tanto nas empresas privadas como nos escritórios de advocacia e repartições públicas, disseram que, em igualdade de condições, preferem trabalhar com moças bonitas. (...) Isso significa uma forma de discriminação, sem dúvida. Trata-se de discriminação muito sutil, difícil de ser controlada. Os empregadores, clientes e jurados têm simpatia maior por advogadas bonitas. A pesquisa mostra que, no caso das moças feias, o sucesso depende de desempenho bem acima da média. Em outras palavras, elas têm de compensar a sua escassez de beleza com um adicional de competência".

[82] O Jornal Estado de S. Paulo de 11.1.00, noticiou a discriminação contra as pessoas obesas, destacando o seguinte caso: "a mulher foi procurar emprego de caixa em um estabelecimento comercial. Após preencher todos os requisitos exigidos, foi questionar do gerente o motivo por ter sido dispensada. O gerente, então, teria respondido que o problema é que a mulher 'era gorda e ele não costuma colocar gordas no caixa'". O mesmo jornal, em 20.10.98 informou que a Prefeitura de Porto Alegre havia colocado à disposição do público um serviço para facilitar o deslocamento de pessoas obesas no transporte coletivo da cidade. A pessoa interessada, após realizar, cadastro, receberia uma carteira, que a isentaria de passar pela catraca ou roleta do ônibus (pagaria a passagem todavia). A matéria relata que: "a estudante de jornalismo Lisiane

As pessoas ditas "normais", ou seja, os não portadores de deficiência parecem ignorar que, com o passar da idade, os seres humanos, eles inclusive, terão suas funções reduzidas. A debilidade física e mental é o destino inexorável de todos. Ademais ninguém está isento de, a qualquer momento, passar a ter uma limitação de ordem física ou mental resultante de acidentes (não necessariamente do trabalho) e enfermidades. "No fundo, todos os seres vivos terão de conviver com algum tipo de deficiência ao longo de suas vidas".[83]

Fizemos esta ressalva quanto à amplitude conceitual como uma advertência para aqueles que pretendem classificar as pessoas portadoras de deficiência em fórmulas estanques, inflexíveis. As hipóteses que podem se apresentar no plano concreto do nosso cotidiano são muito mais férteis que a criatividade dos legisladores e doutrinadores. Por isso, entendemos que conceito de pessoa portadora de deficiência deve ser, com base em critérios razoáveis e sensatos, o mais amplo possível. Centrado, não apenas nas eventuais limitações físicas, mentais ou sensoriais, mas, também, nas limitações sociais.

1.3.3. Das organizações internacionais e da doutrina pátria

Em 1971 a Assembléia Geral da ONU aprovou, em Resolução, a Declaração das Pessoas com Deficiência Mental.[84] Em 9.12.75 aprovou a Resolução XXX/3.447, consistente na Declaração dos Direitos das Pessoas Deficientes, a qual, em seu art. 1º, apresenta o seguinte conceito de "pessoas deficientes":

Madruga, 34, que tem 128 quilos e 1m67, gostou do projeto e pretende consultar com seu médico para pegar a carteira. Ela gostaria ainda de ver estendida a medida a outras áreas, como casa de espetáculos e cinemas. Quanto a um eventual sentimento de discriminação, Lisiane afirmou que *'é muito menos vergonhoso entrar pela frente do que ficar preso na roleta'*" (grifamos). Neste enfoque ainda José Pastore — Trabalho, família e costumes, pp. 28-30 — aponta interessante exemplo de discriminação no emprego em função de obesidade, informando que: "No início de 1997, a Delta Airlines despediu um grande número de aeromoças porque estavam com excesso de peso. (...) Cerca de 20 aeromoças recorreram à Justiça, pois no Estados Unidos há uma lei federal que proíbe vários tipos de discriminação nas relações de trabalho. Naquele país, já há advogados especializados na defesa de trabalhadores que são discriminados por motivo de obesidade (Obesity, Law & Advocacy, San Diego, Califórnia). Apesar de usar bem a lei e invocar todos os deus direitos, as aeromoças perderam a ação. A Delta Airlines convenceu o juiz de que o exagerado volume das funcionárias, além de tornar mais vagarosos seus serviços, não se ajustava aos exíguos espaços das aeronaves. Não houve jeito. As gordinhas perderam o emprego e tiveram de pagar as custas dos advogados dos dois lados — o que fez emagrecer bastante as suas poupanças ...".

[83] José Pastore, *Oportunidades de trabalho para portadores de deficiência*, p. 20.

[84] Ver a íntegra desta Resolução no anexo *infra*.

> *"o termo 'pessoas deficientes' refere-se a qualquer pessoa incapaz de assegurar por si mesma, total ou parcialmente, as necessidades de uma vida individual ou social normal, em decorrência de uma deficiência, congênita ou não, em suas capacidades físicas ou mentais."*[85]

Pela Resolução 31/123, a ONU proclamou o ano de 1981 como o "Ano Internacional das Pessoas Deficientes" (*International Year for Disable Persons*), a partir do qual houve uma maior conscientização a respeito do grave problema que atinge milhões de pessoas em todo o mundo.

Um comitê de especialistas da Organização Mundial de Saúde — OMS, em 1980, elaborou um manual de classificação das conseqüências de doenças, denominado "Classificação Internacional de Deficiências, Incapacidades e Desvantagens". Desta forma, a *deficiência (deficiencia, disability)* seria "toda a perda ou anomalia de uma estrutura ou função psicológica, fisiológica ou anatômica". A incapacidade *(discapacidad, impaiment)* seria "toda a restrição ou ausência de função devida a uma seqüela/deficiência da capacidade de realizar uma atividade da forma, ou dentro da margem que se considera normal para o ser humano". A desvantagem *(minusvalia, handicap)*, por sua vez, seria "uma situação de desvantagens para um determinado indivíduo, conseqüência de uma seqüela/deficiência ou de uma incapacidade, que limita ou impede o desempenho de um rol de ações que é normal no seu caso, considerando-se sua idade, sexo e fatores sociais e culturais".[86]

A Recomendação n. 99 foi o primeiro documento da Organização Internacional do Trabalho — OIT a estabelecer conceito da pessoa portadora de deficiência. Conceito este, repetido na Recomendação n. 168, de 1983, e aprimorado na Convenção n. 159, de 1.6.83. Segundo o art. 1.1 da Convenção n. 159:

> *"Para efeito desta Convenção, entende-se por 'pessoa deficiente' todas as pessoas cujas possibilidades de obter e conservar um emprego adequado e de progredir no mesmo fiquem substancialmente reduzidas devido a uma deficiência de caráter físico ou mental devidamente comprovada."*[87]

---

[85] Ver a íntegra desta Resolução no anexo *infra*.

[86] Segundo José Pastore — *Oportunidades de trabalho para portadores de deficiência*, p. 38 — em 1999, a OMS fez uma revisão desse posicionamento, sugerindo que portar uma deficiência decorre de um encadeamento de vários níveis de dificuldade e de providência do lado da sociedade.

[87] Ver íntegra desta Convenção no anexo *infra*.

Entre os doutrinadores pátrios poucos foram aqueles que se dedicaram sobre o assunto. *Manuel Gonçalves Ferreira Filho* define as pessoas portadoras de deficiência como "aqueles que por motivos físicos ou mentais se encontram em situação de inferioridade em relação aos chamados 'normais'".[88]

Pontes de Miranda, por sua vez, assevera que os portadores de deficiência são "pessoas que, por faltas ou defeitos físicos ou psíquicos, ou por procedência anormal (nascido, por exemplo, em meio perigoso) precisam de assistência".[89]

Registre-se que os conceitos elaborados pelos dois ilustres juristas são citados em quase todas as poucas obras que enfocam os diretos das pessoas portadoras de deficiência.[90] Apesar da relevância dos conceitos supracitados, ambos devem ser avaliados apenas como uma contribuição inicial para o estudo do tema, uma vez que limitados e, por vezes, contraditórios. Como analisa *Rubens Valtecides Alves*, "a amplitude dos termos adotados pelos juristas leva-nos a um jogo de palavras pouco lógicas que em nada soluciona o nosso perquerido conceito, pois 'motivos', 'inferioridade', e 'normais' são termos que não trazem delimitação no seu emprego. São por demais genéricos, e seu uso se faz no sentido de escamotear a problemática conceitual".[91]

Mais consentâneo com a amplitude conceitual já defendida, é a análise apresentada por *Moacyr de Oliveira:*

> *"No conteúdo do conceito legal de deficientes figuram elementos de natureza moral (valorização da pessoa humana), social (sua integração ou reintegração no meio por interesse da coletividade) e econômica (reabilitação para um desempenho produtivo)."*[92]

---

[88] *Apud* Moacyr de Oliveira, *Deficiente: sua tutela jurídica*, pp. 11-12.

[89] *Comentários à Constituição de 1967*, 2ª edição, São Paulo, RT, 1969, p. 62.

[90] A título de exemplo: Rubens Valtecides Alves, *Deficiente físico: Novas dimensões da proteção do trabalhador*, p. 41 e Olney Queiroz Assis e Lafaiete Pussoli, *Pessoa deficiente: Direitos e garantias*, p. 79.

[91] Ob. cit., p. 42.

[92] Ob. cit., p 12. Neste sentido pondera Rubens Valtecides Alves — ob. cit., pp.43-44 — que "a sociedade tem responsabilidade e o dever de integrar, valorizar e reabilitar o 'deficiente', dando ênfase unilateral à questão dos 'deficientes', deixando de lado a visão de que as conseqüências das 'deficiências' não afetam somente a sociedade, mas sim a ambos, 'deficientes' e sociedade. E, por outro lado, certos indivíduos podem renegar-se do meio social que os tenta reabilitar, valorizar ou integrar. Portanto, necessário se faz uma maior reflexão sobre a problemática das deficiências", que não constitui somente um fator de responsabilidade da sociedade, e sim de ambos: indivíduo e sociedade".

No mesmo sentido, atento para a questão social, assevera *José Pastore:*

> *"O termo 'portador de deficiência' tende a ser usado para se referir a um grande número de pessoas que não têm nada em comum entre si, a não ser o fato de que não funcionam da mesma maneira dos não-portadores. Essa definição descarta o fato de que a maioria dos portadores de deficiência possui uma larga gama de capacidades que não são encontradas entre os não portadores.*
>
> *Por isso, parece mais adequado considerar os portadores de deficiência como possuidores de habilidades e requisitos peculiares. Dentro dessa perspectiva, fica claro que muitas pessoas são deficientes simplesmente porque os referidos requisitos não podem se fazer presentes na vida diária ou no ambiente de trabalho. (...) Felizmente, o mundo está mudando. Muitas deficiências que antes eram estudadas exclusivamente pela medicina e psicologia como problemas individuais estão sendo encaradas como fenômeno social e ganhando um espaço crescente no campo da sociologia."* [93]

Por fim, tomemos o conceito proposto por integrantes do Ministério Público do Trabalho, pessoas ligadas diretamente à defesa do direito ao trabalho das pessoas portadoras de deficiência. Em artigo coletivo, após analisar o teor do Decreto n. 3.298 de 20 de dezembro de 1999, assim se manifestaram *Maria Aparecida Gugel, Ricardo Tadeu Marques da Fonseca, Adélio Justino Lucas, Denise Lapolla de Paula Aguiar Andrade* e *Janilda Maria de Lima Collo:*

> *"Conclui-se, assim, com base nos citados instrumentos normativos, que pessoa portadora de deficiência é toda aquela que sofreu perda, ou possua anormalidade, de uma estrutura ou função psicológica fisiológica ou anatômica, que venha gerar uma incapacidade para o desempenho de atividade dentro do padrão considerado normal para o homem, podendo a gênese estar associada a uma deficiência física, auditiva, visual, mental, quer permanente, quer temporária."* [94]

1.3.4. Conceito Legal

Durante muito tempo a legislação infraconstitucional brasileira não apresentou qualquer conceito para pessoa portadora de deficiên-

---

[93] José Pastore, *Oportunidades para portadores de deficiência*, pp. 27-28.

[94] Maria Aparecida Gugel *et al.*, *O trabalho do portador de deficiência*. Texto do artigo obtido no *site* http:://www.pgt.mpt.gov.br/deficiente/ap01.html.

cia. Em um ou outro texto fazia-se referência genérica à "pessoa portadora de deficiência auditiva" (Lei n. 8.160/91); "paraplégicos ou pessoas portadoras de defeitos físicos" (Lei n. 4.613/65).

A própria Lei n. 7.853/89 que dispôs sobre o apoio às pessoas portadoras de deficiência, a integração social destas, bem como sobre a Coordenadoria Nacional para a Integração da Pessoa Portadora de Deficiência, não teceu qualquer definição sobre o seu público alvo.

Apenas com o Decreto n. 914, de 6 de setembro de 1993 é que surgiu a primeira definição, ainda que genérica, de pessoa portadora de deficiência, dispondo, *in verbis*:

> "Art. 3º Considera-se pessoa portadora de deficiência aquela que apresenta, em caráter permanente, perdas ou anormalidades de sua estrutura ou função psicológica, fisiológica ou anatômica, que gerem incapacidade para o desempenho de atividade, dentro do padrão considerado normal para o ser humano."

Apesar do significativo avanço legislativo, persistiam as dificuldades de ordem prática. Não havia detalhamento quanto à caracterização da pessoa portadora de deficiência no âmbito de cada deficiência.

Apenas com o advento do Decreto n. 3.298, de 20 de dezembro de 1999, regulamentador da Lei n. 7.853/89 que dispõe sobre a Política Nacional para integração da pessoa portadora de deficiência, é que foram especificados os critérios para a caracterização de deficiência. Este Decreto, por seu turno, embasou seus preceitos na conceituação adotada pela Organização Mundial de Saúde — OMS[95],

---

[95] Em 1980 a OMS decidiu fazer distinção entre "incapacidade", "deficiência" e desvantagem. Segundo a OMS: A *incapacidade* refere-se a uma restrição para realizar uma atividade, dentro dos parâmetros considerados normais para um ser humano (como é o caso de quem tem olho lesado, um braço atrofiado, ou a falta de uma parte do corpo); A *deficiência* refere-se à perda ou anomalia de uma estrutura ou função psicológica, fisiológica ou anatômica (como é o caso da impossibilidade ou redução da capacidade de ver, andar ou falar); A desvantagem é a situação de atividade reduzida, decorrente de uma deficiência ou de uma incapacidade que limita ou impede o desempenho normal de determinada função, levando-se em conta a idade, sexo, e fatores socioculturais. Cf. José Pastore, *Oportunidades de trabalho para portadores de deficiência*, p. 38. Em 1999, a OMS fez uma revisão desse posicionamento, sugerindo que portar uma deficiência decorre de um encadeamento de vários níveis de dificuldade e de providência do lado da sociedade. Numa interpretação mais ampla, pode-se entender esse novo esforço da OMS da seguinte maneira: "O corpo humano possui uma estrutura (esqueleto, órgãos, membros e componentes) e um conjunto de funções (fisiológicas, psicológicas e sociais). Com seu corpo, os seres humanos desenvolvem atividades. No desenvolvimento dessas atividades podem existir dificuldades devido a impedi-

estabelecendo as definições de deficiência, deficiência permanente e incapacidade e enfocando as categorias de deficiência (física, sensorial, mental e múltipla), *in verbis*:

"Art. 3º Para efeitos deste Decreto, considera-se:

I — deficiência — toda perda ou anormalidade de uma estrutura ou função psicológica, fisiológica ou anatômica que gere incapacidade para o desempenho de atividade, dentro do padrão considerado normal para o ser humano;

II — deficiência permanente — aquela que ocorreu ou se estabilizou durante um período de tempo suficiente para não permitir recuperação ou ter probabilidade de que se altere, apesar de novos tratamentos; e

III — incapacidade — uma redução efetiva e acentuada da capacidade de integração social, com necessidade de equipamentos, adaptações, meios ou recursos especiais para que a pessoa portadora de deficiência possa receber ou transmitir informações necessárias ao seu bem-estar pessoal e aos desempenho de função ou atividade a ser exercida.

4º É considerada pessoa portadora de deficiência a que se enquadra nas seguintes categorias:

I — deficiência física — alteração completa ou parcial de um ou mais segmentos do corpo humano, acarretando o comprometimento da função física, apresentando-se sob a forma de paraplegia, paraparesia, monoplegia, monoparesia, tetraplegia, tetraparesia, triplegia, triparesia, hemiplegia, hemiparesia, amputação ou ausência de membro, paralisia cerebral, membros com deformidade congênita ou adquirida, exceto deformidades estéticas e as que não produzam dificuldades para o desempenho de funções;

II — deficiência auditiva — perda parcial ou total das possibilidades auditivas sonoras, variando de graus e níveis na forma seguinte:

a) de 25 a 40 decibéis (db) — surdez leve;

b) de 41 a 55 db — surdez moderada;

c) de 56 a 70 db — surdez acentuada;

d) de 71 a 90 db — surdez severa;

---

mentos associados a problemas da estrutura ou funções do corpo. Isso pode restringir a participação do seu portador em diversas situações de vida. A extensão desses impedimentos, entretanto, está ligada a providências que são ou não tomadas do lado social. Por isso, uma pessoa é deficiente quando tem restrições de estrutura ou funções corporais não compensadas por providências sociais".

e) acima de 91 db — surdez profunda;

f) anacusia;

III — deficiência visual — acuidade visual igual ou menor que 20/200 no melhor olho, após a melhor correção, ou campo visual inferior a 20º (tabela de Snellen), ou ocorrência simultânea de ambas as situações;

IV — deficiência mental — funcionamento intelectual significativamente inferior à média, com manifestação antes dos dezoito anos e limitações associadas a duas ou mais áreas de habilidades adaptativas, tais como:

a) comunicação;

b) cuidado pessoal;

c) habilidades sociais;

d) utilização da comunidade;

e) saúde e segurança;

f) lazer; e

g) trabalho;

V — deficiência múltipla — associação de duas ou mais deficiências."

Conceito de pessoa reabilitada ou habilitada para as quais há a reserva de mercado.

"§ 2º Considera-se pessoa portadora de deficiência habilitada aquela que concluiu curso de educação profissional de nível básico, técnico ou tecnológico, ou curso superior, com certificação ou diplomação expedida por instituição pública ou privada, legalmente credenciada pelo Ministério da Educação ou órgão equivalente, ou aquela com certificado de conclusão de processo de habilitação ou reabilitação profissional fornecido pelo Instituto Nacional do Seguro Social — INSS.

§ 3º Considera-se, também, pessoa portadora de deficiência habilitada aquela que, não tendo se submetido a processo de habilitação ou reabilitação, esteja capacitada para o exercício da função."

1.3.5. Proposta conceitual

Diante de todo o exposto, sempre considerando o componente social como defendido alhures, parece-nos autorizado concluir que:

"Os portadores de deficiência: são pessoas *com certos níveis de limitação, física, mental ou sensorial, associados ou não, que de-*

mandam ações compensatórias por parte dos próprios portadores, do Estado e da sociedade, capazes de reduzir ou eliminar tais limitações, viabilizando a integração social dos mesmos."

Note-se que, no conceito proposto, colocamos em primeiro plano a necessidade de medidas compensatórias por parte dos próprios portadores de deficiência, o que, em síntese estreita, significa que deve partir destes o empenho para superar as suas próprias limitações. O portador de deficiência deve querer, deve decidir, superar as suas limitações.[96]

O conceito proposto, ainda, não é hermético, engessado, permitindo a inclusão de casos e situações não imaginadas ou, atualmente, ainda não existentes. Com relação à necessidade de se adotar um conceito abrangente para caracterizar a pessoa portadora de deficiência, *David Araujo* é peremptório ao declarar que "... um conceito de pessoa portadora de deficiência, que deverá ser amplo e abrangente, mostrar que há relacionamento íntimo entre a deficiência e as tarefas a serem desenvolvidas, ou seja, o deficiente deve ser, de preferência, analisado no meio em que vive, na sua condição social. Muitas vezes, numa cidade como São Paulo, determinada pessoa é tida como deficiente, podendo, em outra realidade social, com certeza, desempenhar, de forma satisfatória, tarefas rurais simples".[97]

1.4. UM ROL EXEMPLIFICATIVO DAS ESPÉCIES DE DEFICIÊNCIA

1.4.1. Natureza das deficiências

Segundo o magistério de *João Batista Cintra Ribas*, "a rigor, existem três tipos de deficiência, sendo que um deles divide-se em

[96] O cotidiano brasileiro é farto em exemplos de tenacidade. Verifique-se o exemplo anotado: "o ator Flávio Silvino sofreu acidente de carro em 1993, quando tinha 23 anos. Ficou em coma por três meses e meio. Quando despertou, parecia ter a idade mental de um bebê: não sabia comer, falar, equilibrar a cabeça e o tronco, reconhecer nomes e sons. Teve de viver de novo todas as etapas do desenvolvimento psicomotor: aprender a sentar sozinho, a ficar de pé e a andar. 'O mais difícil foi reaprender a falar. O corpo não respondia ao que eu queria, não conseguia mover os lábios e moldar a articulação", conta. Hoje o ator fala lentamente, com a dicção ainda imperfeita. Mas é fácil entender o que diz. E consegue fazer tudo sozinho, até as tarefas do dia-a-dia, como escovar os dentes, fazer a barba e amarrar os cadarços do tênis. 'Para chegar ao estágio atual, me esforcei muito. Não foi mole' (...) Enquanto isso, Flávio continua contratado da TV Globo, à espera de convites para novos trabalhos. 'Disposição, eu tenho de sobra', diz orgulhoso" — Viver é lutar — Revista Quem, n. 63, 23.11.01, p. 89.

[97] Luiz Alberto David Araujo, *Proteção constitucional das pessoas portadoras de deficiência*, p.17.

dois. Existem as deficiências físicas (de origem motora: amputações, malformações, ou seqüelas de vários tipos etc.), as deficiências sensoriais, que se dividem em deficiências auditivas (surdez total ou parcial) e visuais (cegueira, também total ou parcial), e as deficiências mentais (de vários graus, de origem pré, peri, ou pós-natal)".[98]

Todavia, em outros países, em especial na Europa, a categorização das espécies de deficiência é muito variada, como atenta *Rubens Valtecides Alves:*

> *"A Grécia, num caso especial, apresenta uma lista de onze categorias de 'pessoas deficientes', quais sejam: Cego e pessoas com graves impedimentos visuais; surdos-mudos totais ou parciais; pessoas de mobilidade com dependência; epiléticos; sofredores de doença de Hansen (leprosos); o retardamento mental; pessoas que sofrem de desordem na fala; pessoas que sofrem de desordem mental; emocionalmente ou minoritariamente retardado na sociedade; o doente que requer longo tempo de tratamento nos hospitais, clínicas ou instituições especializadas; pessoas com dificuldade de aprender; o educacionalmente mal-ajustado ou pessoas que perdem maturidade e toda criança com desordem de caráter."*[99]

Adotaremos para o presente estudo a divisão esposada pela Constituição de 1988 (art. 227, inc. II), que colocou o "universo das deficiências" manifestadas nos indivíduos em três categorias básicas — físicas, mentais e sensoriais, as quais passamos a estudar de forma detida, em especial a deficiência mental, nos itens subseqüentes.

Não podemos deixar de anotar, todavia, que o espectro das deficiências é muito mais amplo que o apontado na classificação constitucional. Além das condições aparentes temos aquelas não aparentes que, igualmente, dificultam a integração social de seu portador.

1.4.2. A deficiência mental

Poucos são os trabalhos jurídicos que, apesar de versarem sobre o tema "deficiência", dedicam estudo pormenorizado aos problemas do portador de deficiência mental, preferindo, na maioria das vezes, fazer referência apenas ao portador de deficiência física. Em função de tal constatação, optamos por investigar com maior minúcia

---

98 *O que são pessoas deficientes?*, p. 27.

99 Ob. cit., p. 34.

os meandros que cercam as limitações das pessoas portadoras de deficiência mental, bem como as características singulares que as distinguem.

Stanislau Krynski evidencia a dificuldade de estudar o tema:

> *"Não se tratando de moléstia uma única, mas sim de um complexo conjunto de síndromes das mais variadas etiologias (...) e quadro clínicos diferentes cujo único denominador comum é a insuficiência intelectual, o problema de deficiência mental envolve uma gama enorme de aspectos os mais diversos, desde o seu pólo biológico-médico, até problemas sociais, de legislação, trabalho, previdência social etc. fatores esses que se convencionou agrupar em três categorias inter-relacionadas: os fatores biológicos, os psicológicos e os sociais."* [100]

Josel Machado Corrêa, em sua obra *O doente mental e o direito*, optou por utilizar o trabalho de *Alexander e Selenisk*[101] para abordar as nuanças que envolvem a caracterização da pessoa portadora de deficiência mental.

Alexander e *Selenisk*, segundo *Josel Corrêa*[102], enumeram os seguintes métodos de abordagem da doença mental: o método mágico; o método orgânico e o método psicológico.

A adoção do método mágico, para explicar as doenças mentais, predominou em períodos históricos nos quais as causas das doenças não eram evidentes. O homem primitivo as atribuía a influências malignas, quer de outros seres humanos quer de seres sobre-humanos. E lidava com as primeiras pela magia ou feitiçaria e com as últimas pelas práticas mágico-religiosas. Tais métodos de tratamento eram tentativas de mudar psicologicamente as conseqüências das referidas influências malévolas.[103] A abordagem orgânica, também denominada de médica, atribui a fatores organogênicos as causas da doença mental. Já o método psicológico está respaldado na teoria freudiana ou em outras decorrentes dela, como a psiquiatria dinâmica.[104]

---

[100] *Deficiência Mental*, Rio de Janeiro, Livraria Atheneu S/A. 1969, p. I, *apud* Luiz Alberto David Araujo, *A Proteção constitucional das pessoas portadoras de deficiência*, p. 29.

[101] Franz G. Alexander & Sheldon T. Selenisk, *História da Psiquiatria*. São Paulo: Ibrasa, 1966.

[102] Josel Machado Corrêa, *O doente mental e o direito*, p. 40.

[103] Cf. Josel Machado Corrêa, ob. cit., p. 42.

[104] Cf. Josel Machado Corrêa, ob. cit., p. 55.

Fica claro então que são várias as vias para a caracterização de uma doença mental, o que impõe, como já defendido, que o conceito de deficiência mental seja abrangente, observando, inclusive a abordagem realizada por *Jaccard*[105], ou seja, a abordagem sociológica considerando o referido autor que a doença mental também pode se originar de pressões feitas por grupos sociais.

1.4.2.1. Conceito

Conhecida desde a mais remota antigüidade, a deficiência mental já era citada no Código de Hamurabi (2100 a. C.) e no Papiro Terapêutico de Tebas (1552 a. C.). É referida nos três principais livros sagrados: o Talmud, o Alcorão e a Bíblia (Novo Testamento). Entre os gregos já era conhecida, a ponto de participar das leis de Esparta, os quais, como já referido, sugeriam que fossem mortos os deficientes físicos e mentais. Os gregos os denominavam *idiotae* e *stultus*, enquanto os romanos, *imbecile*. A primeira descrição científica é encontrada na *Opera Omnia*, de Paracelsus.[106]

Na idade média, o deficiente mental era identificado ora como o *filho do demônio*, ora como *chretien* ou *enfant du Bom Dieu*, ainda como o *bouffon*. Desde a Renascença podem ser vistos retratados em pinturas famosas.[107]

O *Mental Deficiency Act* (1927), da Inglaterra, define a deficiência mental como "um estado de parada do desenvolvimento intelectual incompleto existente antes dos 18 anos, determinado por causas intrínsecas ou produzido por doenças ou traumatismos".[108]

A Associação Americana de Deficiência Mental a define como "todos os graus de defeito mental devidos ou que levam a um desenvolvimento mental insuficiente, dando como resultante que o indivíduo é incapaz de competir, em termos de igualdade, com os companheiros normais, ou é incapaz de cuidar de si mesmo ou de seus negócios com prudência normal".[109]

Pouco a pouco, os termos idiota, imbecil, debilidade, imbecilidade foram dando lugar aos termos educáveis, treináveis e dependentes, no intuito de abranger uma atitude terapêutica dirigida a um contexto social.

---

[105] R. Jaccard. *A loucura*. Rio de Janeiro: Zahar,1981 *apud* Josel Machado Corrêa, ob. cit., p. 56.

[106] Gerald M. Fenichel, *Neurologia Pediátrica: Sinais e Sintomas*, 2ª edição, Porto Alegre: Artes Médicas, 1995, p.10.

[107] *Ibidem*, p. 11.

[108] *Ibidem*, p.15.

[109] Gerald M. Fenichel, *Neurologia Pediátrica: Sinais e Sintomas*, 2ª edição, Porto Alegre: Artes Médicas, 1995, p.16.

A Organização Mundial de Saúde divide a deficiência mental em quatro níveis[110]:

I — Profunda — Q.I. abaixo de 20;

II — Severa — Q.I. entre 20 e 35;

III — Moderada — Q.I. ente 36 e 52;

IV — Leve — Q.I. entre 53 e 70.

Sobre a questão da designação da pessoa portadora de deficiência em relação à atividade laboral, Marcel Gomes, Neurocirurgião do centro médico da APAE-SP, atenta, com autoridade, que "não se avalia mais a deficiência, e sim a capacidade. Avaliá-los por sua incapacidade é como se você pegasse uma pessoa normal e mostrasse apenas os seus defeitos".[111]

1.4.2.2. Causas

A medicina, calcada no método orgânico, divide em três as principais causas de deficiência mental, notadamente as causas *pré-natais*; as causas *perinatais* e a as causas *pós-natais*, as quais, por sua vez, possuem a seguinte divisão[112]:

a) Causas Pré-Natais:

— Aberrações cromossômicas;

— Causas gênicas;

— Malformação cerebral;

— Ambientais: infecciosas (toxoplasmose, sífilis, rubéola, CMV, listeriose);

---

[110] Segundo a lição de *Krynski:* "Os deficientes mentais profundos são todos aqueles incapazes de se beneficiarem de qualquer tipo de treinamento ou educação. Necessitam assistência por toda vida. Poucas são as famílias que podem prover essa assistência. Torna-se, por isso, hóspede permanente do Estado. Os deficientes mentais severos estão um pouco abaixo na escala da gravidade, necessitando também, em sua maioria, assistência permanente. Os deficientes mentais moderados são aqueles capazes de aproveitar os programas de treinamento sistematizado. Apresentam, em grande número problemas neurológicos (cegueira, surdez, distúrbios motores). A deficiência mental leve constitui o grande volume. Cerca de 85% dos deficientes estão neste plano, o que exige uma assistência adequada, médica psicopedagógica e social", *Deficiência Mental*, Rio de Janeiro, Livraria Atheneu S/A., 1969, p. 14, *apud* Luiz Alberto David Araujo, *A proteção constitucional das pessoas portadoras de deficiência*, p. 32.

[111] Folha de S. Paulo de 4.4.01, pág. 7-1.

[112] Cf. Gerald M. Fenichel, *Neurologia Pediátrica: Sinais e Sintomas*, 2ª edição, Porto Alegre: Artes Médicas, 1995, p. 20.

— Drogas teratógenas;

— Outras condições (desnutrição intra-uterina, radiações);

b) Causas Perinatais:

— Anoxia ou hipoxia (asfixia, trauma de parto, encefalopatia hipóxico-isquêmica);

— Prematuridade;

— Baixo Peso;

— Infecções (HSV, estreptococos beta-hemolítico, listeria).

c) Causas Pós-natais:

— Infecções (meningencefalites e encefalites);

— Desnutrição proteíno-calórica e privação econômico-sócio-afetivo-cultural;

— Traumas cranianos;

— Intoxicações exógenas (CO,Pb);

— Radiações;

— Convulsões e outras.

Com relação às limitações da pessoa portadora de deficiência mental para o trabalho, o importante, mais do que qualificar um indivíduo com um número ou classe, é verificar, com tempo e estimulação adequados, todas as suas potencialidades. Importa menos o que falta e mais o que sobrou e que poderá ser aproveitado num programa multidisciplinar de habilitação integral.

A Folha de S. Paulo de 25.08.1999[113] aponta que cerca de 15% das pessoas portadoras de deficiência mental que passam pelas oficinas preparatórias da APAE de São Paulo conseguem garantir um emprego. O teor da reportagem é elucidativo, merecendo ser transcrito:

> *"Joab Liberato Pinheiro, 23, trabalha em uma empresa como montador de caixas. Recebe R$ 382,00 por mês e já comprou um terreno em Guarulhos (SP) onde pretende construir uma casa. Ele e José Nilton de Sena são ex-aprendizes da APAE (Associação de Pais e Amigos de Excepcionais São Paulo) e há oito meses deixaram o título de aprendiz para encarar o mercado de trabalho. Apesar de serem portadores de deficiência mental, ambos foram contratados pela distribuidora de papel Gimba. Segundo Elisabeth Federici Florence Teixeira, coordenadora do núcleo central da coordenadoria de trabalho da APAE, esse*

[113] Pág. 7-1.

é o destino de 15% das pessoas com deficiência mental que passam pelas oficinas de trabalho dos quatro núcleos da entidade. O objetivo desse programa é fazer com que essas pessoas aprendam a trabalhar por meio da prestação de serviço. Elisabeth explica que a APAE mantém oficinas preparatórias onde adolescentes, a partir de 14 anos, são ensinados a desenvolver atividades como etiquetagem, entre outras. Dentro da associação, os aprendizes recebem um 'salário por qualificação', que pode chegar a no máximo um salário mínimo. 'Quando ele está habilitado para receber mais é hora de incentivá-lo a sair. Mas nem todos conseguem. Temos pessoas que já estão há 20 anos conosco', afirma."

Note-se, como demonstrado na matéria acima transcrita, que nem todo tipo ou grau limitação mental permite o ingresso no mercado de trabalho pela modalidade competitiva[114]. Fica evidente, todavia, que mesmo os níveis mais graves de deficiência mental não impossibilitam o trabalho protegido em entidades como a APAE. Mesmo nestes casos o trabalho deve ser encarado como um direito fundamental pois confere uma melhor qualidade de vida à pessoa portadora de deficiência.[115]

Registre-se que estas considerações feitas sobre a necessidade de capacitação da pessoa portadora de deficiência mental para o trabalho, adequando suas limitações a uma atividade produtiva, também prevalecem quanto às demais espécies de deficiência (física e sensorial). Por fim, a necessidade de capacitação e qualificação da pessoa portadora de deficiência para o exercício de atividade laboral será abordada, de maneira pormenorizada, no Capítulo IV do presente trabalho.

1.4.2.3. Os superdotados

Como já observado anteriormente, o superdotado não possui um déficit mental, ao contrário, apresenta coeficiente de inteligência muito acima da média. Entretanto, é justamente esta "diferença" que dificulta, muitas vezes sua integração ao meio social. Assim sendo, como já mencionado podemos rejeitar a concepção de que a pessoa portadora de deficiência tem "ausência de alguma coisa".

---

[114] Ver inc. I, art. 35 do Decreto n. 3.298/98, item 2.3.1 *infra*.

[115] A Folha de S. Paulo do dia 4.4.01 — pág. C. 10 — em matéria intitulada "deficiente idoso é desafio da Apae-SP" registra que a expectativa e a qualidade de vida das pessoas portadoras de deficiência mental aumenta com a inclusão social dos mesmos através do trabalho. Ao referir-se aos "portadores de deficiência intelectual" que trabalham sob a supervisão da Apae há anos, um dos entrevistados, Marcelo Gomes, Neurocirurgião do centro médico da Apae-SP, destacou que: 'A velhice do excepcional não difere da do normal. Você é aquilo que viveu. Se enclausurado, será um idoso avesso ao contato social e mais doente'".

Os superdotados carecem de programas definidos de assistência. Sem adaptação adequada no lar e na escola as pessoas com coeficiente de inteligência acima da média enfrentam inúmeros problemas, oriundos das exigências familiares e da sociedade.

Sem estímulo social, os superdotados apresentam insegurança, frustração, insatisfação, isolamento, indiferença ou revolta.

A dificuldade do superdotado que não recebe assistência e educação adequadas, é comentada por *Erika Laudau:*

> *"Para mim, o superdotado não é uma criança problemática, uma vez que não vejo drama nenhum na superdotação. Entretanto, a criança com tal característica deve ser estimulada adequadamente. Uma pessoa não deve ser vista como problemática pelo que ela é, mas pelo que não é. Quando não lhe são apontados os meios de perceber-se e comunicar-se, quando não adquire segurança suficiente para trabalhar as habilidades e quando não tem a oportunidade de ser tão livre quanto possa, e não quanto deva sê-lo aos olhos alheios, então ela se torna problemática."*[116]

1.4.3. A deficiência física

A deficiência física refere-se ao comprometimento do aparelho locomotor que compreende o sistema ósteo-articular, o sistema muscular e o sistema nervoso. As doenças ou lesões que afetam quaisquer desses sistemas, isoladamente ou em conjunto, podem produzir quadros de limitações físicas de grau e gravidade variáveis, segundo os segmentos corporais afetados e o tipo de lesão ocorrida. Um procedimento comum é referir-se às pessoas portadoras de qualquer tipo de deficiência como "deficientes físicos", o que é um equívoco, uma vez que não leva em consideração as especificidades das pessoas com deficiência sensorial ou mental.[117]

Segundo *David Araujo,* a deficiência física "traduz-se como alteração completa ou parcial de um ou mais segmentos do corpo humano, tendo como conseqüência o comprometimento da função motora".[118]

---

[116] *A coragem de ser superdotado,* São Paulo: CERED — Centro de Estudos Educacional, 1990, p. XXIV, *apud* Luiz Alberto David Araujo, *A proteção constitucional das pessoas portadoras de deficiência,* p. 36.

[117] Cf. Clelma Cristina Silva, *A formação profissional do portador de deficiência e suas oportunidades no mercado de trabalho,* p.15.

[118] Luiz Alberto David Araujo, *Acesso ao emprego — discriminação em razão de deficiência — o acesso ao emprego e a proteção processual em defesa da igualdade,* p. 78. *In* Temas relevantes de direito material e processual do trabalho.

Nos termos do art. 4º do Decreto n. 3.298/99, deficiência física é a "alteração completa ou parcial de um ou mais segmentos do corpo humano, acarretando o comprometimento da função física, apresentando-se sob a forma de paraplegia, paraparesia, monoplegia, monoparesia, tetraplegia, tetraparesia, triplegia, triparesia, hemiplegia, hemiparesia, amputação ou ausência de membro, paralisia cerebral, membros com deformidade congênita ou adquirida, exceto deformidades estéticas e as que não produzam dificuldades para o desempenho de funções". Tomemos, a seguir, as definições de cada deficiência mencionada[119]:

— Paraplegia: perda total das funções motoras dos membros inferiores.

— Paraparesia: perda parcial das funções motoras dos membros inferiores.

— Monoplegia: perda total das funções motoras de um só membro (podendo ser membro superior ou inferior).

— Monoparesia: perda parcial das funções motoras de um só membro (podendo ser membro superior ou inferior).

— Tetraplegia: perda total das funções motoras dos membros inferiores e superiores.

— Tetraparesia: perda parcial das funções motoras dos membros inferiores e superiores.

— Triplegia: perda total das funções motoras em três membros.

— Triparesia: perda parcial das funções motoras em três membros.

— Hemiplegia: perda total das funções motoras de um hemisfério do corpo (direito ou esquerdo).

— Hemiparesia: perda parcial das funções motoras de um hemisfério do corpo (direito ou esquerdo).

— Amputação: perda total de um determinado segmento de um membro (superior ou inferior).

— Paralisia cerebral: lesão de uma ou mais áreas do sistema nervoso central tendo como conseqüência alterações psicomotoras, podendo ou não causar deficiência mental.

No campo do trabalho, as limitações da pessoa portadora de deficiência física tem maior relação com a ausência de uma arquitetura adequada (portas estreitas, inexistência de rampas), de um meio

[119] Cf. *Clelma Cristina Silva*, ob. cit., p.16.

ambiente do trabalho adequado do que pela presença de qualquer limitação pessoal. Na maioria dos casos, após singelas adaptações no local de trabalho, a pessoa portadora de deficiência física está apta a desenvolver uma função com igual diligência à exercida por um trabalhador não-portador de deficiência.[120]

1.4.4. A deficiência sensorial

1.4.4.1. A deficiência auditiva

A deficiência auditiva consiste na "perda parcial ou total das possibilidades auditivas sonoras, variando de graus e níveis ...".[121] A deficiência auditiva inclui as diacusias leves, moderadas, severas e profundas. Implicam em:[122]

— *Perda moderada* (25-50 Db): demanda uso de prótese auditiva para dificuldade de audição funcional;

— *Perda severa* (51-90 Db): uso de prótese auditiva para pequenas alterações na fala;

— *Perda profunda* (acima de 91 Db): resíduos auditivos não funcionais para audição; não há indicação de prótese auditiva; alterações maiores na linguagem e fala.

a) Tipos de deficiência auditiva:[123]

— *Deficiência auditiva condutiva*: qualquer interferência na transmissão do som desde o conduto auditivo externo até a orelha interna (cóclea). A orelha interna tem capacidade de funcionamento normal mas não é estimulada pela vibração sonora. Esta estimulação poderá ocorrer com o aumento da intensidade do estímulo sonoro. A grande maioria das deficiências auditivas condutivas pode ser corrigida através de tratamento clínico ou cirúrgico;

— *Deficiência auditiva sensório-neural*: ocorre quando há uma impossibilidade de recepção do som por lesão das células ciliadas da cóclea ou do nervo auditivo. Os limiares por condução óssea e por condução aérea, alterados, são aproximadamente iguais. A diferenciação entre as lesões das células

---

[120] Cf. Sandro Nahmias Melo, *Meio ambiente do trabalho: direito fundamental*, pp. 94-98.

[121] Inc. II, art. 4º, do Decreto n. 3.298/99.

[122] Cf. *Clelma Cristina Silva*, ob. cit., p.17.

[123] Cf. *Clelma Cristina Silva*, ob. cit., p. 20.

ciliadas da cóclea e do nervo auditivo só pode ser feita através de métodos especiais de avaliação auditiva. Este tipo de deficiência auditiva é irreversível;

— *Deficiência auditiva mista*: ocorre quando há uma alteração na condução do som até o órgão terminal sensorial associada à lesão do órgão sensorial ou do nervo auditivo. O audiograma mostra geralmente limiares de condução óssea abaixo dos níveis normais, embora o comprometimento seja menos intenso do que nos limiares de condução aérea.

— *Deficiência auditiva central*, disfunção auditiva central ou surdez central: este tipo de deficiência auditiva não é necessariamente, acompanhado de diminuição da sensitividade auditiva, mas manifesta-se por diferentes graus de dificuldade na compreensão das informações sonoras. Decorre de alterações nos mecanismos de processamento da informação sonora no tronco cerebral (Sistema Nervoso Central).

1.4.4.2. A deficiência visual

A deficiência visual consiste na "perda ou redução da capacidade visual em ambos os olhos em caráter definitivo e que não possa ser melhorada ou corrigida com uso de lentes e tratamento clínico ou cirúrgico".[124]

O termo deficiência visual refere-se a uma situação irreversível de diminuição da resposta visual, em virtude de causas congênitas ou hereditárias, mesmo após tratamento clínico e/ou cirúrgico e uso de óculos convencionais. A diminuição da resposta visual pode ser leve, moderada, severa, profunda (que compõem o grupo de visão subnormal ou baixa visão) e ausência total da resposta visual (cegueira). Segundo a Organização Mundial de Saúde (OMS), o indivíduo com baixa visão ou visão subnormal é aquele que apresenta diminuição das suas respostas visuais, mesmo após o tratamento e/ou correção óptica convencional, e uma acuidade visual menor que 6/18 à percepção de luz, ou um campo visual menor que 10 graus do seu ponto de fixação, mas que usa ou é potencialmente capaz de usar a visão para o planejamento e/ou execução de uma tarefa.[125]

Há vários tipos de classificação: De acordo com a intensidade da deficiência, temos a deficiência visual leve, moderada, profunda, severa e a perda total da visão. De acordo com o comprometimento

[124] Luiz Alberto David Araújo, *Acesso ao emprego — discriminação em razão da deficiência — acesso ao emprego e a proteção processual em defesa da igualdade*, p. 79.

[125] Cf. Sônia Maria Salomon, *Deficiente visual: um novo sentido de vida*, p. 21.

de campo visual, temos o comprometimento central periférico e sem alteração. Segundo a OMS, cerca de 1% da população mundial apresenta algum grau de deficiência visual. Mais de 90% encontram-se nos países em desenvolvimento. Nos países desenvolvidos, a população com deficiência visual é composta por cerca de 5% de crianças, enquanto os idosos são 75% desse contingente.[126]

No que concerne ao exercício de uma atividade laboral, são poucas as atividades que uma pessoa portadora de deficiência visual, devidamente habilitada, está impedida de desempenhar. Todavia, o sentimento de discriminação tem proporções impressionantes, atingindo até os integrantes de órgãos públicos que deveriam, em primeiro plano, defender a lei e os direitos das pessoas portadoras de deficiência. Tal discriminação é bem ilustrada nos exemplos apresentados por *Hugo Nigro Mazzilli:*

> *"Um acórdão do STF afirmou inexistir discriminação quando se eliminou do concurso um candidato com cegueira bilateral, porque isso geraria impossibilidade de desempenho pleno da função de juiz federal (RE n. 100.001-DF, j. 29/3/84). O acórdão por certo não seria proferido se os juízes tivessem considerado que é muito diferente a situação de quem conseguiu tornar-se habilitado para exercer os ofícios do Direito quando já portador de deficiência, e a daquele que, tendo visão normal, supervenientemente, se torna cego bilateral. Enquanto este último será aposentado por invalidez, já o primeiro fez seu curso jurídico iluminado apenas pela luz interna de sua força e sua vontade, que, não raro, é a bastante para ver muito além dos limites estreitos de quem não lhe reconhece aptidão para levar vida operosa e produtiva na sociedade.*
>
> *(...) Conheço Procurador do Trabalho com cegueira bilateral, que, apesar de discriminado em anterior concurso de ingresso à magistratura, não só entrou no Ministério Público sem dever favor algum aos demais candidatos, como ainda, mercê de sua maturidade e cultura jurídica invulgares, tornou-se líder entre seus próprios colegas de visão normal..."*[127]

1.4.5. As deficiências não aparentes

Sobre este aspecto, *Maria Lucia Ortega*[128] faz uma crítica, de todo apropriada, ao conceito popular consolidado entre nós, de que pessoa portadora de deficiência é aquela que apresenta uma anor-

---

[126] Cf. *Sônia Maria Salomon*, ob. cit., p. 21.

[127] Hugo Nigro Mazzilli, *A pessoa portadora de deficiência e o mercado de trabalho*, texto obtido através do *site* http://www.pgt.mpt.gov.br/deficiente.

[128] Maria Lucia Jordão Ortega, *Amplitude do conceito de "deficiente"*, *in* Revista Trimestral de Direito Público, pp.179-181.

malidade em sua forma física ou mental e, quando muito, nos sentidos da audição e visão. Ressaltando, ainda, que este conceito tem obstaculizado a contratação de pessoas, pela Administração Pública, nos termos do art. 37, inc. VIII da CF/88. Destaca a referida autora:

> *"Aliás, é comum encontrarmos editais de concurso público onde expressamente, é destinado um percentual dos cargos a serem preenchidos aos portadores de deficiência 'física'.*
>
> *Saliente-se que, na Constituição Federal e na legislação específica que dispõe sobre os direitos e garantias das pessoas portadoras de deficiência não encontramos a expressão deficiente físico mas, apenas, deficiente."* [129]

Seguindo a divisão conceitual da Organização Mundial de Saúde, *Maria Ortega* defende que "deficiência não é 'doença'. É uma 'insuficiência', uma falha, um defeito que cria limitações ao seu portador, sem contudo, torná-lo absolutamente incapaz para o desempenho de determinadas atividades laborativas".[130] A autora conclui que as insuficiências derivadas de condições não aparentes, desde que causem ao portador uma redução da capacidade laborativa, devem ser consideradas como deficiências para efeitos do inc. VIII, do art. 37 da CF/88. Apresentando, como exemplos, os indivíduos com insuficiência cardíaca e os portadores de diabetes, *Maria Ortega*, assim defende seu pensamento:

> *"Os indivíduos com insuficiência cardíaca em decorrência de revascularização miocárdica com implantação de pontes de safena, assim como os portadores de insuficiência pancreática endócrina (diabetes) estão incluídos na categoria de deficientes.*
>
> *Isto porque, como bem salientado pelo ínclito professor doutor Marcos de Almeida, da Escola Paulista de Medicina — em resposta aos quesitos que lhe formulamos para instruir ação por nós patrocinada —, no primeiro caso ocorreu, em caráter permanente, perda de tecido muscular cardíaco e de células beta das ilhotas de Langerhans do pâncreas, no segundo caso. E, em seqüência acrescenta: 'Esses elementos não se refazem. Há portanto que se restringir ações que exijam mais do que é capaz o músculo cardíaco que sobrou e ministração de medicação de reforço para as células betas que sobraram'.*
>
> *Tais pessoas, portanto,* são deficientes, *mas, também, são plenamente capazes de desempenhar diversas atividades, embora não dentro do padrão considerado normal pelo ser humano, visto estarem*

---

129 *Ibidem*, p.179.
130 *Ibidem*, p. 180.

> *sujeitas a constantes acompanhamentos médicos, muitas vezes com períodos de internação hospitalar, além de dependerem de medicações específicas e controladas, de exercícios físicos e dietas alimentares rígidas.*
>
> *Tais sujeições, contudo, não lhes retira a capacidade laborativa, mas apenas, limita seu grau de produtividade, gerando discriminação social."*[131]

Luiz Alberto David Araujo, estudioso do tema, também reconhece a existência de deficiências não aparentes destacando ser necessário divulgar certas deficiências desconhecidas de grande parte das pessoas, quer por terem incidência pequena, quer por envolverem aspectos não visíveis. Segundo *Luiz Alberto* "o deficiente de audição ou de locomoção é logo notado, enquanto, por exemplo, uma pessoa portadora de deficiência de metabolismo não pode, sequer, ser identificada".[132] O autor apresenta os seguintes exemplos de deficiências não visíveis: *a fenilcetonúria*[133]; *o hipotireodismo congênito*[134]; *a doença do xarope de bordo*[135]; *a esclerose múltipla*[136]; *a insuficência renal crônica*[137].

---

[131] Maria Lucia Jordão Ortega, *Amplitude do conceito de "deficiente", in* Revista Trimestral de Direito Público, pp.179-181

[132] Luiz Alberto David Araujo, *A proteção constitucional das pessoas portadoras de deficiência*, p. 44.

[133] "Trata-se de 'uma doença hereditária de herança autossômica recessiva, gerada pela ausência ou diminuição da atividade de uma enzima do fígado, impedindo a metabolização do aminoácido fenilalanina presente nas proteínas ingeridas na alimentação'. O aumento excessivo da fenilalanina no corpo da criança (diante da falta da enzima transformadora), poderá causar a sua debilidade irreversível", *ibidem*, p. 45.

[134] "Caracteriza-se pela produção deficiente ou pela falta do hormônio tireoidiano, denominado T4, necessário para o desenvolvimento do organismo com um todo, inclusive do cérebro. A falta desse hormônio provoca, além da deficiência mental, sério prejuízo ao crescimento físico. O tratamento consiste na reposição do hormônio através de rigoroso controle médico, causando a dificuldade de integração, pois que o tratamento é longo e incômodo para as crianças portadoras do mal", *ibidem,* p. 46.

[135] "Trata-se de um erro inato do metabolismo, no qual há alteração no metabolismo dos aminoácidos de cadeia ramificada, com aumento dos níveis plasmáticos de certas substâncias. Identifica-se por uma manifestação neurológica grave e pela produção de urina com cheiro de xarope de bordo (açúcar queimado)", *ibidem*, mesma página.

[136] "Os sintomas da doença são, em regra, enfraquecimento dos membros, perda visual unilateral, falta de coordenação, incontinência ou retenção urinária, perda de audição, dores nos braços, nas pernas e tronco", *ibidem*, p. 47.

[137] "Os sintomas da doença já visualizam a dificuldade de integração social de seus portadores: urina freqüente e, em fase adiantada, redução e espaçamento maior entre as idas ao banheiro, pressão alta, palidez, inchaço nas pálpebras e pernas", *Ibidem*, p. 48.

Com relação ao tema deste estudo, o trabalho da pessoa portadora de deficiência, cumpre advertir que, apesar dos robustos argumentos expendidos por *Maria Ortega* e *Luiz David Araujo*, há que existir uma compatibilidade entre as limitações do portador de deficiência e a função a ser exercida. Ou seja, nem toda pessoa portadora de deficiência no metabolismo está apta a exercer qualquer função ou, mesmo em casos graves, sequer de exercer atividade que envolva labor.

De resto, apesar de concordarmos com a tese dos autores supracitados no que tange ao reconhecimento de limitações não visíveis como deficiências, entendemos que, para o fim de identificar a pessoa portadora de deficiência para as quais a Constituição fez reserva legal de vagas, deve-se proceder em análise criteriosa *de cada caso concreto.* Não é tampouco, qualquer enfermidade ou problema no metabolismo capaz de equiparar uma pessoa ao portador de deficiência. Entendemos para que seja reconhecida a deficiência, a limitação não pode ser superada sem a ajuda de medicamentos (como a pressão alta) ou através de outros meios corretivos. Neste sentido, a Suprema Corte dos Estados Unidos, após grande controvérsia nos Tribunais daquele país sobre quem poderia ser considerado pessoa portadora de deficiência, em 1999, decidiu que:

> *"nenhuma pessoa pode ser considerada deficiente quando medidas corretivas minimizam a sua limitação, como é o caso, por exemplo, da miopia que é compensada por óculos, ou da hipertensão que é corrigida por medicamentos. Tampouco as pessoas podem se considerar portadoras de deficiência pelo simples fato de o empregador estabelecer padrões para visão, altura ou pressão arterial."* [138]

Tomemos ainda a lição de *João Batista Cintra Ribas*, que ao tentar elucidar o embaraço entre os conceitos de doença e deficiência, assevera que "doença é um processo contínuo. Deficiência é um processo transitório ou permanente. Doença é algo que está em constante progressão. Deficiência é algo imutável na sua limitação".[139] Seguindo esta concepção, uma pessoa portadora de deficiência quase nunca é uma pessoa doente, assim como uma pessoa doente não é necessariamente um portador de deficiência.

---

[138] *Apud* José Pastore, *Oportunidades para portadores de deficiência*, pp. 114-115.

[139] *O que são pessoas deficientes*, p. 23.

CAPÍTULO II

O DIREITO AO TRABALHO DA PESSOA PORTADORA DE DEFICIÊNCIA

2.1. TUTELA DO DIREITO AO TRABALHO DA PESSOA PORTADORA DE DEFICIÊNCIA NA CONSTITUIÇÃO DE 1988

A Constituição de 1988 cuidou de garantir o direito à igualdade de forma ampla pois como adverte, com clareza ímpar, *Norberto Bobbio*, ao analisar os direitos do homem, "a mulher é diferente do homem; a criança do adulto; o adulto do velho; o sadio, do doente; o doente temporário, do doente crônico; o doente mental, dos outros doentes; os fisicamente normais, dos deficientes, etc", ressaltando que "cada um dos quais revela diferenças específicas, que não permitem igual tratamento e igual proteção". [140]

O direito à igualdade, por considerar positivamente as diferenças humanas, é o verdadeiro alicerce de todos os direitos constitucionalmente conferidos às pessoas portadoras de deficiência. Neste sentido observa *Luiz Alberto David Araujo,* com fineza de pensamento:

> *"O direito à igualdade surge como regra de equilíbrio dos direitos das pessoas portadoras de deficiência. Toda e qualquer interpretação constitucional que se faça, deve passar, obrigatoriamente, pelo princípio da igualdade. Só é possível entendermos o tema da proteção excepcional das pessoas portadoras de deficiência se entendermos corretamente o princípio da igualdade."*[141]

---

[140] *A era dos direitos*, p. 69.

[141] *A proteção constitucional das pessoas portadoras de deficiência*, p. 51.

Hans Kelsen, por sua vez, obtempera:

> *"A igualdade dos direitos na ordenação jurídica, garantida pela Constituição, não significa que estes devem ser tratados de maneira idêntica nas normas e em particular nas leis expedidas com base na Constituição. A igualdade assim entendida não é concebível: seria um absurdo impor a todos os indivíduos exatamente as mesmas obrigações ou lhes conferir exatamente os mesmos direitos sem fazer distinção alguma entre eles, como, por exemplo, entre crianças e adultos, indivíduos mentalmente sadios e alienados, homens e mulheres."*[142]

Anotadas estas abalizadas considerações, cumpre destacar, todavia, que quando em questão a aplicação do princípio da igualdade, segundo *Celso Antônio Bandeira de Mello*, "é insuficiente recorrer à notória afirmação de *Aristóteles*, assaz de vez repetida, segundo cujos termos a igualdade consiste em tratar igualmente os iguais e desigualmente os desiguais".[143] Não discorda *Luiz Alberto David Araujo:*

> *"Se adotarmos a concepção tão difundida de que se deve tratar igualmente os iguais e desigualmente os desiguais, estaremos perpetuando as diferenças. Pode-se dizer, é verdade, que esse princípio constitucional impede a discriminação odiosa, porém não garante efetivamente a igualdade de oportunidades, ou seja, impede a injustiça quanto aos iguais, mas não promove a aproximação possível dos desiguais."*[144]

Apesar de ressaltarmos, desde logo, a complexidade das questões que envolvem o conteúdo jurídico do princípio da igualdade deixaremos para analisá-las, pela sua relevância, em capítulo específico desta obra.[145]

No mais, o princípio da igualdade, atuando na proteção dos interesses da pessoa portadora de deficiência, deve permitir a quebra da isonomia, desde que situação assim autorize. Seria lógico afirmar que a pessoa portadora de deficiência tem direito a um tratamento especial dos serviços de saúde ou à criação de uma escola especial ou, ainda, a meio ambiente de trabalho adequado. Todas estas situações quebram a igualdade (inicialmente entendida), mas representam autorização lógica para tanto.[146]

---

[142] *Teoria pura do direito*, p. 190.

[143] Celso Antônio Bandeira de Mello, *Conteúdo Jurídico o princípio da igualdade*, p.10.

[144] Sebastião Geraldo de Oliveira, *Proteção jurídica ao trabalho dos portadores de deficiência*, p. 142.

[145] Ver Capítulo III *infra*.

[146] Cf. Luiz Alberto David Araujo, *A proteção constitucional das pessoas portadoras de deficiência*, p. 52.

As constituições brasileiras, desde o Império, sintonizadas com os princípios ínsitos nas Constituições francesa e norte-americana[147], observaram o princípio da igualdade, ainda que limitado ao seu enfoque formal[148]. A Constituição de 1988, por sua vez, estendeu a aplicação deste princípio expressamente às pessoas portadoras de deficiência. O art. 5º, *caput*, da CF/88, como já exposto, indica o primeiro ponto de proteção constitucional à pessoa portadora de deficiência com relação ao trabalho. O referido dispositivo constitucional combinado com o princípio insculpido no inciso XIII, art. 5º, da CF/88 que assegura o "livre exercício de qualquer trabalho, ofício ou profissão", deixa claro que qualquer cidadão brasileiro, mesmo o portador de deficiência, não está impedido de exercer qualquer trabalho, atividade, função, não defeso em lei. Neste particular, *José Afonso da Silva* declara, com clareza habitual:

> *"o princípio significa que a liberdade de exercício de qualquer trabalho, ofício ou profissão, reconhecida no art. 5º, XIII, da Constituição, pertine a qualquer pessoa em igual condição. Assim, o acesso tanto ao emprego privado, como aos cargos, funções e empregos públicos, há de ser igual para homens e mulheres que demonstrem igualdade de condição."* [149]

A Constituição Federal de 1988, ainda, baniu todas as formas de discriminação, aí incluída a dirigida às pessoas portadoras de deficiência, ao dispor em seu inc. IV, art. 3º:

> "Art. 3º Constituem objetivos fundamentais da República Federativa do Brasil:
>
> (...)
>
> "IV — promover o bem de todos, sem preconceitos de origem, raça, sexo, cor, idade e quaisquer *outras formas de discriminação.*" (grifamos)

E de forma específica, com relação ao trabalho, vedou a discriminação quanto ao trabalho do portador deficiência, através do inc. XXXI, art. 7º, da CF/88, que ao dispor sobre os "direitos dos trabalhadores urbanos e rurais, além de outros que visem a melhoria de sua condição social", declara a:

---

[147] As Declarações de Virgínia de 1776 e a Declaração dos Direitos do Homem e do Cidadão de 1789 surgiram como reações aos excessos do Poder Estatal. Constituem arcabouço da chamada primeira geração dos direitos fundamentais. Sobre as gerações dos direitos fundamentais ver nossa obra *Meio ambiente do trabalho: direito fundamental, passim.*

[148] Sobre os temas "igualdade formal" e "igualdade material" ver o Capítulo III *infra*.

[149] *Curso de Direito Constitucional Positivo*, p. 165.

"XXXI — proibição de qualquer discriminação no tocante ao salário e critérios de admissão do trabalhador portador de deficiência."

Rubens Valtecides Alves ao analisar esse binômio de direitos, ou seja de igualdade e de não ser discriminado, pondera, com argúcia ímpar:

"Diante dessa sistematização de normas constitucionais, podemos obter o que se chamaria de tríplice proteção constitucional, ou melhor dizendo liberdade, igualdade e não discriminação no trabalho, efetivando uma tutela jurídica aos 'deficientes físicos', que não foram 'adjetivados' pelo legislador constituinte em suas diversas naturezas e graus de manifestações nos textos magnos."[150]

Talvez um dos exemplos mais significativos de busca por igualdade, materialmente considerada, no que se refere às oportunidades de acesso a empregos seja o previsto no inciso VIII, art. 37 da CF/88, o qual instituiu a obrigatoriedade de uma reserva de percentual de cargos e empregos públicos para as pessoas portadoras de deficiência:

"Art. 37. A administração pública direta e indireta de qualquer dos Poderes da União, dos Estados, do Distrito Federal e dos Municípios obedecerá aos princípios de legalidade, impessoalidade, moralidade, publicidade e eficiência e, também, ao seguinte:

(...)

VIII — a lei reservará percentual dos cargos e empregos públicos para as pessoas portadoras de deficiência e definirá os critérios de sua admissão."

A tutela do trabalho da pessoa portadora de deficiência, prevista na CF/88, também ocorre através de políticas governamentais[151] para reinserção ou inserção do portador de deficiência no mercado de trabalho e na sociedade como um todo. Tais políticas compreendem um conjunto de ações, que têm como objeto não só a oportunidade de trabalho, mas, principalmente, a adaptação ao local de trabalho — ao meio ambiente do trabalho[152] — o transporte, o treinamento etc.

---

[150] *Deficiente físico — Novas dimensões da proteção ao trabalhador*, p. 129.

[151] Ver item 4.2 *infra*.

[152] O meio ambiente de trabalho adaptado às necessidades do portador de deficiência é essencial para haja a efetiva integração do mesmo. Como se falar em conceder emprego a um portador de deficiência locomotora, sem se falar em rampas de acesso ao

Sobre o ponto de vista da adequação/adaptação, preconiza a Carta Magna de 1988, ainda, que o Estado deve dar assistência, para a habilitação e reabilitação, às pessoas portadoras de deficiência. Determina o inc. IV, art. 203 da CF/88:

> "Art. 203. A assistência social será prestada a quem dela necessitar, independentemente de contribuição à seguridade social, e tem por objetivos:
>
> (...)
>
> IV — a habilitação e reabilitação das pessoas portadoras de deficiência e a promoção de sua integração à vida comunitária; ..."

No mesmo sentido, a Constituição brasileira, de maneira especialíssima, confere proteção, entre as pessoas portadoras de deficiência, ao adolescente. Tanto assim que o inc. II, § 1º, art. 227, da CF/88 estabelece:

> "§ 1º O Estado promoverá programas de assistência integral à saúde da criança e do adolescente, admitida a participação de entidades não governamentais e obedecendo os seguintes preceitos:
>
> (...)
>
> II — criação de programas de prevenção e atendimento especializado para os portadores de deficiência física, sensorial e mental, bem como *integração social do adolescente portador de deficiência, mediante o treinamento para o trabalho* e a convivência, e a facilitação do acesso aos bens e serviços coletivos, com a eliminação de preconceitos e obstáculos arquitetônicos." (grifamos)

Neste mesmo prisma de capacitação da pessoa portadora de deficiência para o labor, imperiosa é a referência a dispositivos constitucionais ligados, ainda que indiretamente, ao direito ao trabalho da pessoa portadora de deficiência. Tais dispositivos, na verdade, garantem as condições mínimas necessárias para que a pessoa portadora de deficiência tenha oportunidades no mundo do trabalho.

No mundo inteiro, as pessoas portadoras de deficiência sofrem restrições em termos educacionais[153], o que dificulta sua inserção no mercado de trabalho, cada vez mais exigente quanto à qualificação dos profissionais. Atento a esta realidade inexorável, o constituinte fez consignar no inc. III, art. 208 da CF/88:

---

local de trabalho ou banheiros adaptados. No Capítulo IV desta tese é abordada a importância de um meio ambiente do trabalho saudável, direito fundamental do cidadão brasileiro, aí incluído o portador de deficiência.

[153] Ver item 4.2.1 *infra*.

Art. 208. O dever do Estado com a educação será efetivado mediante a garantia de:

(...)

III — atendimento educacional especializado aos portadores de deficiência, preferencialmente na rede regular de ensino."

À pessoa portadora de deficiência deve-se garantir, ainda, acesso físico aos lugares públicos e, principalmente ao seu local de trabalho, facilitando-se a sua locomoção.[154] Neste sentido estabelece o § 2º, art. 227, da CF/88:

"Art. 227. É dever da família, da sociedade e do Estado assegurar à criança e ao adolescente, com absoluta prioridade, o direito à vida, à saúde, à alimentação, à educação, ao lazer, à profissionalização, à cultura, à dignidade, ao respeito, à liberdade e à convivência familiar e comunitária, além de colocá-los a salvo de toda a forma de negligência, discriminação, exploração, violência, crueldade e opressão.

(...)

§ 2º A lei disporá sobre normas de construção dos logradouros e dos edifícios de uso público e de fabricação de transporte coletivo, a fim de garantir acesso adequado às pessoas portadoras de deficiência."

O art. 244 das Disposições Constitucionais Gerais, complementa esta norma geral preconizando que:

"A lei disporá sobre a adaptação dos logradouros, dos edifícios de uso público e dos veículos de transporte coletivo atualmente existentes a fim de garantir acesso às pessoas portadoras de deficiência, conforme disposto no art. 227, § 2º."

Estes dois últimos dispositivos constitucionais mencionados têm altíssima relevância para efetivação do direito ao trabalho das pessoas portadoras de deficiência, uma vez que possuem relação estreita com o meio ambiente de trabalho destas. Só com a remoção de barreiras físicas, além das barreiras sociais, é que, a título ilustrativo, os portadores de deficiência locomotora podem ter acesso, com dignidade, ao seu local de trabalho.[155]

---

[154] Ver item 4.3 *infra*.

[155] Como observa, com propriedade, *José Pastore:* "No campo do trabalho, a deficiência é muito mais determinada pela ausência de uma arquitetura adequada do que pela presença de uma limitação pessoal" — *Oportunidades de trabalho para portadores de deficiência* — p. 27. Sobre o tema "eliminação das barreiras arquitetônicas" ver Capítulo IV desta obra.

2.2. NAS CONSTITUIÇÕES ESTADUAIS

A maioria das Constituições Estaduais, sintonizadas com os preceitos relativos à igualdade e proibição de discriminação, insculpidos na Constituição Federal de 1988, preconizaram a garantia da pessoa portadora de deficiência de integrar-se, ao meio social, através do trabalho, fazendo referência, ainda, aos meios necessários para esta integração.

Tomemos, inicialmente, o exemplo das Constituições de alguns dos Estados que compõem a Região mais populosa e industrializada da nossa Federação, notadamente em função da natural maior responsabilidade dos mesmos em conferir acesso ao trabalho a um número maior de portadores de deficiência, até porque o seu crescimento urbano é diretamente proporcional ao número de acidentes de trabalho, estes responsáveis pelo aumento das fileiras entre aqueles que têm alguma limitação para o labor. Nestas Cartas verifica-se não só a preocupação, justificável, com o trabalho, mas, de igual modo, com os meios que propiciam o acesso a este.

A Constituição do Estado de São Paulo, de 5 de outubro de 1989[156], é talvez, entre as Cartas Estaduais analisadas, uma das mais completas no que concerne à defesa dos interesses das pessoas portadoras de deficiência quanto ao trabalho, dispondo, em seu art. 229, § 2º:

> "Art. 277. Cabe ao Poder Público, bem como à família, assegurar à criança, ao adolescente, ao idoso e aos *portadores de deficiências*, com absoluta prioridade, o direito à vida, à saúde, à alimentação, *à educação*, ao lazer, à *profissionalização, à cultura, à dignidade, ao respeito*, à liberdade e à convivência familiar e comunitária, além de colocá-los a salvo de toda forma de negligência, *discriminação*, exploração, violência, crueldade e agressão." (grifamos)

Cumpre destacar a propriedade do teor do *caput* do art. 227 acima transcrito, uma vez que o mesmo enfeixa elementos essenciais para integração completa da pessoa portadora de deficiência ao meio social. Note-se que os direitos citados no referido artigo não são estanques, e sim indissociáveis. Como se falar em respeito e dignidade se não houver oportunidade de trabalho? Como se cogitar

---

[156] As normas desta Constituição, atinentes ao direito ao trabalho das pessoas portadoras de deficiência, estão transcritas em anexo *infra*.

em profissionalização sem o pressuposto da educação?[157] E, por fim, como qualquer destes direitos pode ser exercido em sua plenitude se não prevalecer o princípio da não discriminação no emprego?

E é esta perspectiva de se conceder meios para efetivação do direito que se constata no art. 279 e respectivos incisos:

> "Art. 279. Os Poderes Público Estadual e Municipal assegurarão condições de prevenção de deficiências, com prioridade para a assistência pré-natal e à infância, bem como integração social de portadores de deficiências mediante *treinamento para o trabalho* e para a convivência, mediante:
>
> I — criação de centros profissionalizantes para *treinamento, habilitação* e *reabilitação profissional* de portadores de deficiências, oferecendo os meios adequados para esse fim aos que não tenham condições de freqüentar a rede regular de ensino;
>
> II — implantação do sistema 'Braille' em estabelecimentos da rede oficial de ensino, em cidade pólo regional, de forma a atender às necessidades educacionais e sociais dos portadores de deficiências." (grifo nosso)

Por fim, em observância aos preceitos da Constituição de 1988, tal qual se verifica em todas as Constituições Estaduais analisadas, foi prevista reserva de cargos e empregos destinada ao portador de deficiência no setor público, conforme preceitua o inc. IX do art. 115:

> "IX — a lei reservará percentual de cargos e empregos públicos para os portadores de deficiências, garantindo as adaptações necessárias para sua participação nos concursos públicos e definirá os critérios de sua admissão."

A Constituição do Estado de Minas Gerais, de 21 de setembro de 1989[158], como poucas, demonstra cuidado especial com habilitação e reabilitação da pessoa portadora de deficiência para o trabalho, preconizando uma série de dispositivos visando adequação do mesmo ao respectivo ambiente de trabalho, como se depreende de seu art. 224, respectivos incisos.

---

[157] Neste sentido o art. 56 do ADCT da Constituição de São Paulo prevê que: "No prazo de cinco anos, a contar da promulgação desta Constituição, os sistemas de ensino municipal e estadual tomarão todas as providências necessárias à efetivação dos dispositivos nela previstos, relativos à formação e reabilitação dos portadores de deficiências, em especial e quanto aos recursos financeiros, humanos, técnicos e materiais".

[158] As normas desta Constituição, atinentes ao direito ao trabalho das pessoas portadoras de deficiência, estão transcritas em anexo *infra*.

"Art. 224. O Estado assegurará condições de prevenção das deficiências física, sensorial e mental, com prioridade para a assistência pré-natal e à infância, e de integração social do portador de deficiência, em especial do adolescente, e a facilitação do acesso a bens e serviços coletivos, com a *eliminação de preconceitos e remoção de obstáculos arquitetônicos*.

§ 1º Para assegurar a implementação das medidas indicadas neste artigo, incumbe ao Poder Público:

I — estabelecer normas de construção e adaptação de logradouros e edifícios de uso público e de adaptação de veículos de transporte coletivo;

II — celebrar convênio com entidade profissionalizante sem fins lucrativos, com vistas à *formação profissional e à preparação para o trabalho*;

III — estimular a empresa, mediante adoção de mecanismos, inclusive incentivos fiscais, *absorver a mão-de-obra de portador de deficiência*;

IV — criar centros profissionalizantes para treinamento, *habilitação e reabilitação* profissional do portador de deficiência e do acidentado do trabalho, e assegurar a integração entre *saúde*, *educação* e *trabalho*;" (grifo nosso).

A Constituição do Rio de Janeiro de 5 de outubro de 1989[159], (art. 338, *caput*) declara que "é dever do Estado assegurar às pessoas portadoras de deficiência a plena inserção na vida econômica e social e o total desenvolvimento de suas potencialidades ...". Todavia, o grande destaque desta Constituição encontra-se no inciso IV do referido artigo, que prioriza o adolescente portador de deficiência, ao assegurar "... atendimento especializado para os portadores de deficiência física, sensorial ou mental, e de integração do adolescente portador de deficiência, mediante treinamento para o trabalho e a convivência".

Estados menos populosos e menos industrializados, como os localizados na Região Norte da Federação, e, ainda, Estados da Região Sul do país, também demonstraram, em suas Cartas Constitucionais, preocupação com o direito ao trabalho da pessoa portadora de deficiência.

---

[159] As normas desta Constituição, atinentes ao direito ao trabalho das pessoas portadoras de deficiência, estão transcritas em anexo *infra*.

A Constituição do Estado do Amazonas, de 5 de outubro de 1989[160], (art. 248, I) declara que é garantido ao portador de deficiência "emprego com salário e critérios de admissão não diferenciados; ..."[161]

A Constituição do Estado do Rio Grande do Sul, de 3 de outubro de 1989[162], por sua vez, em seu art. 260, inciso III, também faz referência a medidas de integração social da pessoa portadora de deficiência:

> "Art. 260. O Estado desenvolverá política e programas de assistência social e proteção à criança, ao adolescente e ao idoso, portadores ou não de deficiência, com a participação de entidades civis, obedecendo aos seguintes preceitos:
>
> (...)
>
> VIII — criação de programas de prevenção, de integração social, de preparo para o trabalho, e de acesso facilitado aos bens e serviços e à escola, e de atendimento especializado para crianças e adolescentes portadores de deficiência física, sensorial ou múltipla; ..."

Diante do exposto, fica evidente a preocupação dos Estados-membros, eivada de sensatez, com a integração ao mercado de trabalho dos portadores de deficiência, abandonando a cultura exclusivamente assistencialista, e concedendo-lhes acesso ao instrumento essencial para que possam, também, contribuir na formação de riquezas para o Estado: *o trabalho.*

2.3. Legislação infraconstitucional

No âmbito da legislação infraconstitucional, há, igualmente, a preocupação de proteger o direito ao trabalho das pessoas portadoras de deficiência, discriminando e regulamentando os instrumentos indispensáveis para a concreção deste direito.

Não se fará um elenco exaustivo de Leis, Decretos e Portarias, dada a profusão de regulamentos existentes no ordenamento jurídico pátrio. Um elenco extenso fugiria à verdadeira pretensão deste

---

[160] As normas desta Constituição, atinentes ao direito ao trabalho das pessoas portadoras de deficiência, estão transcritas em anexo *infra*.

[161] Neste sentido, dependendo da situação e do cargo pleiteado, é claro que a pessoa deficiente ao concorrer a emprego com uma não-deficiente precisa de critérios de admissão *diferenciados*, os quais não vão vulnerar, e sim efetivar o princípio constitucional da igualdade.

[162] As normas desta Constituição, atinentes ao direito ao trabalho das pessoas portadoras de deficiência, estão transcritas em anexo *infra*.

trabalho, em particular deste item, de indicar apenas as diretrizes legais mais relevantes quando em questão o trabalho da pessoa portadora de deficiência.

Destaque-se que, todavia, nem sempre a matéria recebeu a atenção merecida pelos legisladores. Apenas nas últimas décadas houve grande avanço no tratamento legal dispensado à pessoa portadora de deficiência.

A Constituição de 1988 rompeu com o modelo meramente assistencialista até então dominante. Faltava, todavia, regulamentação aos inovadores dispositivos constitucionais.

Assim sendo, um ano após a promulgação da CF/88, foi sancionada a Lei n. 7.853/89 que detalhou os direitos da pessoa portadora de deficiência e criou a Coordenadoria Nacional para Integração das Pessoas Portadoras de Deficiência (CORDE). A referida lei, em seu art. 2º, atribuiu ao Poder Público e seus órgãos a tarefa de "assegurar às pessoas portadoras de deficiência o pleno exercício de seus direitos básicos, inclusive dos direitos à educação, à saúde, *ao trabalho*, ao lazer, à previdência social, ao amparo à infância e à maternidade, e de outros que, decorrentes da Constituição e das leis, propiciem seu bem-estar, social e econômico" (grifo nosso).

A alínea *d*, inc. II, art. 2º da mesma lei, previu a promulgação de outra lei, com o objetivo específico de criar e assegurar reserva de mercado de trabalho às pessoas portadoras de deficiência, *in verbis:*

> "d) adoção de legislação específica que discipline a reserva de mercado de trabalho, em favor das pessoas portadoras de deficiência, nas entidades da administração pública e do setor privado, e que regulamente a organização de oficinas e congêneres integradas ao mercado de trabalho, e a situação, nelas, das pessoas portadoras de deficiência; ..."

Apesar de relevante, a Lei n. 7.853/89 foi omissa em vários aspectos. A título de exemplo, apesar de ter disposto sobre o apoio às pessoas portadoras de deficiência, não trouxe qualquer definição sobre as pessoas que estariam abrangidas por esta designação[163]. A lei, todavia, em seu art. 3º, indica os instrumentos jurídicos utilizáveis para garantir o direito ao trabalho das pessoas portadoras de deficiência:

---

[163] Situação esta só sanada com o advento do Decreto n. 3.298/99 que regulamentou a Lei n. 7.853/89.

"As ações civis públicas destinadas à proteção de interesses coletivos ou difusos das pessoas portadoras de deficiência poderão ser propostas pelo Ministério Público, pela União, Estados, Municípios e Distrito Federal; por associação constituída há mais de um ano; por autarquia, empresa pública, fundação, ou sociedade de economia mista que inclua, entre suas finalidades institucionais, a proteção das pessoas portadoras de deficiência."[164]

Seguindo a diretriz constitucional (inc. VIII, art. 37) e o mandamento da alínea *d*, inc. II, art. 2º da Lei n. 7.853/89, foi editada a Lei n. 8.112/90 (Regime Jurídico dos Servidores Públicos Civis da União), dispondo no § 2º, do seu art. 5º:

"§ 2º Às pessoas portadoras de deficiência é assegurado o direito de se inscrever em concurso público para provimento de cargo cujas atribuições sejam compatíveis com a deficiência de que são portadoras; para tais pessoas serão reservados até 20% (vinte por cento) das vagas oferecidas no concurso."

No que concerne ao setor privado de trabalho, a Lei n. 8.213/91 estabeleceu quotas compulsórias a serem observadas na admissão e dispensa de pessoas portadoras de deficiência (art. 93). Além das quotas, esta lei estabelece que a dispensa de trabalhador reabilitado ou portador de deficiência habilitado, só pode ocorrer após a contratação de substituto de condição semelhante[165]:

---

[164] A Lei n. 7.853/89, inclusive, tipificou criminalmente condutas discriminatórias com relação às pessoas portadoras de deficiência, como se infere no seu art. 8º, *in verbis*: "Art. 8º Constitui crime punível com reclusão de 1 (um) a 4 (quatro) anos, e multa: I — recusar, suspender, procrastinar, cancelar ou fazer cessar, sem justa causa, a inscrição em estabelecimento de ensino de qualquer curso ou grau, público ou privado, por motivos derivados da deficiência que porta; II — (...); III — *negar, sem justa causa, a alguém, por motivos derivados de sua deficiência;* IV — (...); V — deixar de cumprir, retardar ou frustrar, sem justo motivo, a execução de ordem judicial expedida na ação civil a que alude esta lei; VI — recusar, retardar ou omitir dados técnicos indispensáveis à propositura da ação civil objeto desta lei, quando requisitados pelo Ministério Público" (grifamos).

[165] A Portaria n. 4.677/98 de lavra do Ministério da Previdência e Assistência Social, no seu artigo 1º, definiu trabalhador reabilitado e deficiente habilitado da seguinte maneira: "§ 1º Consideram-se beneficiários reabilitados todos os segurados vinculados ao Regime Geral da Previdência Social (RGPS), submetidos ao processo de reabilitação profissional desenvolvido ou homologado pelo INSS; § 2º Consideram-se pessoas portadoras de deficiência, habilitadas, aquelas que não vinculadas ao RGPS que tenham se submetido ao processo de habilitação profissional desenvolvido pelo INSS ou por entidades reconhecidas para este fim".

"Art. 93. A empresa com 100 (cem) ou mais empregados está obrigada a preencher de 2% (dois por cento) a 5% (cinco por cento) dos seus cargos com beneficiários reabilitados ou pessoas portadoras de deficiência, habilitadas, na seguinte proporção:

I — até 200 empregados..............................2%;

II — de 201 a 500......................................3%;

III — de 501 a 1.000..................................4%;

IV — de 1.001 em diante............................5%.

§ 1º A dispensa de trabalhador reabilitado ou de deficiente habilitado ao final do contrato por prazo determinado de mais de 90 (noventa) dias, e a imotivada, no contrato por prazo indeterminado, só poderá ocorrer após a contratação de substituto de condição semelhante.

§ 2º O Ministério do Trabalho e da Previdência Social deverá gerar estatísticas sobre o total de empregados e as vagas preenchidas por reabilitados e deficientes habilitados, fornecendo-as, quando solicitadas, aos sindicatos ou entidades representativas dos empregados."

A Lei n. 8.212/91, que instituiu o Plano de Custeio da Previdência Social, determina, no § 4º do seu art. 22, que:

"O Poder Executivo estabelecerá, na forma da lei, ouvido o Conselho Nacional de Seguridade Social, mecanismos de estímulo às empresas que se utilizem de empregados portadores de deficiência física, sensorial ou mental, com desvio do padrão médio."

A Lei n. 8.742/93 (Lei Orgânica da Previdência Social), reafirma no âmbito da seguridade social, a garantia das pessoas portadoras de deficiência à habilitação e reabilitação.

A Consolidação das Leis do Trabalho, no § 4º, do seu art. 461, estimula a reinserção do empregado reabilitado na empresa onde trabalhava, proibindo que a pessoa portadora de deficiência sirva de paradigma para fins de equiparação salarial, *in verbis*:

"§ 4º O trabalhador em nova função, por motivo de deficiência física ou mental atestada pelo órgão competente da Previdência Social, não servirá de paradigma para fins de equiparação salarial."

Como se percebe através da leitura dos dispositivos legais supracitados, a superação dos obstáculos ao emprego das pessoas portadoras de deficiência deverá ocorrer pelo esforço integrado do setor público e do setor privado, possibilitando assim uma melhor absorção dessas pessoas nos diversos tipos de trabalho ofertados em nosso país. A questão é de apenas achar o trabalho adequado à limitação de cada trabalhador.

Nair Lemos Gonçalves lembra que, quando trabalhava no Departamento Estadual de Administração, presenciou:

> *"uma candidata surda prestando prova de habilitação para a função de desenhista. Nesse momento se ouviu barulho inusitado na rua — era um desfile, uma banda que tocava, ou coisa parecida. Funcionários que se encontravam na sala, interessados, foram à janela procurando informar-se do que acontecia, ao passo que a examinanda, entregue ao seu trabalho, graças à sua deficiência física, continuou com a mesma tranqüilidade anterior a tarefa que realizava."*[166]

Como observa, com propriedade, *Guilherme de Figueiredo*, "o depoimento dessa admirável professora de Direito do Trabalho da USP, datado de há mais de 33 anos, é inteiramente congruente com a orientação dada pela Organização Internacional do Trabalho nos dias de hoje. O que importa, pois, é encontrar o trabalho certo para a pessoa certa, seja qual for a espécie de deficiência".[167]

Ressalte-se, todavia, que a proteção do direito ao trabalho da pessoa portadora de deficiência, através da via jurisdicional, sempre terá lugar nos casos de omissão ou insucesso na adoção das medidas acima elencadas. Neste particular, destaca-se a Lei n. 7.347/85 (Lei da Ação Civil Pública)[168] como instrumento jurídico de proteção do direito ao trabalho da pessoa portadora de deficiência, pela via judicial, como declara o próprio art. 3º da Lei n. 7.853/89.

2.3.1. O Decreto n. 3.298/99

Merece análise em separado, pela sua relevância, o Decreto n. 3.298, de 20 de dezembro de 1999. Segundo *Maria Aparecida Gugel*, "a edição do Decreto n. 3.298, em 20.12.99, é fato histórico de grande relevância, eis que revela mudança institucional da condição da pessoa portadora de deficiência no Brasil".[169]

---

[166] *As condições de sanidade nas relações entre o funcionário e o Estado*, p. 223. *Apud* Guilherme José Purvin de Figueiredo, *A pessoa portadora de deficiência e o princípio da igualdade de oportunidades no direito do trabalho*, *in* Direitos da pessoa portadora de deficiência, p. 59.

[167] *Guilherme José Purvin de Figueiredo*, ob. cit., p. 59.

[168] A utilização da Lei n. 7.347/85 como instrumento de defesa dos interesses do trabalhador é abordada no item 4.4 *infra*.

[169] *O trabalho do portador de deficiência*, texto obtido através do *site* "http://www.pgt.mpt.gov.br/deficiente".

O Decreto em comento veio regulamentar os princípios contidos na Lei n. 7.853/89 (dez anos após a edição desta). Pela primeira vez um dispositivo legal aborda de maneira minuciosa a questão do trabalho da pessoa portadora de deficiência, inovando, entre outros elementos, com a apresentação de conceito, com riqueza de detalhes, para deficiência física, auditiva, visual, mental e múltipla.[170]

Consoante as disposições do art. 35 do citado Decreto, a inserção da pessoa portadora de deficiência no mercado de trabalho dar-se-á mediante três diferentes modalidades: na forma de colocação competitiva (inciso I), seletiva, (inciso II) e por conta própria (inciso III), *in verbis*:

> "Art. 35. São modalidades de inserção laboral da pessoa portadora de deficiência:
>
> I — colocação competitiva: processo de contratação regular, nos termos da legislação trabalhista e previdenciária, que independe da adoção de procedimentos especiais para sua concretização, não sendo excluída a possibilidade de utilização de meios especiais;
>
> II — colocação seletiva: processo de contratação regular, nos termos da legislação trabalhista e previdenciária, que depende da adoção de procedimentos e apoios especiais para sua concretização; e
>
> III — promoção do trabalho por conta própria: processo de fomento da ação de uma ou mais pessoas, mediante trabalho autônomo, cooperativado ou em regime de economia familiar, com vista à emancipação econômica e pessoal."

O §1º ao art. 35 estabelece que as entidades beneficentes de assistência social poderão intermediar a modalidade de inserção laboral das pessoas portadoras de deficiência nas hipóteses de colocação seletiva e promoção do trabalho por conta própria. Esta intermediação ocorrerá apenas na contratação para prestação de serviços, por entidade pública ou privada, ou na comercialização de bens e serviços decorrentes de programas de habilitação profissional de adolescente e adulto portador de deficiência em oficina protegida de produção ou terapêutica.

Cumpre destacar que as contratações efetuadas mediante a intermediação de entidades beneficentes não contam para as cotas previstas na Lei n. 8.213/91, uma vez que lei prevê a reserva de vagas nos cargos da própria empresa contratante.[171]

---

[170] Ver o item 1.3.4 *supra*.

[171] Sobre este aspecto, anotamos a crítica feita por *José Pastore:* "Para ampliar as oportunidades de trabalho formal dos portadores de deficiência, seria aconselhável

No sistema legal brasileiro, o sistema de cotas está ligado ao conceito de habilitação. O art. 36 do Decreto n. 3.298/99 ratifica o sistema de cotas, sendo aplicável aos beneficiários da Previdência Social "reabilitados" ou a "pessoas portadoras de deficiência habilitadas". Fica mantida o mesmo percentual de cotas previsto na Lei n. 8.213/91.

Nos §§ 2º e 3º do Decreto n. 3.298/99, o conceito de habilitação, anteriormente definido pela lei n. 8.212/91 e na Portaria n. 4.677/98 do Ministério da Previdência e Assistência Social, foi mais detalhado, *in verbis*:

> "§ 2º Considera-se pessoa portadora de deficiência habilitada aquela que concluiu curso de educação profissional de nível básico, técnico ou tecnológico, ou curso superior, com certificado ou diplomação expedida por instituição pública ou privada, legalmente credenciada pelo Ministério da Educação ou órgão equivalente, ou aquela com certificado de conclusão de processo de habilitação ou reabilitação profissional fornecido pelo INSS.
>
> § 3º Considera-se, também, pessoa portadora de deficiência habilitada aquela que, não tendo se submetido a processo de habilitação ou reabilitação, esteja capacitada para o exercício da função."

Prevalece, ainda, no Decreto em tela, a restrição relativa à substituição prevista no § 1º, art. 93 da Lei n. 8.213/91. Todo empregado portador de deficiência dispensado só pode ser substituído por outro, igualmente habilitado para a função.

2.4. NO DIREITO ESTRANGEIRO

2.4.1. A importância do estudo comparativo

Segundo *Evaristo de Morais Filho*, foi através da obra "L'Esprit des Lois", de *Montesquieu*, que, por primeiro, reconheceu-se a importância do emprego da comparação nos estudos sociais. *Morais Filho* entende que "comparar significa reunir dois ou mais objetos em um mesmo pensamento, para daí tirar as semelhanças e diferenças"[172].

---

que os subcontratados, terceirizados, cooperados que viessem a trabalhar em conexão com as empresas contratantes dos seus serviços pudessem ser contabilizados nas cotas das empresas contratantes. Isso ampliaria substancialmente as oportunidades de trabalho dos portadores de deficiência" (*Oportunidades de trabalho para portadores de deficiência*, p. 56).

[172] *Introdução ao direito do trabalho*, pp. 503-504.

Apesar do presente trabalho ter como cerne a realidade e o sistema normativo brasileiro, o estudo comparativo com o ordenamento jurídico de outros países é plenamente justificado quando estão em análise questões relativas ao direito ao trabalho da pessoa portadora de deficiência, notadamente porque o reconhecimento do mesmo, como direito fundamental do homem, tem raízes históricas em movimentos de luta por direitos, ocorridos em vários países do globo.

Assim sendo, no que concerne ao estudo do direito ao trabalho da pessoa portadora de deficiência, o direito estrangeiro pode propiciar uma melhor compreensão das normas que versam sobre a matéria e integram o nosso direito positivo.

É de se destacar, inclusive, que como se discute, em última instância o direito ao *trabalho,* cresce em importância o estudo comparativo, uma vez que o direito do trabalho é o único ramo do direito brasileiro o qual prevê, expressamente, a utilização do Direito Comparado como fonte material, *ex vi* do *caput* do art. 8º da CLT.

Buscando simplificar o estudo, em um primeiro momento, optou-se pelo estudo das Constituições dos países estrangeiros, uma vez que as mesmas norteiam suas respectivas legislações infraconstitucionais.

A preocupação com a habilitação e reabilitação da pessoa portadora de deficiência e sua integração social através do trabalho, mostra-se presente, principalmente, nas Cartas Constitucionais promulgadas ou outorgadas após a Segunda Grande Guerra, talvez em função deste período coincidir com o reconhecimento dos chamados direitos de solidariedade ou fraternidade.

Assim sendo, considerando que o direito ao trabalho da pessoa portadora de deficiência está vinculado aos princípios de igualdade e de não discriminação nas relações de emprego, forçosa é a conclusão no sentido de que a tutela *mediata* do direito ao trabalho da pessoa portadora de deficiência está inserida em todas as Cartas Constitucionais que preconizam os princípios de igualdade e da não discriminação de seus cidadãos em razão de suas respectivas diferenças.

Todavia, ao buscar-se referência sobre a tutela *imediata* ou *expressa* do direito ao trabalho da pessoa portadora de deficiência, o número de Constituições a tratar sobre a matéria, reduz-se sensivelmente, como apontam *Assis* e *Pussoli*, ao declarar que, no que concerne à tipificação de direitos das pessoas deficientes, "consultamos as inúmeras constituições de outros países e não encontramos normas que se referissem diretamente ao assunto",[173] fazendo alusão, por fim, às Constituições de Portugal e Espanha.

---

[173] Olney Queiroz Assis e Lafaiete Pussoli, *Pessoa deficiente: direitos e garantias*, p. 71.

Com o cuidado de não tornar demasiadamente analítico este estudo comparativo, discriminar-se-ão, inicialmente, as normas constitucionais, que tutelam mediata ou imediatamente o direito ao trabalho da pessoa portadora de deficiência, dos países que integram o Mercosul[174], não só pela tendência de homogeneidade dos regramentos dos Estados-membros, ainda que em termos comerciais, mas também pela similitude entre a realidade social e as condições de trabalho encontradas nestes países, considerado aí, é claro, o Brasil. Far-se-á ainda, referência às Constituições da França, Espanha e Portugal como exemplos de tutela mediata e imediata do direito ao trabalho da pessoa portadora de deficiência, sendo que, com relação a este último, dada a maior importância na medida em que sua tradição legislativa é mais condizente com a brasileira.

Como uma segunda fase deste estudo comparativo, anotar-se-á a importância da OIT e de suas Convenções que versam sobre o direito ao trabalho e reabilitação da pessoa portadora de deficiência e a respectivas influências sobre o ordenamento jurídico pátrio.

2.4.2. Nas Constituições dos países que integram o Mercosul

A Constituição da Argentina, de 22 de agosto de 1994, sintonizada com os preceitos mais atuais defesa dos direitos humanos, dispõe em seu "artículo 16":

> "*Artículo 16.* La Nación Argentina no admite prerrogativas de sangre, ni de nacimiento: no hay en ella fueros personales ni títulos de nobleza. Todos sus habitantes son iguales antes la ley, *y admisibles en los empleos sin otra condición que la idoneidad.* La igualdad es la base del impuesto de las cargas publicas." (grifo nosso)

A Carta Constitucional argentina, apesar de não fazê-lo expressamente, tutela o direito ao trabalho da pessoa portadora de deficiência de forma imediata, na medida em que dispõe, no seu "artículo 14" que: "Todos los habitantes de la Nación de los seguientes derechos conforme a las leyes que reglamenten su ejercício, a saber: *de trabajar y ejercer toda industria licita,* (...)" (grifamos).[175]

---

174 Reunindo os Estados do extremo sul da América Latina, foi assinado a 26 de março de 1991, por Argentina, Brasil, Paraguai e Uruguai, e vigente a partir de 29 de novembro do mesmo ano, o Tratado de Assunção (definição oficial do Tratado conforme o seu art. 23), objetivando a constituição de um mercado comum denominado "Mercado Comum do Sul" (art. 1º do Tratado).

175 Segundo *Rubens Valtecides Alves*, ob. cit., p. 109: "as normas vigentes na Argentina admitem o trabalho do "descapacitado" com fim de integrá-lo na sociedade de forma

A Constituição do Paraguai, de 20 de junho de 1992, também demonstra preocupação com a integração social da pessoa portadora de deficiência, através do trabalho, dispondo, em seu "artículo 58":

> *"Artículo 58. Se garantirá a las personas excepcionales la atención de su salud, de su educación, de su recreación y* su formación profesional para una plena integración social.
>
> *El Estado organizará una política de* prevención, tratamiento, rehabilitación e integración *de los discapacitados físicos, psíquicos y sensoriales, a quienes prestará el cuidado especializado que requiran.*
>
> *Se les reconocerá el disfrute de los derechos que esta Constitución otorga a todos los habitantes de la República,* en igualdad de oportunidades, a fin de compensar sus desventajas." (grifo nosso)

Por fim, a Carta Constitucional do Uruguai, vigente desde 1997, possui dispositivo que garante o direito ao trabalho de todos os habitantes da República, aí incluída, é claro, a pessoa portadora de deficiência, *in verbis*:

> *"Artículo 53. El trabajo está bajo la protección especial de la ley. Todo habitante de la República, sin perjuicio de su liberdad, tiene el deber de aplicar sus energías intelectuales o corporales en forma que redunde en benefício de la colectividad, la que procurará ofrecer, con preferencia a los ciudadanos, la posibilidad de ganar su sustento mediante el desarrollo de una actividad económica."*

Cumpre ressaltar que todas as Constituições citadas, em especial a do Uruguai (1997), têm tempo de vigência menor que a atual Constituição Brasileira. Neste particular, considerando unicamente o aspecto temporal, poder-se-ia dizer, abstraída a adoção da melhor terminologia constitucional, que tais Constituições são mais "atuais" que a Carta Magna brasileira. Entretanto, se considerada a tutela da pessoa portadora de deficiência, dentre as Cartas Constitucionais citadas, excetuada a Carta paraguaia, apenas a brasileira faz referência expressa à necessidade de proteção do direito ao trabalho da pessoa portadora de deficiência, o que mostra a sua maior "atualização" no que tange à tutela dos interesses das pessoas portadoras de deficiência.

---

ativa, como meio de superação da própria limitação de que padece. Pelo artigo 212 da "Ley de Contrato del Trabajo de la República Argentina (LCT) o empregador está obrigado a subministrar tarefas, adequadas àquele que sofreu um dano que atua em detrimento de sua saúde, mantendo o nível da remuneração habitual, pois o trabalhador sofrendo uma incapacidade de caráter parcial e permanente pode desenvolver normalmente numerosas tarefas em diversos postos de trabalho".

2.4.3. Constituições da França, Espanha e Portugal

A Constituição Francesa, por motivos históricos, é paradigma na defesa do princípio que fundamenta o direito ao trabalho da pessoa portadora de deficiência: o princípio da igualdade, dispondo em seu "Préambule":

> "Le peuple français proclame solennement son attachement aux droits de l'homme et aux principes de la souraineté nationale tels qu'ils ont été definis par la Décraration de 1789, confirmée et complétée par le préambule de la Constitution de 1946.
>
> En vertu de ces principes et de celui de la libre détermination des peuples, la Republique offre aux territoires d'outre-mer qui manifestent la volonté d'y adhérer des institutions nouvelles fondées sur l'idéal commun de liberté, d'égalité et de fraternité et conçes em vue de leur évolution démocratique."[176]

Destaca a igualdade entre os seus cidadãos já no seu "article premier", *in verbis*:

> "Article premier — La France est une Republique indivisible, laïque, démocratique et sociale. Elle assure l'égalité devant la loi de tous citoyens sans distinction d'origine, de race ou de religion. Elle respecte toutes les croyances."[177]

A Constituição Espanhola de 27 de dezembro de 1978 estabelece, em seu artigo 9º, item 2, que "Corresponde a los poderes públicos promover las condiciones para que la libertad y la igualdad del individuo y de los grupos en que se integra sean reales y efectivas;

---

[176] "O povo francês proclama solenemente sua adesão aos Direitos Humanos e aos princípios da soberania nacional tais como foram definidos pela Declaração de 1789, confirmada e complementada pelo Preâmbulo da Constituição de 1946. Em virtude destes princípios e do princípio da livre determinação dos povos, a República oferece aos Territórios Ultramarinos que manifestem vontade de a ela aderir novas instituições baseadas no ideal comum de liberdade, igualdade e fraternidade, concebidas com vistas a sua evolução democrática" (Tradução livre). Como observa *Rubens Valtecides Alves*, ob. cit, p. 74, a França dispõe de um complexo e amplo sistema legal protetor das pessoas portadoras de deficiência, em matéria trabalhista. Destacando o autor uma Lei de 1975 que garante que as empresas que empregam mais de 10 (dez) pessoas reservem 10% de seus postos de trabalho para "deficientes"; isenção fiscal parcial para as empresas com postos de trabalho abrigados (oficinas); a redução da cotas devidas à seguridade social para quem empregar estas pessoas, subsidiando o Estado parte do salário dos "deficientes" contratados.

[177] A França é uma república indivisível, laica, democrática e social. Ela assegura a igualdade perante a lei a todos os cidadãos sem distinção de origem, raça ou religião. Ela respeita todas as crenças" (tradução livre).

remover los obstáculos que impidan o dificulten su plenitud y facilitar la participación de todos los ciudadnos en la vida política, económica, cultural y social".

E faz a tutela imediata do direito ao trabalho da pessoa portadora de deficiência em seu "artículo 49", *in verbis*:

> "Los poderes públicos realizaran una política de previsión, tratamiento, *rehabilitación e integración de los disminuidos físicos, sensoriales y psíquicos*, a los que prestarán la atención especializada que requieran y los ampararán especialmente para el desfrute de los derechos que este Título otorga a todos los ciudadanos." (grifamos)[178]

A Constituição portuguesa, como observa *António José Moreira*, "consagra como obrigação do Estado a realização de uma política nacional de prevenção e tratamento, reabilitação e integração social dos deficientes, devendo, pois, ser-lhes assegurado o exercício efetivo dos direitos reconhecidos e atribuídos aos cidadãos em geral, nomeadamente o direito do trabalho".[179]

A tutela dos interesses das pessoas portadoras de deficiências inclusive, ganhou um artigo específico na Constituição de Portugal, dispondo em seu artigo 71º:

> "Art. 71º (...)
>
> 1. Os cidadãos física ou mentalmente deficientes gozam plenamente dos direitos e estão sujeitos aos deveres consignados na Constituição, com ressalva do exercício ou do cumprimento daqueles para os quais se encontrem incapacitados.
>
> 2. O Estado obriga-se a realizar uma política nacional de prevenção e de tratamento, reabilitação e integração dos cidadãos portadores de deficiência e de apoio às suas famílias, a desenvolver uma pedagogia que sensibilize a sociedade quanto aos deveres de respei-

---

[178] Segundo Celso Ribeiro Bastos *et* Ives Gandra Martins, *Comentários à Constituição do Brasil*, pp. 495/496: "Para deficientes com capacidade de trabalho diminuída acima de trinta e três por cento, a legislação espanhola criou os chamados 'Centros Especiais de Emprego', nos quais desenvolverão os seus serviços laborais, adequados às suas características individuais, de forma remunerada e com objetivo de facilitar a sua adaptação para uma posterior integração no mercado comum de trabalho. De se notar que essa legislação estabelece, inclusive, parâmetros para representação por meio de associações e a possibilidade de negociação coletiva".

[179] António José Moreira, *Compêndio de leis do trabalho*, Editora Almedina, Coimbra, Portugal, 1998, p. 94, *apud* Olney Queiroz Assis e Lafaiete Pussoli, *Pessoa deficiente: direitos e garantias*, p. 71.

to e solidariedade para com eles e a assumir o encargo da efectiva realização dos seus direitos, sem prejuízo dos direitos e deveres dos pais ou tutores."[180]

Os referidos preceitos constitucionais têm o seu objetivo maior resumido pela Constituição cubana, ora citada apenas para efeito ilustrativo, ao dispor em seu "artículo 45" que "El trabajo en la sociedad socialista es un derecho, un deber y un *motivo de honor para cada ciudadano"* (sem grifo no original). Nota-se, assim a precupação com o alcance da dignidade, através do trabalho, inclusive, no ordenamento jurídico de países de regime ditatorial.

A preocupação, em sede constitucional, com a integração social da pessoa portadora de deficiência, através do trabalho, demonstra a essencialidade deste para que sejam atingidos outros direitos fundamentais do homem, como o direito à vida.

2.4.4. A OIT e as Convenções Internacionais atinentes ao trabalho das pessoas portadoras de deficiência

Registre-se, desde logo, que a origem da OIT entrelaça-se com a necessidade histórica de estipularem-se melhores condições de trabalho ao operariado. Foram as manifestações dos operários e as reivindicações estabelecidas em diversos congressos de trabalhadores, durante a Primeira Guerra Mundial, que levaram a conferência da Paz em 6 de maio de 1919, da Sociedade das Nações, a criar, pelo Tratado de Versailles (parte XIII, arts. 387 a 487), a Organização Internacional do Trabalho[181] — OIT, com o propósito de dar às questões trabalhistas um tratamento uniformizado.

Seguindo o espírito das reivindicações que culminaram em sua criação, a OIT tem como objetivos[182], dentre outros, a elevação dos níveis de qualidade de vida e a proteção da saúde dos trabalhado-

---

[180] Com relação à legislação infraconstitucional, destaca-se o Decreto-lei n. 40/83, de 25 de janeiro, o qual estabelece medidas especiais de apoio por parte do Estado, visando assegurar a valorização pessoal e profissional das pessoas "deficientes" e facilitar sua passagem para um emprego não protegido.

[181] Segundo Arnaldo Lopes Süssekind — *Convenções da OIT*, p. 19 — a OIT "é uma pessoa jurídica de direito público internacional, de caráter permanente, constituída de Estados, que assumem, soberanamente, a obrigação de observar as normas constitucionais da organização e das convenções que ratificam, integrando o sistema das Nações Unidas como uma de suas agências especializadas".

[182] O art. 3º da Declaração de Filadélfia elenca as finalidades da OIT, declarando "a solene obrigação da Organização Internacional do Trabalho fomentar, entre as nações do mundo, programas que permitam alcançar: a) a plenitude do emprego e a elevação dos níveis de vida; b) o emprego de trabalhadores nas ocupações em que possam ter a sa-

res em todos as suas ocupações. A Resolução adotada em 24 de junho de 1975 sobre a ação futura da OIT reafirmou solenemente que a melhoria das condições e do meio ambiente do trabalho, assim como o bem-estar dos trabalhadores, continua sendo missão principal e permanente da OIT [183].

A OIT apesar de, inicialmente, estar voltada à melhoria das condições laborais do trabalhador em geral, considerando que sua base estava calcada na Declaração dos Direitos Humanos, logo percebeu que não podia atuar em defesa de uma categoria específica de trabalhadores, sendo seu mister defender os interesses de *todos os trabalhadores*, entre eles aqueles portadores de qualquer tipo de deficiência.

As seqüelas provocadas pela Primeira Guerra Mundial sensibilizaram a humanidade, sentimento que se fez refletir nas decisões da OIT. Em 1925, na Conferência Internacional do Trabalho, foi adotada a Recomendação n. 22 que representou o primeiro reconhecimento, por parte da comunidade internacional, das necessidades dos portadores de deficiência.

O aumento do interesse da comunidade internacional pela reabilitação das pessoas portadoras de deficiência materializou-se através da Recomendação n. 99, de 22.6.55, a qual declarou que todos os indivíduos com limitações, quaisquer que sejam a origem ou natureza, têm direitos aos meios de reabilitação profissional para poderem exercer um emprego adequado às suas limitações.

Da Recomendação n. 99 destacam-se os seguintes princípios:

> "a) A reabilitação vocacional e a habilitação para o trabalho constituem direito de toda PPD;
>
> b) A identificação de obstáculos no ambiente de trabalho e a forma de contorná-los devem constituir parte do treinamento profissional das PPDs;
>
> c) A criação e o financiamento de programas de reabilitação profissional constituem responsabilidade dos governos." [184]

---

tisfação de dar a mais ampla medida de suas habilidades e de oferecer sua maior contribuição ao bem-estar comum; (...) d) a adoção, em matéria de salários e rendimentos, duração do trabalho e outras condições de trabalho, de medidas destinadas a garantir, a todos, uma justa participação nos frutos do progresso e um salário mínimo vital para todos os que tenham um emprego e necessitem de tal proteção; (...) g) a proteção adequada à vida e à saúde dos trabalhadores, em todas as ocupações (...)".

[183] Sebastião Geraldo de Oliveira, *Proteção jurídica à saúde do trabalhador*, p. 84.

[184] Cf. Guilherme José Purvin de Figueiredo, *A pessoa portadora de deficiência e o princípio da igualdade de oportunidades no direito do trabalho*, *in* Direitos da Pessoa portadora de deficiência, p. 50.

Com a adoção da Recomendação n. 99, a OIT deu um salto qualitativo em seus preceitos. Não só eram contemplados os direitos de grupos específicos de deficientes, como os mutilados de guerra ou vítimas de acidente de trabalho, passando a defender o trabalho para todas as pessoas portadoras de deficiência, independentemente da origem da deficiência.

Ressalte-se que as convenções da OIT têm *status* de leis internacionais, mas só obrigam os Estados-membros a se sujeitarem à respectiva normatização após a competente ratificação, sendo que, no caso do Brasil, essa competência é exclusiva do Congresso Nacional[185].

Caso seja ratificada, a Convenção tem força normativa e passa a integrar o direito positivo do Estado-membro. As recomendações, entretanto, constituem meras sugestões aprovadas pelas Conferências[186] a respeito dos pontos sobre os quais ainda não há consenso para serem incorporados às convenções. Todavia, as recomendações servem de modelo para o processo normativo dos Estados-membros. As recomendações são adotadas ainda como regulamentação de uma Convenção adotada, discriminando-se, com minúcia, as normas estipuladas na Convenção. Em síntese, duas são as características que diferenciam as recomendações das convenções: a primeira é que estas buscam criar obrigações internacionais para os Estados que as ratificam, enquanto aquelas apenas orientam a ação dos Estados-membros no sentido de alcançar determinadas metas; a segunda é que somente as convenções permitem, no caso de descumprimento de seu teor, a instauração de processo de reclamação ou queixa por parte de organizações representantes das classes obreiras ou patronais ou, ainda, de um Estado-membro.

Em 1983, a OIT adotou a Convenção n. 159 e a Recomendação n. 168, propugnando pelo direito das pessoas portadoras de deficiência a uma adaptação ou readaptação profissional, seja em

---

185 O Congresso Nacional tem competência exclusiva para resolver definitivamente sobre as Convenções Internacionais (art. 49, I, da Constituição de 1988). Se a Convenção for aprovada, o Congresso expede Decreto Legislativo para que o Presidente da República promova a sua ratificação. A Convenção entra em vigor, internamente, um ano após a data de sua ratificação formal perante a Repartição Internacional do Trabalho da OIT. Normalmente, o Presidente da República expede Decreto de promulgação, tornando pública a Convenção aprovada, sua ratificação e início de vigência.

186 As Conferências são realizadas com a participação de quatro delegados de cada Estado, sendo dois representantes do governo, um dos empregados e outro dos empregadores, reunidos em assembléia geral. Nessas assembléias são votadas as convenções e as recomendações.

instituições específicas, seja em postos de trabalho ao lado de não deficientes[187], merecendo abordagem detida uma vez que se refere expressamente ao tema deste trabalho.

Far-se-á referência, ainda, à Convenção n. 111, a qual visa coibir a discriminação em vários domínios das relações de trabalho, por entendermos que, de certa maneira, foi precursora da Convenção n. 159 e, principalmente, porque seus preceitos continuam atuais até os dias de hoje. Tem ainda a citada Convenção relação direta com o princípio defendido com veemência neste trabalho: o princípio da não discriminação no emprego.

2.4.4.1. A Convenção n. 159 da OIT

A Convenção n. 159[188] foi adotada, em 1983, na 69ª Conferência Internacional do Trabalho, realizada em Genebra. Esta Convenção foi aprovada no Brasil pelo Decreto Legislativo n. 51, de 25.8.89 e ratificada em 18 de maio de 1990, entrando em vigor um ano após, em 18 de maio de 1991. A Convenção n. 159 foi promulgada pelo Decreto n. 129, de 18 de maio de 1991, sendo, como já exposto, merecedora de análise cuidadosa, uma vez que versa sobre a "reabilitação profissional e emprego de pessoas deficientes".

Inicialmente, é de se destacar, o teor do art. 12 da Convenção, o qual assevera que a "finalidade da reabilitação profissional é a de permitir que a pessoa deficiente obtenha e conserve um emprego e progrida no mesmo, e que se promova, assim a integração ou a reintegração dessa pessoa na sociedade". Neste particular, o termo "reabilitação profissional" transmite a falsa idéia de que se está tratando apenas de portadores de deficiência adquiridas após a inserção no mercado de trabalho. Todavia, como observa *Guilherme Purvin,*[189] o art. 9º da Convenção afasta esta conclusão, dispondo que os países membros deverão "esforçar-se para assegurar a formação e a disponibilidade de assessores em matéria de reabilitação e outro tipo de pessoal qualificado que se ocupe da orientação profissional, da formação profissional, da colocação e do emprego de pessoas deficientes". Fica claro então que Convenção preconiza a formação profissional de portadores de deficiências congênitas ou adquiridas *antes* de sua inserção no mercado de trabalho.

---

[187] Cf. Guilherme José Purvin de Figueiredo, *A pessoa portadora de deficiência e o princípio da igualdade de oportunidades no direito do trabalho, in* Direitos da Pessoa portadora de deficiência, p. 50.

[188] As normas desta Convenção estão transcritas em anexo *infra.*

[189] Ob. cit., p. 51.

A política de reabilitação profissional e emprego para as pessoas portadoras de deficiência deve ter por finalidade assegurar a existência de medidas adequadas de reabilitação profissional ao alcance de todas as categorias de pessoas deficientes e promover oportunidades de emprego para as pessoas deficientes no mercado regular de trabalho (art. 3).

O art. 4 da Convenção em comento, sintetiza a idéia central deste trabalho, ou seja, oportunidades de trabalho pautadas no princípio da igualdade, através de medidas estatais positivas[190]:

> "Art. 4. Essa política deverá ter como base o princípio de igualdade de oportunidades entre os trabalhadores deficientes e dos trabalhadores em geral. Dever-se-á respeitar a igualdade de oportunidades e de tratamento para as trabalhadoras deficientes. *As medidas positivas especiais com a finalidade de atingir a igualdade efetiva de oportunidades de tratamento entre os trabalhadores deficientes e os demais trabalhadores, não devem ser vistas como discriminatórias em relação a este últimos.*" (grifo nosso)

Fica claro, então, que as práticas positivas, de incentivo, oriundas do Poder Estatal não constituem discriminação, e sim são necessárias para "*atingir a igualdade efetiva de oportunidades de tratamento entre os trabalhadores deficientes*", para que seja respeitado o princípio constitucional da igualdade, materialmente considerado, como se verá no capítulo seguinte.

2.4.4.2. A Convenção n. 111 da OIT

A Convenção n. 111[191] foi adotada, em 1958, na 42ª Conferência Internacional do Trabalho, realizada em Genebra. Esta Convenção foi aprovada no Brasil pelo Decreto Legislativo n. 104, de 24.11.64 e ratificada em 26 de novembro de 1965, entrando em vigor um ano após, em 26 de novembro de 1965. A Convenção n. 111 foi promulgada pelo Decreto n. 62.150, de 19 de janeiro de 1968, sendo, como já exposto, extremamente relevante, uma vez que versa sobre a proibição de uma das práticas mais odiosas existentes no mundo do trabalho, notadamente a discriminação.

Destaque-se, desde logo que para fins dessa Convenção, no conceito de emprego ou profissão inclui-se o acesso aos meios de formação profissional, ao emprego, às diferentes profissões e às condições de trabalho (art. 1.3 da Convenção n. 111).

---

190 Ver Capítulos III e IV *infra*.

191 As normas desta Convenção estão transcritas em anexo *infra*.

O termo discriminação é definido no art. 1.1, *in verbis*:

> "Art. 1.1. Para os fins da presente convenção o termo 'discriminação' compreende:
>
> a) toda distinção, exclusão ou preferência fundada na raça, cor, sexo, religião, opinião pública, ascendência nacional ou origem social, que tenha por efeito destruir ou alterar a igualdade de oportunidade ou de tratamento em matéria de emprego ou profissão;
>
> b) qualquer outra distinção, exclusão ou preferência que tenha por efeito destruir ou alterar a igualdade de oportunidades ou tratamento em matéria de emprego ou profissão que poderá ser especificada pelo Membro interessado depois de consultadas as organizações representativas de empregadores e trabalhadores, quando estas existam, e outros organismos adequados."

Não serão consideradas como discriminação: as distinções, exclusões ou preferências baseadas em qualificações exigidas para um determinado emprego (art. 1.2); as diferenças que possam ser justificadas em função da segurança do Estado (art. 4); e, por fim, as distinções que tenham natureza de medidas de proteção ou assistência social reconhecidas como necessárias por motivo de sexo, a *invalidez,* os encargos de família ou nível social cultural (arts. 5.1 e 5.2).

A título de exemplo, não constitui discriminação em razão de deficiência (invalidez), a exigência estabelecida para certos empregos que demandam elevado esforço físico, quando o pretendente da vaga for pessoa portadora de deficiência locomotora. De igual forma não constitui discriminação o óbice no sentido que uma pessoa portadora de deficiência visual não atue como controlador de vôo, tarefa que exige a análise constante de equipamentos de radar.

Alice Monteiro de Barros destaca a influência da Convenção n. 111 no ordenamento jurídico pátrio:

> *"É notória a influência da Convenção n. 111 na legislação brasileira, evidenciada no texto da Lei n. 5.473, de 10 de julho de 1968, que regula o provimento de cargos e dá outras providências; essa lei considera nulas as disposições e providências que, direta ou indiretamente, criem discriminações entre brasileiros de ambos os sexos para o provimento de cargos sujeitos à seleção, nas empresas privadas como nos quadros do funcionalismo público federal, estadual ou municipal, e, ainda, no serviço autárquico de sociedade de economia mista e de empresas concessionárias de serviço público.*

> *Em seu art. 1º, parágrafo único, essa lei prevê prisão simples de três meses a um ano, além de multa pecuniária, a quem, de qualquer forma, obstar ou tentar obstar o cumprimento de suas determinações.*"[192]

Seguramente, a Convenção n. 111, pelo seu teor, inspirou-se em princípio insculpido na Declaração de Filadélfia, segundo o qual:

> "... todos os seres humanos, sem distinção de raça, credo ou sexo, têm direito a perseguir seu bem-estar material e seu desenvolvimento espiritual em condições de liberdade e dignidade, de esperança econômica e em igualdade de oportunidades." (parte II, a)

Este princípio, ou seja, o *princípio da igualdade*, também previsto na Declaração Universal dos Direitos do Homem (art. 2º), será objeto de estudo detalhado no capítulo que se segue.

---

[192] *Discriminação no emprego por motivo de sexo*, in *Discriminação*, obra coletiva coordenada por Márcio Túlio Viana e Luiz Otávio Linhares Renault, pp. 55-56. Conclui a autora, ainda, que a Convenção n. 111 inspirou-se em princípio contido na *Declaração de Filadélfia*, segundo o qual "... todos os seres humanos, sem distinção de raça, credo ou sexo, têm direito a perseguir seu bem-estar material e seu desenvolvimento espiritual em condições de liberdade e dignidade, de segurança econômica e em igualdade de oportunidades" (parte II, a), como também na Declaração Universal dos Direitos do Homem (art. 2º), que proclama a igualdade de direitos e liberdades, dentre elas a de livre escolha do trabalho, "sem distinção de raça, cor, sexo ...".

CAPÍTULO III

O PRINCÍPIO CONSTITUCIONAL DA IGUALDADE E A AÇÃO AFIRMATIVA *(AFFIRMATIVE ACTION)*

> *"A igualdade entre os seres humanos é um pressuposto e ao mesmo tempo um dos mais relevantes direitos humanos, porque ele é a base de tais direitos" (Celso Antônio Bandeira de Mello)*[*]

3.1. EXÓRDIO

Cumpre destacar, desde logo, que o objetivo maior deste Capítulo é o de desenvolver e fixar limites sobre os contornos do conteúdo jurídico do princípio da igualdade, considerando como vértice, como destinatários finais, as pessoas que, por nascença, doença ou acidentes, têm limitações para construir suas vidas, dignamente, com base no trabalho. Para tanto, analisaremos o binômio "igualdade formal e igualdade material" com o intuito de elucidar, o quanto possível, o sentido do princípio constitucional da igualdade, fixando especial atenção na chamada ação afirmativa como instrumento de realização da igualdade material na vida em sociedade.

O princípio da igualdade, indubitavelmente, como destaca *Paulo Bonavides*, é o centro medular do Estado social e de todos os direitos de sua ordem jurídica. "Com efeito, materializa ele a liberdade da herança clássica. Como esta compõe um eixo ao redor do qual gira toda a concepção estrutural do Estado democrático contemporâneo".[193]

Todavia, como lembra, com acuidade, *Orlando Teixeira da Costa*, "o mundo jurídico vive em descompasso com a realidade social: ou porque há situações que ainda não são regulamentadas pelo direito

---

[*] Trecho do prefácio do livro *Ação afirmativa & princípio constitucional da igualdade:* (O Direito como instrumento de transformação social. A experiência dos EUA) de *Joaquim B. Barbosa Gomes.*

[193] *Curso de direito constitucional*, pp. 340-341.

escrito ou porque, havendo a Lei disposto a respeito de certas relações, não chegou ela, ainda, a se impor a todos os quadrantes da sociedade".[194]

Neste sentido, embora desde a Declaração dos Direitos do Homem em 1789 tenham sido reconhecidos e reverenciados os direitos fundamentais do homem — especialmente o da igualdade — reiterados um sem-número de vezes por diplomas constitucionais de países democráticos, inclusive pela Constituição brasileira, o abismo entre a idealização da norma e a concretização de seus valores ainda não foi superado, onde embora "haja muita previsão legal, há muito pouco espaço para a concretização".[195]

Assim sendo, antes de adentrarmos nos meandros do princípio constitucional da igualdade, julgamos necessário o estudo, ainda que superficial, acerca da eficácia das normas constitucionais, no intuito de tornar mais clara a compreensão do princípio da igualdade, mormente através do estudo das normas constitucionais que o integram.

A questão acerca da eficácia das normas constitucionais é enfrentada, com maestria, por *Luís Roberto Barroso:*

> *"Na interpretação do Direito Constitucional, o grande vetor incorporado em épocas recentes é aquele que aponta para a realização prática das normas constantes da Lei Maior. De fato, partindo da premissa de que um dos principais fatores do fracasso institucional brasileiro tem sido a falta de concretização das regras e princípios constitucionais, a doutrina e a jurisprudência têm dirigido a sua atenção para assegurar o seu real cumprimento. Neste processo de valorização da Constituição, a ênfase recai em procurar-se propiciar a materialização, no mundo dos fatos, dos preceitos constitucionais, fazendo com que eles passem do plano abstrato da norma jurídica para a realidade concreta da vida. A efetividade significa, portando, a realização do Direito, o desempenho verdadeiro de sua função social."*[196] (grifamos)

O estudo da eficácia das normas constitucionais é relevante pois estará se analisando normas que dispõem também sobre os interesses das pessoas portadoras de deficiência. Neste sentido, *Luiz Alberto David Araujo* ressalta que "qualquer trabalho que se pretende balizado pelo Direito Positivo, analisando concretamente

---

[194] *O direito do trabalho na sociedade moderna*, p. 28.

[195] José Eduardo Faria, *Direito e Justiça — a função social do judiciário, apud* Fernanda Duarte Lopes da Silva, *Princípio Constitucional da Igualdade*, p. xvii.

[196] *O direito constitucional e a efetividade de suas normas*, p. 344.

disposições da Lei Maior, deve tratar do tema da eficácia e aplicabilidade, para identificar quais as reais chances de se colher o direito anunciado".[197] O autor destaca, ainda, a importância de tal estudo quando em discussão os direitos das pessoas portadoras de deficiência. "Assim, a análise da proteção constitucional das pessoas portadoras de deficiência deve ser permeada do estudo da eficácia, sob pena de tratarmos o tema sem profundidade, apenas enumerando dispositivos. A força dos dispositivos, seus efeitos mediatos e imediatos, devem ser averiguados, para permitir a utilização correta do instrumental constitucional colocado em favor do grupo de indivíduos em foco".[198]

O tema ainda é apropriado uma vez que indissociavelmente ligado à questão do dúplice enfoque do princípio da igualdade (igualdade formal e material) e à questão da ação afirmativa, temas base do presente Capítulo.

3.2. BREVE CONSIDERAÇÃO SOBRE A EFICÁCIA DAS NORMAS CONSTITUCIONAIS

Poucos são os temas, em Direito Constitucional, que suscitam opiniões tão antagônicas como o da classificação das normas constitucionais quanto à eficácia, não sendo sequer unívoco o uso do termo eficácia (vigência ou aplicabilidade para alguns doutrinadores como se verá adiante). Diversos, portanto, poderiam ser os enfoques a serem adotados no presente trabalho em face da complexidade e amplitude que a questão apresenta. Todavia, como o objetivo é apenas fornecer uma visão capaz de auxiliar na compreensão do princípio da igualdade e de suas nuanças, limitar-nos-emos a um exame superficial do assunto.

A problemática atinente à eficácia das normas constitucionais tem nascedouro na imprecisão terminológica presente em muitos trabalhos doutrinários sobre o tema, o que dificulta sobremaneira a compreensão da questão e, principalmente, a resolução da mesma. Temos então o chamado "problema terminológico", assim reconhecido por *Meirelles Teixeira*[199] e *José Afonso da Silva*[200], quanto à acepção utilizada dos vocábulos vigência, validez, validade, eficácia e aplicabilidade. Conceitos que dividem a doutrina, ora sendo usados como sinônimos, ora utilizados com significados totalmente opostos.

---

[197] *A proteção constitucional das pessoas portadoras de deficiência*, p. 76.

[198] Ob. cit., p. 76.

[199] José Horácio Meirelles Teixeira, *Curso de direito constitucional*, p. 285.

[200] *Aplicabilidade das normas constitucionais*, p. 63.

Carlos Cossio[201] reconhece, inclusive, que tais discrepâncias doutrinárias não são privativas do direito constitucional, mas ínsitas à ciência jurídica em geral. Exemplificando que, para aludir à existência do Direito, os juristas recorrem a diversos termos, como positividade, vigência eficácia, observância, facticidade e efetividade do Direito. Neste sentido fica patente a importância de uma prévia fixação do sentido próprio de cada termo para o alcance da técnica científica que pauta o presente trabalho.

Como exemplo desta incerteza terminológica, tomemos o estudo feito por *Raul Machado Horta*[202], sobre a natureza das normas constitucionais, no qual assevera que a fixação das características da norma jurídica é tema introdutório ao conhecimento da norma constitucional.

Machado Horta, seguindo a Teoria Egológica[203] de *Cossio*, defende que a norma jurídica distingue-se por duas propriedades fundamentais: a validez e a vigência. Correspondendo aquela à exigibilidade da norma e esta à efetiva obediência dispensada à norma jurídica. Neste sentido, alega ainda que *Hans Kelsen* teria utilizado o termo eficácia no lugar de vigência. Com a devida vênia, tal afirmação não encontra guarida na Teoria Pura Kelseniana, o que deixa, mais uma vez, evidente a dificuldade em se solucionar, de maneira concludente, o já referido problema terminológico.

O próprio *Kelsen* rechaça a idéia de utilizar-se o vocábulo vigência como eficácia, alertando que "como a vigência da norma pertence à ordem do dever-ser, e não a ordem do ser, deve também distinguir-se a vigência da norma de sua eficácia, isto é, do fato real de ela ser efetivamente aplicada e observada, da circunstância de uma conduta humana conforme à norma se verificar na ordem dos fatos. Dizer que uma norma vale (é vigente) traduz algo diferente do que se diz quando se afirma que ela é efetivamente aplicada e respeitada, se bem que entre vigência e eficácia possa existir certa conexão"[204]. Neste particular, a idéia de contradição deflui uma vez mais, na medida em que apesar de *Kelsen* distinguir vigência de eficácia, o jurista alemão defende que para uma norma possua validade a mesma deve estar provida de um "mínimo de eficácia"[205].

---

[201] *Apud José Afonso da Silva*, ob. cit., p. 63.

[202] *Estrutura, natureza e expansividade das normas constitucionais*, p. 219.

[203] "Para a Teoria Egológica a Ciência Jurídica deve ter por objetivo o conhecimento do Direito, que seria o conhecimento da conduta humana em sua interferência intersubjetiva e dos valores que a informam". Maria Helena Diniz, "*A ciência jurídica na teoria pura do Direito*" — Tese de doutoramento na PUC/SP — 1975, p. 35.

[204] Hans Kelsen, *Teoria Pura do Direito*, pp.11-12.

[205] Hans Kelsen, ob. cit., pp. 13.

Por fim, para endossar suas considerações, *Machado Horta* utiliza-se da teoria tridimensional de *Miguel Reale*, tendo este jurista, segundo *Horta*, demonstrado que não é possível separar vigência de eficácia. "A vigência é problema complexo e profundo, que não se restringe ao seu aspecto técnico-jurídico. A vigência põe e exige certeza do Direito, enquanto a eficácia projeta a norma no grupo humano a que ela se destina".[206]

Apesar das embasadas razões de *Machado Horta*, passaremos a utilizar, como base para o presente estudo, a definição de eficácia adotada por *José Horácio Meirelles Teixeira*, o qual orienta que "por eficácia da norma jurídica devemos entender a sua efetiva aceitação e observância pela comunidade, que poderá dar-se em maior ou menor medida, de acordo com a maior ou a menor adequação da norma às necessidades, às aspirações, aos costumes, à cultura do grupo social"[207]. Enfim, entender-se-á por norma eficaz a norma efetivamente aplicada e respeitada.[208]

3.3. O PRINCÍPIO CONSTITUCIONAL DA IGUALDADE

Como já anotado anteriormente, as Constituições brasileiras sempre versaram, com maior ou menor largueza, sobre o tema da igualdade, como nos relata a abalizada lição de Marco Aurélio Mello, Ministro do Supremo Tribunal Federal:

---

[206] *Apud* Raul Machado Horta, *Estrutura, natureza e expansividade das normas constitucionais*, p. 220.

[207] *Curso de direito constitucional*, p. 289.

[208] Outros ilustres juristas também seguem a mesma linha adotada por *Meirelles Teixeira* quanto ao conceito de eficácia da norma. Segundo Tércio Sampaio Ferraz Jr. — *Introdução ao estudo do direito*, p. 70 — eficácia "é uma qualidade da norma que se refere à sua adequação em vista da produção concreta de efeitos, diz respeito às condições fáticas e técnicas de atuação da norma jurídica, ao seu sucesso, ou seja, à possibilidade da consecução dos objetivos". Para Maria Helena Diniz — *Norma constitucional e seus efeitos*, p. 30 — "a eficácia diz respeito ao fato de saber se os destinatários da norma ajustam, ou não, seu comportamento em maior ou menor grau, a prescrições normativas, ou seja, se cumprem, ou não os comandos jurídicos, se os aplicam ou não". José Afonso da Silva — *Aplicabilidade das normas constitucionais*, p. 66 —, por sua vez, distingue o conceito de eficácia social e eficácia jurídica, designando esta "a qualidade da norma de produzir, em maior ou menor grau, efeitos jurídicos, ao regular desde logo as situações, relações e comportamentos de que cogita; nesse sentido, a eficácia diz respeito à aplicabilidade, exigibilidade ou executoriedade da norma, como possibilidade se sua aplicação jurídica". Para o autor o alcance dos objetivos da norma constitui a efetividade. Sob este prisma é que se fala em eficácia social em relação à efetividade, ou seja, quando o ditame contido na norma encontra resposta no corpo social. A norma só é aplicável, efetiva, se for eficaz; desse modo a eficácia jurídica é encarada no sentido de potencialidade e a aplicabilidade como realizabilidade.

> *"Na Carta de 1824, apenas se remetia o legislador ordinário à eqüidade. Na época convivíamos com a escravatura, e o escravo sequer era considerado gente. Veio a República, e, na Constituição de 1891, previu-se de forma categórica, que todos seriam iguais perante a lei. Mais que isso: expungiram-se privilégios, tendo em vista o nascimento; desconheceram-se foros de nobreza (...). Na Constituição de 1934, Constituição popular, dispôs-se também que todos seriam iguais perante a lei e que não haveria privilégios ou distinções por motivo de nascimento, sexo, raça, profissões próprias ou dos pais, classe social, riquezas, crenças religiosas ou idéias políticas (...). Na Constituição outorgada de 1937, simplificou-se, talvez por não se admitir a discriminação, o trato da matéria e proclamou-se, simplesmente, que todos seriam iguais perante a lei (...). Já na progressista Constituição de 1946, reafirmou-se o princípio da igualdade rechaçando-se a propaganda de preconceitos de raça ou classe (...). Na Constituição Federal de 1967, não se inovou; permaneceu-se na vala da igualização simplesmente formal, dispondo que todos são iguais perante a lei, sem distinção de sexo, raça, trabalho, credo religioso e convicções políticas. Na Constituição de 1969 — a Emenda n. 1, de 1969, verdadeira Constituição —, repetiu-se o texto da Carta imediatamente anterior, proclamando-se, de forma pedagógica — e esse trecho encerra a principiologia —, que não seria tolerada a discriminação."*[209]

A Constituição Federal de 1988, por sua vez, através do *caput* do seu art. 5º, procurou garantir a igualdade, de maneira ampla, dispondo:

> "Art. 5º Todos são iguais perante a lei, sem distinção de qualquer natureza, garantindo-se aos brasileiros e aos estrangeiros residentes no País a inviolabilidade do direito à vida, à liberdade, à igualdade, nos termos seguintes:

Abstraídas as questões de cunho filosófico[210], é inegável que a igualdade constitui princípio sempre presente em qualquer interpretação do texto constitucional.[211] Este é o entendimento unânime en-

[209] Marco Aurélio Mendes de Farias Mello, *Óptica Constitucional — A igualdade e as ações afirmativas*, pp. 1-3.

[210] Não será objeto de considerações neste trabalho, dada a limitação temática, a perspectiva filosófica relativa à questão da igualdade; entretanto reconhece-se sua importância para a formação de uma visão mais profunda e completa do tema igualdade. Assim sendo, as observações de cunho filosófico, eventualmente realizadas ao longo deste capítulo, terão natureza meramente ilustrativa, sem qualquer compromisso com a retratação do debate atual sobre o tema.

[211] Cf. Luiz Alberto David Araujo, *A proteção constitucional das pessoas portadoras de deficiência*, p. 84.

tre os autores pátrios pesquisados.[212] Apenas *Plá Rodriguez*, entre os autores estrangeiros, entende que a igualdade não deve ser considerada um princípio. Assevera o jurista uruguaio:

> "*... há outros motivos para lhe negar a condição de princípio. Um deles é que se trata sempre de acolhê-lo e concretizá-lo em normas, muitas das quais entram em detalhes e exigências ou requisitos que circunscrevem e restringem o seu alcance. As normas que o consagram na legislação argentina ou brasileira estabelecem alguns requisitos que o limitam ou condicionam sua aplicação. O outro é que se costuma confundir, na mesma denominação, dois conceitos: o da não discriminação e o da igualdade propriamente dita (ou da equiparação). Isso lhe confere um alcance incerto.*"[213]

E arremata declarando: "A igualdade, será ela um princípio ou um direito, cujos limites de eficácia são marcados pelas próprias normas que os instituem"?[214] Não apresenta o autor, todavia, uma resposta cabal ao seu próprio questionamento.

Apesar dos argumentos expendidos por *Plá Rodriguez*, no direito brasileiro qualquer dúvida acerca da condição da igualdade como princípio foi afastada com a promulgação da Constituição de 1988. A igualdade, como observa *Celso Bastos*, em relação à Constituição anterior, deixou de ser fixada como um dispositivo e passou a constar como regra matriz. Elucida o referido autor:

> *"O atual artigo isonômico teve trasladada sua topografia. Deixou de ser um direito individual tratado tecnicamente como os demais. Passou a encabeçar a lista destes direitos, que foram transformados em parágrafos do artigo igualizador. Essa transformação é prenhe de significação. Com efeito, reconheceu-se à igualdade o papel que ela cumpre na ordem jurídica. Na verdade, a sua função é de um verdadeiro princípio a informar e a condicionar todo o restante do direito. É como se estivesse dito: assegura-se o direito de liberdade de expressão, respeitada a igualdade de todos perante este direito. Portanto, a*

---

[212] Entre outros: José Afonso da Silva, *Curso de direito constitucional positivo*, pp. 209-210; Manoel Gonçalves Ferreira Filho, *Direitos humanos fundamentais*, pp. 108-109; Paulo Bonavides, *Curso de direito constitucional*, pp. 340-343; Celso Ribeiro Bastos, *Curso de direito constitucional*, pp. 164-165; Luiz Alberto David Araujo & Vidal Serrano Nunes Júnior, *Curso de direito constitucional*, pp. 67-69; Flávia Piovesan, *Temas de direitos humanos*, pp.132-137; Cármen Lúcia Antunes Rocha, *O princípio constitucional da Igualdade, passim.*

[213] Américo Plá Rodriguez, *Princípios de Direito do Trabalho*, p. 440.

[214] *Ibidem*, mesma página.

igualdade não assegura nenhuma situação jurídica específica, mas na verdade garante o indivíduo contra má utilização que possa ser feita da ordem jurídica." [215]

Fica claro, então, que todo o texto constitucional deverá ser interpretado tendo como base o princípio da igualdade, que funcionará como regra matriz de toda a hermenêutica constitucional e infraconstitucional.[216] Assim procederemos, portanto, no estudo da proteção, no que tange à igualdade, do direito ao trabalho das pessoas portadoras de deficiência.

3.3.1. Conteúdo Jurídico

No direito positivo brasileiro, como já exposto, o princípio genérico da igualdade vem capitulado como direito individual — "todos são iguais perante a lei, sem distinção de qualquer natureza" (art. 5º, *caput*, CF/88) — e como objetivo fundamental da República — "promover o bem de todos, sem preconceitos de origem, raça, e idade e quaisquer outras formas de discriminação" (art. 3º, IV, CF/88).

Diante de tais mandamentos constitucionais, sobrevêm as seguintes indagações: É vedada, então, toda e qualquer forma de discriminação? O arcabouço constitucional permite a adoção de práticas discriminatórias? E, em caso positivo, quais seriam os termos e limites das eventuais práticas discriminatórias?

Luís Roberto Barroso esclarece a estrutura isonômica constitucional, declarando que "a própria Lei Maior desequipara as pessoas com base em múltiplos fatores, que incluem sexo, renda, situação funcional, nacionalidade, dentre outros. Assim ao contrário do que se poderia supor à vista da literalidade da matriz constitucional da isonomia, o princípio, em muitas de suas incidências, não apenas não veda o estabelecimento de desigualdades jurídicas, como, ao contrário, impõe o tratamento desigual".[217]

Com efeito, elucidada a questão sobre a possibilidade, dentro do ordenamento jurídico pátrio, de distinguir pessoas e situações

---

[215] Celso Ribeiro Bastos & Ives Gandra Martins, *Comentários à Constituição do Brasil — promulgada em 5 de outubro de 1988*, p. 13. Cármen Lúcia Antunes Rocha — *O princípio constitucional da Igualdade, p.19* — é taxativa ao declarar que princípio constitucional é o elemento axiomático posto no ordenamento jurídico como base formal e material da construção normativa sistêmica fundamental de um povo". Características estas preenchidas, indubitavelmente, pelo princípio da igualdade.

[216] Cf. Luiz Alberto David Araujo, *A proteção constitucional das pessoas portadoras de deficiência*, p. 84.

[217] *Razoabilidade e isonomia no direito brasileiro*, p. 32.

para o fim de lhes dar um tratamento jurídico diferenciado, resta definir os critérios e limites que permitirão identificar as situações em que as discriminações são juridicamente toleráveis. Neste sentido, limitar-se-ia a aplicação da igualdade à máxima de *Aristóteles* segundo a qual a igualdade consiste em *tratar igualmente os iguais e desigualmente os desiguais*? Apesar de válida tal máxima, veremos que é negativa a resposta.

Celso Bastos, analisa a referida premissa aristotélica, com fineza de pensamento:

> *"Daí se conclui quão insuficiente é, na verdade, a afirmação de grande parte de nossa doutrina e jurisprudência de que o princípio da igualdade consiste em 'tratar igualmente os iguais e desigualmente os desiguais na medida em que eles se desigualam'. Não que seja errada tal assertiva. É que ela é tautológica, uma vez que o cerne do problema remanesce irresolvido, qual seja, saber quem são os iguais e quem os desiguais. A igualdade e a desigualdade não residem intrinsecamente nas coisas, situações e pessoas, porquanto em última análise, todos os entes se diferem entre si, por mínimo que seja. O que acontece é que certas diferenças são tidas por irrelevantes, segundo critério que se tome como discrímen. Assim, por exemplo, ao se aglutinarem diversas pessoas debaixo da noção de funcionário público estão se ignorando muitas distinções que estas efetivamente apresentam no que diz respeito,* v. g., *à estatura, posição econômica, cor etc."*[218]

Dentro desta perspectiva de evidenciar "quem são os iguais e quem são os desiguais", é imperioso que se identifique: "o que permite radicalizar alguns sob a rubrica de iguais e outros sob a rubrica de desiguais"[219]. Em síntese qual o critério tolerável — sem ofensa ao princípio da igualdade — que autoriza distinguir pessoas e situações em grupos jurídicos apartados e, então, conferir-lhes tratamentos jurídicos distintos?[220] Por fim, considerando, como observa *Celso Bandeira de Mello*[221], que as normas nada mais fazem senão discriminar situações para submetê-las à regência de tais ou quais regras, fica claro que para alcance do conteúdo da igualdade deve-se definir quais são os limites das práticas discriminatórias, sem agravos à isonomia, ou seja, estabelecer-se quais as discriminações são juridicamente intoleráveis. *Celso Antônio Bandeira de Mello*,

---

[218] Celso Ribeiro Bastos, *Curso de direito constitucional*, p.167. Neste sentido v. Celso Antônio Bandeira de Mello, *Conteúdo jurídico do princípio da igualdade*, p. 11.

[219] Celso Antônio Bandeira de Mello, ob. cit., p. 11

[220] Cf. Celso Antônio Bandeira de Mello, ob. cit., p. 11.

[221] Ob. cit., mesma página.

resume a questão, ao propor: "Dês que se atine com a razão pela qual em um caso o discrímen é ilegítimo e em outro é legítimo, ter-se-ão franqueadas as portas que interditam a compreensão clara do conteúdo da isonomia".[222]

Ao abordar-se o tema de limite à prática discriminatória, é comum a suposição no sentido de que certos fatores diferenciais existentes nas pessoas não podem ser eleitos como elemento de discriminação. A própria Constituição de 1988 além de vedar genericamente a discriminação, ressaltou alguns fatores discriminatórios que reputou *suspeitos*[223], notadamente: origem, raça, sexo, cor, idade. Entretanto, ainda, assim podemos ter discriminações justificáveis com base nestes critérios. Caso contrário não seriam admitidas as seguintes situações:

1. Concurso público para *policial militar feminino*, ou para guardas penitenciários de um presídio feminino, no qual fosse admitida apenas a inscrição de mulheres;

2. Em processo de pesquisa médica relacionado à aferição da capacidade respiratória da raça negra, sejam contratadas apenas pessoas pertencentes a este raça;

3. Se exija do estrangeiro residente no país documentação específica, diferenciada da exigida aos cidadãos brasileiros.

É óbvio, nos exemplos apontados, que pessoas terão sido discriminadas em razão do sexo, da raça e da origem, sem, todavia, ocorrer, por tal circunstância, qualquer hostilidade ao preceito isonômico que a Constituição Federal objetivou resguardar. Ora, se até os elementos "suspeitos" apontados pela Constituição admitem ser escolhidos como fator discriminatório, permanece a indagação sobre os limites para o reconhecimento de uma discriminação legítima.

De plano, podemos defender que não será legítima a discriminação aleatória, arbitrária e caprichosa. O elemento discriminatório deve ser relevante e residente nas pessoas a serem diferenciadas.[224] A título de exemplo, não seria legítimo admitir-se que os servidores públicos com mais de 1,80 m tivessem prioridade na escolha da época de gozo de suas férias, ou que apenas os servidores dotados de olhos azuis pudessem ocupar determinados cargos comissionados.

---

[222] *Ibidem*, p. 12.

[223] Terminologia utilizada por Luís Roberto Barroso, *Razoabilidade e isonomia no direito brasileiro,* p. 33. O autor esclarece que: "Tais classificações fundam-se em fatores que o constituinte reputou *suspeitos* e cuja utilização traz uma forte possibilidade de ser inconstitucional".

[224] Cf. Luís Roberto Barroso, ob. cit., p. 34.

As discriminações só podem ser recebidas como legítimas — compatíveis com o princípio da igualdade — quando existir um vínculo de correlação lógica entre a peculiaridade diferencial residente (e não externa) na pessoa e a desigualdade de tratamento em função dela conferida.[225]

Em função de uma certa carga de subjetividade que permeia aquilo que *Bandeira de Mello* chama de *matriz de discrímen*, é que nos parece apropriado o posicionamento adotado por *Luís Roberto Barroso* no sentido da utilização do princípio da razoabilidade na identificação da legitimidade das práticas discriminatórias. Observa, o referido autor, com lucidez:

> *"Tem de haver racionalidade na desequiparação, vale dizer: adequação entre meio e fim. É legítimo que se adote o critério compleição física na escolha dos soldados para a tropa de choque, mas não para escolher os que servirão como digitadores ou auxiliares administrativos.*
>
> *Além disso, a desequiparação terá de ser necessária para realizar o objetivo visado — proibido o excesso, isto é, tratamento diferenciado além do que é imprescindível. Num concurso público, no âmbito da Secretaria de Segurança Pública,* e. g., *é possível excluir os candidatos portadores de deficiência motora da disputa do cargo que exija destreza física. Porém, caso a restrição se estenda a todos os cargos daquele órgão, inclusive os de natureza burocrática, será nula por ter ido além do estritamente necessário, sendo colhida pelo subprincípio da vedação do excesso."*[226]

Assim, é dentro deste binômio discriminação-razoabilidade que se busca, com o presente trabalho, evidenciar que, para que o princípio da igualdade seja efetivado, seja eficaz, há que existir discriminação, positivamente considerada, em proveito de determinadas pessoas ou grupos sociais.

Como será analisado de maneira minuciosa adiante, é virtualmente impossível cogitar-se em igualdade, no que tange às oportunidades de trabalho, para as pessoas portadoras de deficiência, sem admitir a existência de práticas discriminatórias (legítimas).

No mais, a razoabilidade deve pautar todas as ações discriminatórias, pois, como se apontou, o excesso conduz a práticas discrimi-

---

[225] Cf. Celso Antônio Bandeira de Mello, *Conteúdo Jurídico do princípio da igualdade*, p. 17

[226] Ob. cit., p. 34.

natórias odiosas.[227] Mesmo porque, não se pode olvidar que nem todo tipo de atividade pode ser exercida pela pessoa portadora de deficiência, se não adequada às suas respectivas limitações.

3.3.2. O dúplice enfoque do princípio da igualdade

A igualdade jurídica, segundo expressiva maioria dos doutrinadores pátrios, é analisada sob enfoque duplo[228]. A igualdade formal e a igualdade material. Tais vertentes, por sua vez, têm ligação direta com o nível de eficácia conferida ao princípio isonômico.

Quando vislumbramos a regra isonômica no sentido de não se admitir qualquer privilégio, tampouco qualquer ato discriminatório, denominamos igualdade formal ou igualdade *perante* a lei.

Ao lado da igualdade formal, ou igualdade perante a lei, devemos destacar a igualdade material ou igualdade *na* lei. Neste caso verificamos que Constituição ao mesmo tempo que proíbe a discriminação desarrazoada, cuida de realçar direitos de pessoas ou grupos, os quais necessitam de proteção especial, especificando ou diferenciando tais situações. Grupos estes como o das pessoas portadoras de deficiência que só têm a igualdade efetivada, garantida, com a adoção de ações positivas por parte do Estado.[229]

Souto Maior Borges detalha a questão sobre os dois prismas da igualdade jurídica:

> *"Há duas formas distintas — nitidamente distintas, posto em geral inapercebidas — de positivação da igualdade jurídica. A primeira delas é a* igualdade diante da lei. *Esta pode existir até mesmo quando a igualdade não corresponda ao conteúdo da lei (...)*

[227] Constata-se, então, que à medida que se eleva o nível de abstração, todas as coisas vão-se parificando. Assim sendo, "o conteúdo do princípio isonômico reside precisamente nisto: na determinação do nível de abstratividade que deve ter elemento diacrítico para que ele atinja as finalidades a que a lei se preordena. É que o princípio da isonomia pode ser lesado tanto pelo fato de incluir na norma pessoas que não deveriam estar, como também pelo fato de não colher outras que deveriam sê-lo" (Celso Bastos, ob. cit., p. 167).

[228] Entre outros podemos citar José Afonso da Silva, *Curso de direito constitucional positivo*, pp. 209-210; Manoel Gonçalves Ferreira Filho, *Direitos humanos fundamentais*, pp. 108-109; Paulo Bonavides, *Curso de direito constitucional*, pp. 340-343; Celso Ribeiro Bastos, *Curso de direito constitucional*, pp. 164-165; Luiz Alberto David Araujo & Vidal Serrano Nunes Júnior, *Curso de direito constitucional*, pp. 67-69; Flávia Piovesan, *Temas de direitos humanos*, pp.132-137.

[229] Ver os estudos empreendidos sobre o tema nas obras de Luiz Alberto David Araujo: *Proteção constitucional das pessoas portadoras de deficiência; Acesso ao emprego — discriminação em razão de deficiência — o acesso ao emprego e a proteção processual em defesa da igualdade*, in *Temas relevantes de direito material e processual do trabalho — Estudos em homenagem ao professor Pedro Paulo Teixeira Manus.*

2.2. Não é essa contudo a única igualdade a que se refere o art. 5º da Constituição Federal. Porque esse dispositivo trata da igualdade não só ante a lei mas também como um conteúdo da legislação que lhe é integrativa. Vincula-o, numa relação sintática de supra e subordinação, no tocante à predeterminação do seu conteúdo, isto é, o próprio âmbito material de validade normal (igualdade na lei, igualdade contenutística — diria Pontes de Miranda*). De tal sorte que, se desconsiderado o preceito constitucional, o ato legislativo ou administrativo de sua aplicação incorrerá em inconstitucionalidade. A igualdade na lei é igualdade material; somente existe quando a lei prescreve, ela própria, um tratamento igualitário. Será a igualdade, em tais condições, 'matéria do ato legislativo'."*[230]

3.3.3. Igualdade formal

O princípio da igualdade, em sua vertente formal (igualdade perante a lei), refere-se tão-somente à aplicação do direito com relação à coletividade sem qualquer tipo de distinção.

Para *Celso Bastos*, a isonomia formal consiste no "direito de todo o cidadão não ser desigualado pela lei senão em consonância com critérios albergados ou ao menos não vedados pelo ordenamento constitucional".[231]

Luiz Alberto David Araujo, ao tratar do tema, observa que "na realidade, o princípio democrático da igualdade significa que a aplicação do direito deve ser idêntica diante da lei e do ato normativo". E conclui: "o juiz, o administrador, o particular não podem discriminar diante da aplicação da lei".[232]

Seguindo a mesma linha de raciocínio, *Siqueira Castro* pondera que:

> *"a regra de que todos são iguais perante a lei, ou de que todos merecem a mesma proteção da lei, entre outros enunciados expressivos da isonomia puramente formal e jurídica, traduz, em sua origem mais genuína, a exigência de simples igualdade entre os sujeitos de direito perante a ordem normativa, impedindo que se crie tratamento diverso para idênticas ou assemelhadas situações de fato. Impede, em suma, que o legislador trate desigualmente os iguais."*[233]

---

[230] *Princípio da isonomia e sua significação na Constituição de 1988*, pp. 34-40.

[231] Celso Ribeiro Bastos, *Curso de direito constitucional*, p. 166.

[232] *Proteção constitucional das pessoas portadoras de deficiência*, p. 85.

[233] Carlos Roberto Siqueira Castro, *O princípio da isonomia e a igualdade da mulher no direito constitucional*, pp. 35-36, *apud* Fernanda Duarte Lopes Lucas da Silva, *Princípio constitucional da igualdade*, pp. 37-38.

Ao defender a necessidade de aplicação igual do direito, *Celso Antônio Bandeira de Mello* assevera:

> *"A lei não deve ser fonte de privilégios ou perseguições, mas instrumento regulador da vida social que necessita tratar equitativamente todos os cidadãos. Este é o conteúdo político-ideológico absorvido pelo princípio da isonomia e juridicizado pelos textos constitucionais em geral, ou de todo o modo assimilado pelos sistemas normativos vigentes. Em suma: dúvida não padece que, ao se cumprir uma lei, todos os abrangidos por ela hão de receber tratamento parificado, sendo certo, ainda, que ao próprio ditame legal é interdito deferir disciplinas diversas para situações equivalentes."*[234]

Verifica-se de pronto que, embora de conceito relevante, a igualdade formal não confere a proteção especial que necessitam indivíduos ou grupos, como o das pessoas portadoras de deficiência, para superarem determinadas dificuldades, como a de, dentro do tema desta obra, ter acesso ao mercado de trabalho. É certo que, como se verá adiante, fica vedada a discriminação no acesso ao emprego, todavia, a postura do aplicador do direito é meramente contemplativa, ou melhor, oferece ao discriminado apenas uma intervenção de natureza reparatória, pós-lesão do direito. Tal situação fica clara na definição de *José Souto Maior Borges:*

> *"A igualdade perante a lei nada mais significa senão a simples conformidade, em todas as situações que lhe forem subsumidas, da conduta humana à norma de conduta: 'Com efeito, a chamada 'igualdade' perante a lei não significa qualquer outra coisa que não seja a aplicação legal, isto é, correta, da lei, qualquer que seja o conteúdo que esta lei possa ter, mesmo que ela não prescreva um tratamento igualitário, mas um tratamento desigual'* (Kelsen, *A Justiça e o Direito Natural).*
>
> *A rigor, a igualdade diante da lei somente postula que a aplicação da lei corresponda sempre à sua incidência. Daí o seu caráter formal; nada prescreve sobre a igualdade como conteúdo da própria lei aplicada. A tônica é aí na inexceptualidade da aplicação concreta da norma, sempre que ocorrentes os seus pressupostos fáticos."*[235]

---

[234] *Conteúdo jurídico do princípio da igualdade*, p. 10. O autor ainda em sua análise observa que *"Kelsen* bem demonstrou que a igualdade *perante* a lei não possuiria significação peculiar alguma. O sentido relevante do princípio isonômico está na obrigação da igualdade na própria lei, vale dizer, entendida como limite para a lei. Por isso averbou o que segue: 'Colocar (o problema) da igualdade *perante* a lei, é colocar simplesmente que os órgãos de aplicação do direito não têm o direito de tomar em consideração senão as distinções feitas nas próprias leis e aplicar, o que se reduz a afirmar simplesmente o princípio da regularidade da aplicação do direito em geral; princípio que é imanente a toda ordem jurídica e o princípio da legalidade da aplicação das leis — em outros termos, o princípio de que as normas devem ser aplicadas conforme as normas' (Teoria Pura do Direito, p. 190)".

[235] *Princípio da isonomia e sua significação na Constituição de 1988*, pp. 35-36.

Feitas estas considerações cumpre, por fim, evidenciar ainda uma divisão doutrinária, apontada por *Fernanda Duarte da Silva*[236], com base no direito estrangeiro, da chamada igualdade formal. Dividindo-a em igualdade *perante* a lei e igualdade *na* lei. Note-se que, neste caso, a igualdade *na* lei não corresponde à igualdade material como exposto alhures, sendo, repita-se, mero aspecto da igualdade formalmente compreendida.

Em termos sucintos, *Fernanda Duarte* assevera que a igualdade formal teria utilizações e destinatários diferentes, notadamente os legisladores e os aplicadores do direito.

A igualdade *perante* a lei teria por destinatário exclusivo o aplicador da lei, isto é, a igualdade haveria de ser observada pelo juiz e pelo administrador, ao fazer incidir lei em uniformidade.[237]

A igualdade *na* lei teria como destinatário o legislador que, no processo de formação legal não poderá incluir fatores de discriminação, sob pena da norma resultante deste processo incorrer em inconstitucionalidade.[238]

José Afonso da Silva registra a divisão, ressaltando, todavia, a sua origem alienígena:

> "*No Direito estrangeiro, faz-se distinção entre o princípio da igualdade* perante *a lei e a igualdade* na *lei. Aquele corresponde à obrigação de aplicar as normas jurídicas gerais aos casos concretos, na conformidade com o que elas estabelecem, mesmo se delas resultar uma discriminação, o que caracteriza uma isonomia*

---

[236] *Princípio constitucional da igualdade*, pp. 42-48.

[237] Ob. cit., p. 43. Luís Roberto Barroso também faz a distinção, declarando que "costuma-se afirmar que a isonomia traduz-se em igualdade na lei — ordem dirigida ao legislador — e perante a lei — ordem dirigida ao aplicador da lei" (*Razoabilidade e isonomia no direito brasileiro*, in *Discriminação*, p. 32).

[238] Dentro desta perspectiva cumpre destacar o Voto do Ministro do STF Celso de Mello, no Mandado de Injunção n. 58/DF, propugnando pela distinção: "O princípio da isonomia, que se reveste de auto-aplicabilidade, não é enquanto postulado fundamental de nossa ordem político-jurídica, suscetível de regulamentação ou de complementação. Esse princípio cuja observância vincula, todas as manifestações do Poder Público — deve ser considerado em sua precípua função de obstar discriminações e de extinguir privilégios (RDA 55/114), sob o duplo aspecto: a) o da igualdade na lei; b) o da igualdade perante a lei. A igualdade na lei — que opera numa fase de generalidade puramente abstrata — constitui exigência ao legislador, que no processo de sua formação, nela não poderá incluir fatores de discriminação, responsáveis pela ruptura da ordem isonômica. A igualdade perante a lei, contudo, pressupondo lei já elaborada, traduz imposição aos demais poderes estatais, que, na aplicação da norma legal, não poderão subordiná-la a critérios que ensejem tratamento seletivo ou discriminatório". (*apud* Fernanda Duarte Lopes Lucas da Silva, *Princípio constitucional da igualdade*, p. 40).

puramente formal, enquanto que igualdade na lei exige, nas normas jurídicas, que não haja distinções que não sejam autorizadas pela própria Constituição. Enfim, segundo essa doutrina a igualdade perante a lei seria uma exigência feita a todos aqueles que aplicam as normas jurídicas gerais aos casos concretos, ao passo que a igualdade na lei seria uma exigência dirigida tanto àqueles que criam as normas jurídicas gerais, como àqueles que as aplicam aos casos concretos."[239]

A doutrina não é unânime quanto à necessidade e utilidade dessa distinção. Considerando-se que os princípios devem ser observados tanto pelo legislador quanto pelos aplicadores da lei, tal divisão parece-nos um preciosismo desnecessário, apenas ressaltado neste trabalho em função de sua referência da doutrina e jurisprudência pátrias.[240]

Ante o exposto, apesar das vertentes apontadas, as mesmas se revelam mais como distinções retóricas, já que ambas têm como destinatários, de uma forma ou de outra, tanto aqueles que aplicam as leis quanto aqueles que as elaboram, havendo pois dupla destinação do comando, que assegura a vedação de concessão de privilégios a uns em detrimento de outros (igualdade na elaboração da lei), bem como uma aplicação igual para todos.[241]

O princípio da igualdade, com o referido enfoque do Direito estrangeiro, perde o conteúdo próprio, passando a se confundir, no nosso entender, com o princípio da legalidade.

3.3.3.1. Igualdade formal e a discriminação em razão de deficiência

A igualdade jurídica, formalmente considerada, com relação à tutela do direito ao trabalho das pessoas portadoras de deficiência, em uma análise estrutural, pode ser comparada ao princípio da não discriminação no emprego.[242]

---

239 *Curso de direito constitucional positivo*, p. 210.

240 Por fim, destaque-se, como entende *José Afonso da Silva*, que essa subdivisão da igualdade formal, pode até ser útil no direito estrangeiro; todavia é desvantajosa no ordenamento jurídico brasileiro. *José Afonso* aponta, com peculiar sensatez que, "entre nós, essa distinção é desnecessária, porque a doutrina como a jurisprudência já firmaram, há muito, a orientação de que a igualdade perante a lei tem o sentido que, no exterior, se dá à igualdade na lei, ou seja: o princípio tem como destinatário tanto o legislador como os aplicadores da lei". (*Curso de direito constitucional positivo*, p. 210)

241 Cf. Fernanda Duarte Lopes Lucas da Silva, *Princípio constitucional da igualdade*, p. 48.

242 Américo Plá Rodriguez — *Princípios de direito do trabalho*, p. 445 — está entre os doutrinadores que elevam a proibição de discriminação no emprego à condição de princípio. Ver também Rubens Valtecides Alves, *O princípio da não discriminação no emprego*, Tese de doutorado defendida perante a Pontifícia Universidade Católica de São Paulo — PUC/SP em 2001.

Plá Rodriguez, ao destacar o relativismo da igualdade, adverte que "este princípio é chamado muitas vezes de 'igualdade' e, outras, de 'não discriminação'", declarando, ainda que "o princípio da não discriminação é a versão mais modesta ou simples desse princípio: proíbe-se introduzir diferenciações por razões não admissíveis".[243]

Rubens Valtecides Alves também detecta "uma tendência de associar genericamente o princípio da igualdade e o princípio de não discriminação, baseando-se, fundamentalmente, no axioma da igualdade de todos *perante a lei"*[244] (grifamos).

Luiz Alberto David Araujo, por sua vez, é categórico ao apontar como expressões sinônimas a "discriminação por quebra do princípio da igualdade formal" e "discriminação na contratação".[245]

Assim a igualdade formal (*perante a lei)* com relação à pessoa portadora de deficiência, além do que dispõe o artigo 5º, *caput*, da CF/88, vem reiterada quando se trata do trabalho desse grupo de pessoas. Vejamos o teor do inciso XXXI, artigo 7º, da Carta Constitucional:

> "Art. 7º São direitos dos trabalhadores urbanos e rurais, além de outros que visem à melhoria de sua condição social:
>
> ...
>
> XXXI — proibição de qualquer discriminação no tocante a salário e critérios de *admissão do trabalhador portador de deficiência*"; (grifado)

Comentando o referido dispositivo constitucional, *Pedro Paulo Teixeira Manus* obtempera, com clareza habitual:

> *"Eis aqui uma questão que tem ficado à margem de garantias asseguradas aos trabalhadores, ressalvando-se apenas alguns ca-*

---

[243] *Ibidem*, p. 442. O autor, apesar da referida assertiva, desenvolve tese no sentido de adotar, como princípio, apenas a não discriminação, assumindo que "em síntese, podemos dizer que, depois de vários anos de reflexão, nos inclinamos por admitir o princípio de não discriminação, mas não o de igualdade", ob. cit., p. 445.

[244] *O princípio da não discriminação no emprego*, p. 185. O autor, em seguida à afirmação transcrita, é enfático ao defender que *"igualdade e discriminação podem ser entendidas como sinônimos para o Direito do Trabalho*, com base na Constituição, para permitir aos trabalhadores amplo acesso ao emprego em condições igualitárias de tratamento" (p.188, grifamos).

[245] *Acesso ao emprego — discriminação em razão de deficiência — o acesso ao emprego e a proteção processual em defesa da igualdade*, in *Temas relevantes de direito material e processual do trabalho — Estudos em homenagem ao Professor Pedro Paulo Teixeira Manus*, p. 76.

> *sos de estabilidade provisória assegurada a acidentados que, em razão de seqüelas, passam por processo de readaptação ao trabalho. Em realidade, ao nosso ver, o inciso em questão surge como marco efetivo de atenção ao deficiente enquanto trabalhador."*[246]

Apesar de proibida a discriminação, no acesso ao emprego, do trabalhador portador de deficiência, devemos reconhecer, por relevante, a complexidade dos elementos que permeiam o início de uma relação de emprego com o mesmo. Além dos elementos naturais do indivíduo, da qualificação profissional, há também a chamada aptidão para exercer a função ofertada. E é justamente neste particular, ou seja, na aferição da capacidade para o exercício da função oferecida é que a discriminação tem encontrado terreno fértil.

Como já defendido em outra oportunidade, antes de qualquer digressão, é impreterível distinguir: *uma coisa é a deficiência e outra é a incapacidade total para o trabalho.* As pessoas portadoras de deficiência possuem limitações em determinadas áreas, mas não para *todas* as atividades. Para determinadas funções, a pessoa portadora de deficiência, apresenta, inclusive, maior capacidade de concentração e eficiência, podendo desenvolver determinadas atividades de forma mais eficiente do que faria uma pessoa não portadora de deficiência.[247]

Comentando o inciso XXXI, art. 7º da CF/88, afirma *Amauri Mascaro Nascimento:*

> *"Trata-se de medida justificável enquanto forma de proteção e de combate à discriminação do deficiente físico. Pode, por outro lado, criar obstáculos à utilização do seu trabalho, nos casos em que o empregador, obrigado a pagar salário igual para todos os empregados, concluir que a produtividade do deficiente não será igual à do trabalhador não deficiente. Há atividades para as quais o deficiente mostra-se inteiramente ou até mais apto. Trabalhadores com deficiência visual podem ter sentidos mais desenvolvidos para alguns trabalhos com manipulação dos dedos."*[248]

Não é por acaso que a Constituição veda a discriminação na contratação das pessoas portadoras de deficiência. Os preconceitos contra estes são abundantes. Muitos empregadores acham que as pessoas portadoras de deficiência não se adaptam bem ao trabalho em grupo; que são rejeitados pelos colegas; que são sensí-

---

246 *Direito do trabalho*, p. 293.

247 Cf. Luiz Alberto David Araujo, ob. cit., pp. 82-83.

248 Amauri Mascaro Nascimento, *Direito do Trabalho na Constituição de 1988*, p. 140.

veis demais, temperamentais e até ingratos; que supervalorizam suas "diferenças" para conseguir benefícios; que afugentam os clientes etc.[249]

A discriminação pode prevalecer, mesmo se considerado o sistema de cotas previsto na Lei n. 8.213/91 (art. 93). Quando o empregador não quer contratar, o mesmo utiliza-se dos mais variados subterfúgios. A prática mais comum é a de elevar os requisitos de qualificação para o preenchimento das vagas em aberto. Com isso, estes empregadores restringem de modo considerável o número de portadores de deficiência que podem ser candidatos aos postos de trabalho.

Sobre este aspecto da discriminação dissimulada, *José Pastore* pondera, com pragmatismo, que "dentro dessa estratégia, as empresas podem enviar às autoridades do trabalho os perfis ocupacionais desejados, deixando para estas a tarefa de constatar a inexistência de candidatos habilitados para aquelas funções. O que podem as autoridades fazer para 'forçar' as empresas a contratar o elas não precisam.?"[250]

Abstraída, no momento, a questão relativa aos instrumentos jurídicos que podem ser utilizados pelas autoridades públicas para combater este tipo de discriminação, cumpre alertar para outro tipo de discriminação talvez mais perversa quando em pauta a contratação de uma pessoa portadora de deficiência. É a discriminação realizada em entrevistas e durante exames médicos, patrocinados pelo empregador, com o objetivo de aferir se o candidato tem capacidade para o exercício da função oferecida.

Na entrevista comumente se afirma, sem maiores digressões ou justificativas, que o portador de deficiência candidato "não tem o perfil para o cargo". O exame médico, que deveria analisar apenas se a deficiência está ligada *diretamente* à função pretendida, é utilizado para declarar a inabilitação para o cargo de maneira genérica.[251]

Luiz Alberto David Araujo, quando trata desse tipo de discriminação velada, defende, com sensatez, que:

> *"Em caso de dúvida, para o desempenho da função, esta deve ser dirimida em favor do empregado, como forma de aplicação ao di-*

---

[249] Cf. José Pastore, *Oportunidades de trabalho para portadores de deficiência*, *passim*.

[250] *Ibidem*, p. 184.

[251] Cf. Luiz Alberto David Araujo, *A proteção constitucional das pessoas portadoras de deficiência*, p. 83.

reito de integração social. Não se pode imaginar que o empregado, que tem o direito à prestação de serviço, possa deixar de contratar porque há dúvidas se o empregado pode ou não desempenhar tal ou qual tarefa. Deve ser ele aceito, testado no serviço e, depois de desempenhada a atividade, em condições que lhe propiciem o desenvolvimento adequado de sua função, comprovada a inabilidade, deve ser dispensado por falta de habilitação."[252]

e finaliza:

"O empregador não pode, servindo-se da entrevista e do exame médico, 'criar' o impedimento para o ingresso do portador de deficiência. Essa regra se aplica à vaga reservada, por força da legislação ordinária e às vagas gerais. O empregador não pode discriminar."[253]

Observe-se que, constatada a discriminação, o empregador estará incurso na figura típica prevista no inciso III, art. 8º da Lei n. 7.853, de 24 de outubro de 1989, o qual dispõe, *in verbis*:

"Art. 8º Constitui crime punível com reclusão de 1 (um) a 4 (quatro) anos e multa:

....

III — negar, sem justa causa, a alguém, por motivos derivados de sua deficiência, emprego ou trabalho; ..."

Assim sendo, o princípio da igualdade, em sua vertente formal, deve ser aplicado de maneira que a pessoa portadora de deficiência só possa ser impedida de postular o cargo quando sua deficiência constituir, de forma clara e inequívoca, impedimento para o desempenho da função.

A situação é abordada por *David Araujo:*

"*... respeitada a situação de habilitação, a pessoa portadora de deficiência não pode sofrer qualquer discriminação, quer quanto à admissão, quer quanto aos salários. Não só, porém. Em realidade não pode sofrer qualquer discriminação em relação a nenhum aspecto do contrato de trabalho (local de trabalho, condições de salubridade e periculosidade, horário, jornada etc.). A Constituição Federal, por entender que as violações do princípio poderiam ser mais freqüentes na área da admissão e do salário, frisou esses dois aspectos do contrato*

[252] *Ibid.*, mesma página. Neste particular, obviamente, o autor não estava tratando da contratação através das vagas leais, pois a dispensa, neste caso, só seria possível, mediante a contratação de outro empregado portador de deficiência.

[253] *Ibid.*, p. 84.

laboral. Nenhuma lei, portanto, poderá ser produzida ferindo esse princípio, assim como nenhum empregador poderá discriminar a pessoa portadora de deficiência, inclusive, quanto aos salários e critérios de admissão. Repetimos: a pessoa portadora de deficiência, no entanto, deve estar habilitada para o emprego ou função de modo que possa se fazer incidir a regra isonômica".[254]

Por fim, apesar de relevante o princípio da igualdade formal como óbice às práticas discriminatórias, entendemos que seu campo de ação é insuficiente para resguardar, de maneira completa, o direito ao trabalho da pessoa portadora de deficiência. A necessidade de uma conduta positiva por parte do Estado é essencial. E é esta a idéia central que defendemos na presente obra, sendo a mesma esquadrinhada, em detalhes, nos itens subseqüentes, através das noções de igualdade material e, principalmente, da ação afirmativa.

3.3.4. Igualdade material

A compreensão do princípio da igualdade não pode e não deve estar adstrita ao seu aspecto formal. As Constituições dos Estados Democráticos, historicamente, sempre inscreveram o princípio da igualdade, como *igualdade formal*[255], no sentido de que a lei e a sua

---

[254] *A Proteção constitucional das pessoas portadoras de deficiência*, p. 87.

[255] Otávio Brito Lopes — *Questão da discriminação no trabalho*, pp. 13-18 — após empreender análise meticulosa sobre diversas Cartas Constitucionais, assevera que "praticamente todos os países civilizados consagram o direito à igualdade", fazendo, ainda, o seguinte elenco normativo: "*A Constituição mexicana* de 1917 estabelece, expressamente, que todo indivíduo gozará das garantias constitucionais (art. 1º), que os homens e mulheres são iguais perante a lei (art. 4º) e que para trabalho igual deve corresponder igual salário, independentemente do sexo e da nacionalidade (art. 123, A, VIII); a *Constituição chilena* de 1981, logo em seu art. 1º, preceitua que os homens nascem livres e iguais em dignidade e direitos, e consagra, entre os direitos fundamentais, a igualdade perante a lei, ressaltando, ainda, que no Chile não existem pessoas nem grupos privilegiados, e que nem a lei, ou qualquer autoridade, poderá estabelecer diferenças arbitrárias (art.19). Em relação à liberdade de trabalho e sua proteção, a Constituição chilena proíbe qualquer discriminação que não se baseie na capacidade ou idoneidade pessoal, podendo a lei exigir a nacionalidade chilena ou limites de idade em determinados casos (art.16º); a *Constituição uruguaia* de 1966, consagra a igualdade de todos perante a lei, não reconhecendo qualquer espécie de diferenciação entre os indivíduos, que não derive dos talentos ou virtudes de cada um (art. 8º); a *Constituição argentina* não admite prerrogativas de sangue ou de nascimento. Todos são iguais perante a lei, não sendo admitidas para fins de ingresso no emprego outra condição que não a idoneidade (art. 16), sendo garantida igual remuneração para igual trabalho (art. 14); a *Constituição espanhola* dispõe que os espanhóis são iguais perante a lei e proíbe a discriminação por motivo de nascimento, raça, sexo, religião, opinião, ou qualquer outra condição ou circunstância pessoal ou social (art. 14); a

aplicação tratam todos igualmente, sem considerar as diferenças entre os grupos sociais. Os questionamentos, em relação à questão da isonomia, depois da conquista dos chamados direitos liberdade, dirigiam-se, basicamente, à atuação do juiz e do administrador na aplicação literal da lei, o que por vezes, serviu de instrumento para perpetrar e manter diferenças substanciais existentes entre os homens.

Flávia Piovesan, nesta linha, pondera que:

> *"A igualdade formal se reduz à formula de que 'todos são iguais perante a lei', o que significou um decisivo avanço histórico decorrente das modernas Declarações de Direitos do final do século XVIII. Nesse momento histórico as chamadas modernas Declarações de Direitos — destaquem-se a Declaração francesa de 1789 e a Declaração americana de 1776 — consagravam a ótica contratualista liberal, pela qual os direitos humanos se reduziam aos direitos à liberdade, segurança e propriedade, contemplados pela resistência à opressão. O discurso liberal da cidadania nascia no seio do movimento pelo constitucionalismo e da emergência do modelo de Estado Liberal, sob a influência das idéias de* Locke, Montesquieu *e* Rosseau. *Frente ao absolutismo, fazia-se necessário evitar excessos, o abuso e o arbítrio do poder."*[256]

Constituição francesa, logo no seu art. 1º, estabelece que todos os cidadãos são iguais perante a lei, sem distinção por razão de origem, raça ou religião; a *Constituição italiana* dispõe que todos os cidadãos têm a mesma dignidade social e são iguais perante a lei, sem distinção de sexo, de raça, de idioma, de religião, de opinião política ou de condições pessoais e sociais, cabendo ao Estado remover os obstáculos de ordem econômica e social que limitem de fato a liberdade e a igualdade dos cidadãos e impeçam o pleno desenvolvimento da personalidade humana e a participação de todos os trabalhadores na organização política, econômica e social do país (art. 3); a *Constituição lusitana,* no seu art. 13º, consagra o princípio da igualdade nos seguintes termos: 'todos os cidadãos têm a mesma dignidade social e são iguais perante a lei. Ninguém pode ser privilegiado, beneficiado, prejudicado, privado de qualquer direito ou isento de qualquer dever em razão da ascendência, sexo, raça, língua, território de origem, religião, convicções políticas ou ideológicas, instrução, situação econômica ou condição social'; a *Constituição alemã* estabelece que todos os homens são iguais perante a lei, que homens e mulheres gozam dos mesmos direitos e que ninguém poderá ser prejudicado ou favorecido por motivo de sexo, nascimento, raça, idioma, nacionalidade e origem social e crença religiosa ou política (art. 3º)" (grifo nosso).

[256] *Temas de direitos humanos*, pp. 127-128. Sobre o mesmo tópico já tivemos a oportunidade de escrever: "Assim, o Estado de Direito tem origem no século XVIII, como resposta aos excessos dos governantes. Não é por outra razão que os colonos ingleses na América do Norte e o terceiro estado da França reagiram aos seus regimes de governo, surgindo, em decorrência, as Declarações de Direito retromencionadas. Estas vieram a desencadear, conseqüentemente, a positivação dos direitos fundamentais da primeira geração, consistentes então, basicamente, no direito à liberdade e à

Todavia, se é verdade que a concepção jurídica e limitada da igualdade constitucional, como sinônimo de igualdade formal, impregnou todo o mundo liberal da época moderna, imprimindo marcas, até nossos dias, na mentalidade constitucionalista do Ocidente, modernamente reconhece-se que o princípio constitucional da igualdade não se exaure na forma liberal. Note-se que se essa generalização era possível com relação aos direitos civis, adverte *Bobbio* que "essa universalização (ou indistinção ou não discriminação) na atribuição e no eventual gozo dos direitos de liberdade não vale para os direitos sociais e nem mesmo para os direitos políticos, diante dos quais os indivíduos são iguais só genericamente, mas não especificamente".[257]

Fernanda da Silva[258] observa que *Pontes de Miranda*, ao comentar a Constituição brasileira de 1967, já lançava novas bases para uma reflexão diferente, que ao fim, culminou na não aceitação passiva e simples de que a manifestação constitucional da igualdade se reduziria à igualdade jurídica como formal. *Pontes de Miranda* assim se manifesta sobre o que chama a problemática da igualdade de fato e a igualdade de direito: "Para se chegar, no direito, a maior igualdade entre os homens, é preciso criarem-se, no mundo fático, mais elementos comuns a todos. Maior igualdade não se decreta; se bem que se possa decretar redução de desigualdades artificiais, isto é, fora do homem ...".[259]

Tornou-se, dessa forma, necessário repensar o valor da igualdade, a fim de que as especificidades e as diferenças de cada indivíduo fossem observadas e respeitadas. Somente através dessa nova perspectiva é possível transitar-se de igualdade formal para a igualdade material ou substantiva.

Nesta linha, igualdade material ou igualdade *na* lei, como preferem alguns, é aquela que assegura o tratamento uniforme de todos os homens, resultando em igualdade real e efetiva de todos, perante todos os bens da vida.

---

propriedade, ou melhor, direitos de resistência perante o Estado que se vê limitado a não cometer excessos ou abusos em virtude da consagração de tais direitos na Constituição, que passa a ser a lei máxima do Estado de Direito" (*Meio ambiente de trabalho: direito fundamental*, pp. 60-61).

[257] Norberto Bobbio, *A era dos direitos*, p. 70.

[258] Fernanda Duarte Lopes Lucas da Silva, *Princípio constitucional da igualdade*, p. 57.

[259] Pontes de Miranda, *Comentários à Constituição de 1967, com Emenda n. 1, de 1969*. 2ª ed., São Paulo, RT, 1974, *apud* Fernanda Duarte Lopes Lucas da Silva, *Princípio constitucional da igualdade*, p. 58.

Como se pode observar, a igualdade material tem íntima relação com a maior eficácia do princípio da igualdade. Para tanto, há a necessidade de uma conduta Estatal positiva e não meramente contemplativa. Sob este enfoque, *Ana Prata* define igualdade material como a "... remoção dos obstáculos ou fornecimento de instrumentos adequados ao ultrapassar da real desigualdade entre os cidadãos. Neste sentido, toma-se, pois, como um dado jurídico a situação factual e/ou jurídica de desigualdade e comete-se ao Estado a função de a superar, nomeadamente pela transformação do modelo econômico-social existente".[260]

Não diverge a lição de *Luiz David Araujo:*

> *"A regra isonômica da igualdade perante a lei não se constitui em norma de proteção, mas apenas de instituição de princípio democrático, extensível a todos, inclusive aos portadores de deficiência, princípio este que coloca o grupo protegido em condições de integração social. Todavia, o que se pretende demonstrar, no momento, é a existência de regras que, de fato, discriminam, protegem, colocam privilégios imprescindíveis sob a ótica política do constituinte, para a equiparação de certas situações ou grupos."*[261]

Conclui, o referido autor, que "a igualdade material vem determinada por uma série de providências impostas pelo Estado ou direitos reconhecidos aos indivíduos ou grupos para que, de alguma forma, superem uma dificuldade que apresentariam".[262]

3.3.4.1. Igualdade material e as oportunidades de trabalho da pessoa portadora de deficiência

A Constituição Federal de 1988, ao garantir o direito à igualdade de forma ampla, cuidou de albergá-lo também no seu aspecto material. Nesta vertente, visou proteger grupos determinados e situações específicas, garantindo-lhes proteção especial, traçando diretrizes reveladas através de uma política governamental de apoio, quer em relação à garantia de situações privilegiadas, resultantes da ausência de igualdade de condições, quer em relação a determinadas prerrogativas que seriam indispensáveis para certas tarefas

---

[260] *A tutela constitucional da autonomia privada*, pp. 93-94.

[261] *A proteção constitucional das pessoas portadoras de deficiência*, p. 89.

[262] *Acesso ao emprego — discriminação em razão de deficiência — o acesso ao emprego e a proteção processual em defesa da igualdade*, p. 74, *in* Temas relevantes de direito material e processual do trabalho — estudos em homenagem ao professor Pedro Paulo Teixeira Manus.

constitucionais. O legislador Constitucional, desta forma, com base nessa aparente desobediência ao princípio da igualdade, trata, isto sim, de efetivá-lo, de restabelecê-lo.[263]

A proteção de determinados grupos desfavorecidos, no sentido de equipará-los aos demais integrantes da sociedade, através de medidas protetivas, fica evidente no tratamento dispensado à gestante (inc. XVIII, art. 7º), aos idosos (art. 230), à criança e ao adolescente (art. 227), aos índios (art. 227) e, àqueles em cujas características está centrado este estudo: *as pessoas portadoras de deficiência.*[264]

Com relação a esta proteção especial consignada na Constituição Federal, *Luiz Alberto David Araujo* assevera que "ao zelar por esses grupos ou interesses, o constituinte originário quis, na realidade, dar as mesmas condições das pessoas não portadoras de deficiência. A igualdade material (vista sob o ângulo de proteção de certos grupos sociais) nada mais é do que a explicitação de princípios constantes nos fundamentos e objetivos do Estado Brasileiro".[265]

A proteção Estatal das pessoas portadoras de deficiência, através de medidas discriminatórias positivas[266], é indispensável para que seja possível a integração das mesmas ao meio social.

A igualdade material, quanto ao direito ao trabalho das pessoas portadoras de deficiência, surge no texto constitucional, principalmente, através das vagas reservadas no serviço público (art. 37, inc. VIII) e das garantias de habilitação e reabilitação (art. 203, inc. IV).

Com relação às referidas normas constitucionais, *Pinto Ferreira* ensina que "A Constituição Federal teve especial empenho em amparar os deficientes. Às pessoas portadoras de deficiência foi reser-

---

[263] Luiz Alberto David Araujo, ob. cit, p. 74.

[264] Luiz Alberto David Araujo — *A proteção constitucional das pessoas portadoras de deficiência*, p. 88 — destaca que "o constituinte originário, incondicionado, ilimitado e criador da nova ordem jurídica, visou proteger grupos determinados, situações específicas e certos valores. Sua escolha é desvinculada de qualquer critério preestabelecido, sendo, na realidade, um ato político. Assim, teve atenção especial para a gestante, o trabalhador, as populações indígenas, o meio ambiente etc. No rol das pessoas protegidas, surgem as portadoras de deficiência, que recebem amparo singular, este necessário para que se igualem na lei".

[265] *Ibidem*, mesma página.

[266] Discriminações legais em perfeita consonância com o conteúdo jurídico do princípio da igualdade. Ver Maria Aparecida Gugel, *Discriminação positiva*, passim.

vado um percentual de empregos públicos, devendo a lei definir os critérios de admissão. Busca-se assim a integração dos deficientes tanto no serviço público como nas empresas particulares".[267]

Pela relevância do tema, atinente a 10% da população brasileira[268], o constituinte optou por vincular todos os níveis da administração pública, fixando regra a ser observada tanto pela União quanto pelos Estados e Municípios (art. 37, *caput*).[269]

Como já demonstrado anteriormente, a mesma reserva de postos de trabalho para pessoas portadoras de deficiência também foi exigida da iniciativa privada (art. 93 da Lei n. 8.213/91), resultando nas chamadas *cotas* de emprego.

Nestes termos, em função da imposição estatal para a contratação de pessoas portadoras de deficiência constituir, indubitavelmente, uma medida discriminatória positiva, poder-se-ia concluir, então, pelo alcance, *pleno*, da igualdade de direito (ao trabalho) materialmente considerada? O direito ao trabalho da pessoa portadora de deficiência teria, finalmente, alcançado a *eficácia social* assinalada por *José Afonso da Silva?*[270] Apesar da inegável relevância da norma constitucional (art. 37, VIII), parece-nos ser negativa a resposta.

São muitas as nuanças que cercam o acesso da pessoa portadora de deficiência ao mercado de trabalho (educação, qualificação, adequação do ambiente de trabalho etc.). A mera imposição de cotas rígidas, isoladamente, no nosso entender, não garante, a reali-

---

[267] *Comentário à Constituição Brasileira*, vol. 2, São Paulo: Saraiva, 1990, p. 374.

[268] Dados da ONU *apud* Folha de S. Paulo de 4.4.01, pág. C. 10.

[269] A Lei n. 8.112/90 que instituiu o Regime Jurídico dos Servidores Públicos Civis da União, dispõe no § 2º do seu art. 5º: "Às pessoas portadoras de deficiência é assegurado o direito de se inscrever em concurso público para provimento de cargo cujas atribuições sejam compatíveis com a deficiência de que são portadoras; para tais pessoas serão reservados até 20% (vinte por cento) das vagas oferecidas no concurso". O Estado de São Paulo, a título de exemplo, elaborou a Lei Complementar n. 683, de 18 de setembro de 1992, reservando o percentual de até cinco por cento das vagas existentes nos órgãos, entidades da administração direta, indireta e fundacional, às pessoas portadoras de deficiência cujo ingresso fica condicionado à aprovação em concurso público.

[270] José Afonso da Silva, *Aplicabilidade das normas constitucionais*, p. 66. Como já observado no item 3.2 desta obra, para o autor "eficácia diz respeito à aplicabilidade, exigibilidade ou executoriedade da norma ...". Sob este prisma é o autor fala em eficácia social em relação à efetividade, ou seja, quando o ditame contido na norma encontra resposta no corpo social. A norma, neste sentido, só é aplicável, efetiva, se for eficaz, desse modo a eficácia jurídica é encarada no sentido de aplicabilidade, de realizabilidade.

zabilidade do direito ao trabalho das pessoas portadoras de deficiência.[271] Esta é, inclusive, uma constatação da Organização Internacional do Trabalho (OIT):

> *"Alguns países, por exemplo, introduziram um 'sistema de quotas' que requer que cada empresa propicie um certo número de vagas para portadores de deficiência. Mas, na prática, esses sistemas não resolvem o problema do desemprego dos portadores de deficiência.*
>
> *Em alguns casos, os empregadores pagavam os portadores de deficiência para ficarem em casa, e os mantinham na folha de pagamento só para suprirem a sua cota. Ou ainda, o empregador preferia pagar as multas a empregar um portador de deficiência. Dessa forma, o objetivo primordial de integrar o portador de deficiência na comunidade não é atendido."*[272]

Assim, da mesma forma que constatou-se que a inércia do Estado era insuficiente para o gozo dos direitos sociais e políticos, ou seja pela conduta estatal meramente antidiscriminatória (igualdade formal), faz-se necessário, agora, reconhecer que para o alcance da igualdade material, no que tange especificamente ao direito ao trabalho da pessoa portadora de deficiência, o Estado e a iniciativa privada têm que adotar condutas positivas que venham atender a determinadas situações albergadas pela norma constitucional. Faz-se necessária a combinação de medidas compensatórias, entre elas a previsão de cotas (não isoladas), para o alcance da igualdade material.

Nesse sentido, como poderoso instrumento de inclusão social, surgem as chamadas *ações afirmativas*. Tais ações constituem medidas especiais e temporárias que, buscando remediar a discriminação a determinado grupo social, objetivam acelerar o processo de igualdade, como o alcance da igualdade substantiva por parte de grupos vulneráveis ou desfavorecidos, tais como como as minorias étnicas e raciais, as pessoas portadoras de deficiência, dentre outros grupos.

Assim, apesar da presente obra estar centrada no ordenamento jurídico e na realidade brasileira, como as ações afirmativas tiveram seu conceito criado e desenvolvido no Estados Unidos da Amé-

---

[271] Este ponto de vista, por uma questão didática, é melhor esquadrinhado no item 3.4.3 *infra*.

[272] OIT, *Oportunidades de trabalho para portadores de deficiência — um guia para as organizações de empregadores*, Brasília: CORDE, 1994, p. 31. *Apud* Adriane de Araujo Medeiros, *Direito da pessoa portadora de deficiência ao trabalho e o papel do Ministério Público do Trabalho*, p. 50.

rica (EUA), torna-se imperioso, para melhor compreensão do tema, o estudo de como se deu o desenvolvimento de tais instrumentos de igualização no país de sua origem, tarefa que passamos a empreender no capítulo que se segue. Sobre a relevância do tema, preleciona *Manoel Gonçalves Ferreira Filho:*

> *"Parece-me positiva a importação da* affirmative action. *Inscreve-se ela na visão clássica da justiça, pois, consiste esta, na expressão de* Rui Barbosa, *em tratar igualmente os iguais e desigualmente os desiguais na medida em que se desigualam? Ela desiguala, para igualar, mas para igualizar especialmente no tocante a oportunidades. Com efeito, é nesse ponto que mais sofrem as minorias em relação a situações anteriores de discriminação, de desigualização negativa. Não é fácil, porém, estabelecer a justa medida da desigualação a ser corrigida, como nem sempre o é determinar quem realmente integra um grupo penalizado pela discriminação."*[273]

3.4. A AÇÃO AFIRMATIVA E O DIREITO AO TRABALHO DA PESSOA PORTADORA DE DEFICIÊNCIA

> *"Não se pode afirmar um novo direito em favor de uma categoria de pessoas sem suprimir algum velho direito do qual se beneficiavam outras categorias de pessoas" (Norberto Bobbio — A era dos direitos)*
>
> *"To millions, affirmative action is a beacon of positive expectation. To others it is an alarming spectre which is viewed as a threat to their personal security and a menace to the integrity of public life" (Nelson Mandela)*[*]

3.4.1. Antecedentes da chamada ação afirmativa

A partir da década de 60, iniciou-se nos Estados Unidos da América uma mudança de paradigma do Estado: constatada a ineficácia da inércia estatal, o próprio Estado passou a exigir ações positivas dos particulares e dos entes públicos, para com as minorias discriminadas, ações estas que passaram a ser denominadas de *affirmative actions* (ações afirmativas).[274]

---

[273] Manoel Gonçalves Ferreira Filho, Trecho do prefácio do livro *A ação afirmativa (affirmative action) no direito norte-americano* de Paulo Lucena de Menezes.

[*] "Para milhões, a ação afirmativa é um sinal de expectativa positiva. Para outros é um espectro alarmante, visto como uma ameaça à segurança pessoal destes e à manutenção da integridade da vida pública" (Tradução livre). *Apud* Paulo Lucena de Menezes, *A ação afirmativa (affirmative action) no direito norte-americano*, p. 07.

[274] Ver: Paulo Lucena de Menezes, *A ação afirmativa (affirmative action) no direito norte-americano*; Joaquim B. Barbosa Gomes, *Ação afimativa & princípio constitucio-*

A expressão *affirmative action* foi utilizada pela primeira vez, em 1961, pelo então Presidente dos Estados Unidos John F. Kennedy, que através da *Executive Order* n. 10.952, criou a *Equal Employment Opportunity Commission* — EEOC, com o objetivo de igualar as oportunidades de emprego para aqueles que sofriam alguma limitação decorrente de discriminação.[275] Através desta ordem executiva também foi criado um órgão para fiscalizar e reprimir a discriminação existente no mercado de trabalho, *The President´s Comitte on Equal Employment Opportunity*. De acordo com a referida *Executive Order*, nos contratos celebrados com o governo federal:

> *"O contratante não discriminará nenhum funcionário ou candidato a emprego devido a raça, credo, cor ou nacionalidade. O contratante adotará* ação afirmativa *para assegurar que os candidatos sejam empregados, como também tratados durante o emprego, sem consideração da sua raça, seu credo, sua cor ou nacionalidade. Essa ação incluirá, sem limitação, o seguinte: emprego; promoção; rebaixamento ou transferência; recrutamento ou anúncio de recrutamento, dispensa ou término; índice de pagamento ou outras formas de remuneração; e seleção para treinamento; inclusive aprendizado."*[276]

O sucessor de *Kennedy, Lyndon B. Johnson*, tratou de dar ao termo *affirmative action* um sentido mais próximo daquele que veio a ser posteriormente consagrado no meio jurídico. *Lyndon Johnson*, em seu célebre discurso proferido perante a *Howard University*, em junho de 1965, sinalizou os próximos passos que seriam dados em relação à ação afirmativa, ao fazer a seguinte colocação:

> *"Você não pega uma pessoa que durante anos esteve acorrentada, e a libera, e a coloca na linha de partida de uma corrida e diz, 'Você está livre para competir com todos os outros', e ainda acredita, legitimamente, que você foi totalmente justo. Assim não é suficiente apenas abrir os portões da oportunidade, todos os nossos cidadãos devem ter a capacidade de atravessar esses portões."*[277]

---

nal da igualdade; Fernanda Duarte Lopes Lucas da Silva, *Princípio constitucional da igualdade*; Cármen Lúcia Antunes Rocha, *Ação afirmativa: o conteúdo democrático do princípio da igualdade*; Maria Aparecida Gugel, *Discriminação positiva;* Marco Aurélio Mendes de Farias Mello, *Óptica Constitucional — A igualdade e as ações afirmativas*; Flávia Piovesan, *Temas de Direitos Humanos.*

[275] Cf. Paulo Lucena de Menezes, *A ação afirmativa (affirmative action) no direito norte-americano,* pp. 87-89.

[276] Cf. Paulo Lucena de Menezes, ob. cit., p. 88.

[277] Apud Joaquim B. Barbosa Gomes, *A ação afirmativa & princípio constitucional da igualdade*, p. 112.

Neste sentido, medidas discriminatórias deixam de ter conotação exclusivamente negativa, sendo adotadas para alcançar, legitimamente, a igualdade em sua vertente material. São as *discriminações positivas*[278].

Ainda na linha do exemplo de corredores mencionado pelo Presidente *Lyndon Johnson*, *Pedro Paulo Teixeira Manus* lembra a disposição dos corredores em pistas ovais (atletismo).[279] À primeira vista, o tratamento dispensado a cada atleta parece desigual, na medida em que cada corredor fica um pouco à frente de seu adversário mais próximo. Todavia, como se sabe, tal diferença é necessária em função de situações distintas (diferentes distâncias a serem percorridas), para que só assim seja alcançada a verdadeira igualdade de condições para a corrida. Pois bem, na "competição" pela igualdade de direitos, as "desvantagens" de grupos determinados, entre eles os das pessoas portadoras de deficiência, também devem ser compensadas com a concessão de certas "vantagens". Tais "vantagens" são, exatamente, as *ações afirmativas.*

Inicialmente as ações afirmativas, nos EUA, se desenhavam como um mero "encorajamento" por parte do Estado a que as pessoas com poder decisório nas áreas pública e privada levassem em consideração, nas suas decisões relativas a temas socialmente relevantes como acesso à educação e ao mercado de trabalho, fatores até então tidos como formalmente irrelevantes pela grande maioria dos responsáveis políticos e empresariais, tais como a raça, a cor, o sexo e a origem nacional das pessoas. Este "incentivo estatal" tinha por meta ver alcançado o ideal de tanto as escolas quanto as empresas refletissem em sua composição a representação de cada grupo na sociedade ou no respectivo mercado de trabalho.[280]

A grande evolução do sentido da ação afirmativa, entretanto, ocorreu em 24 de setembro de 1965 quando foi editada a "Executive Order" n. 11.246[281], exigindo que os contratantes com o governo fe-

---

[278] Rubens Valtecides Alves — *O princípio da não discriminação no emprego*, p. 52 — declara que a discriminação positiva "refere-se a certas medidas que o Estado pode adotar e que visam compensar a discriminação generalizada e histórica sofrida por determinados grupos. Invariavelmente tais medidas são adotadas em caráter temporário, até que as condições básicas dos vários grupos estejam equilibradas, de modo a permitir a justa competição pelas oportunidades".

[279] Conforme anotações realizadas durante as aulas de orientação, ministradas pelo Prof. Dr. *Pedro Paulo Teixeira Manus*, durante o período de elaboração da presente tese.

[280] Joaquim B. Barbosa Gomes, *A ação afirmativa & princípio constitucional da igualdade*, p. 39.

[281] A *Executive Order* dispunha: "É política dos Estados Unidos oferecer a oportunidade igual no funcionalismo federal para todas as pessoas qualificadas, proibir a discri-

deral não apenas banissem práticas discriminatórias, mas dessem um passo além, estabelecendo medidas efetivas em benefício de minorias[282] éticas e raciais, de várias formas (recrutamento, contratação, transferência, níveis salariais e benefícios indiretos, promoção, treinamento etc.), com o objetivo de corrigir as seqüelas decorrentes de discriminações presentes ou passadas.[283]

No entanto, em função da ausência de critérios claros, combinada com forte pressão efetuada por sindicatos e, ainda, por determinados segmentos do governo federal, os resultados da "Executive Order"[284] n. 11.246 não foram satisfatórios, merecendo registro apenas pelo seu significado histórico.[285]

Apenas quando Richard Nixon assume a Presidência dos EUA é que as ações afirmativas passam a adotar critérios mais objetivos na orientação dos empregadores. *Nixon* incumbiu *Arthur Fletcher*, que era negro e ocupava o cargo de assistente do Secretário do Trabalho *George Schultz*, de elaborar um projeto para tornar efetivas as ofertas de emprego a pessoas qualificadas pertencentes a diversos grupos raciais, dentro de objetivos flexíveis e por um tempo também flexível.

---

minação no trabalho com base na raça, credo, cor ou origem nacional, e promover a realização plena de oportunidade igual de trabalho, através de um programa efetivo e contínuo em cada departamento ou agência".

[282] Lembramos que o termo minoria não guarda relação direta com o aspecto de quantidade, mas sim, como assinala Lutiana Nacur Lorentz — *A proteção jurídica contra a discriminação no trabalho,* pp. 98-99 — "com o fato do grupo ser detentor e praticante de parcelas de direito, *em situação fática que não seja de igualdade real com os outros grupos sociais* (...). Nessa linha de raciocínio as minorias discriminadas são aquelas que, muitas vezes, quantitativamente, numericamente, podem até ter vantagem sobre os outros grupos, mas que, em termos de *qualidade e exercício de direitos sociais* etc., ficam à margem, por exemplo: o grupo das mulheres frente ao exercício de cargos eletivos no Brasil. Em termos de número, essas, no Brasil, não eram e não são minoria, porém, em termos de direitos, de preenchimento de cargos eletivos são, em situação diametralmente diversa, minoria".

[283] *Paulo Lucena de Menezes*, ob. cit., p. 91.

[284] Segundo o Black's Law Dictionary "Executive order — an order or regulation issued by te President or some administrative authority under his direction for the purpose of interpreting, implementing, or giving administrative effect to a provision of Constitution or some law or treaty. To have effetct of law, such orders must be published in the Federal Register". *Apud* Fernanda Duarte Lopes Lucas da Silva, *Princípio constitucional da igualdade*, p. 62. Em vernáculo pátrio: "Ordem executiva — ordem ou regulamento, baixado pelo Presidente ou por autoridade administrativa, sob sua direção, com a finalidade de interpretar, implementar ou atribuir efeito administrativo a uma determinação da Constituição, de lei ou tratado. Para ter efeito de lei, tais ordens devem ser publicadas no Registro Federal" (tradução livre).

[285] Cf. Maria Aparecida Gugel, *Discriminação positiva*, p. 21.

O projeto então elaborado passou a ser conhecido como *Philadelphia Plan*, cujo teor é analisado, de maneira detalhada, por *Paulo de Menezes:*

> *"Segundo as suas disposições, os contratantes com o governo federal deveriam desenvolver, anualmente,* programas de ação afirmativa *com a finalidade de identificar e corrigir deficiências existentes em relação às mulheres e a grupos minoritários (v.* g. *negros, índios e hispânicos), o que se daria pelo cumprimento e pela observância de determinadas metas numéricas* (goals) *na contratação de empregados, as quais seriam fixadas de acordo com a participação dessas mesmas minorias no mercado de trabalho. Referidas metas, contudo, não poderiam ser 'quotas rígidas e inflexíveis', mas 'alvos razoavelmente atingíveis, encetando-se todo esforço de boa-fé para fazer com que todos os aspectos do programa de ação afirmativa funcionem."*[286]

Elucide-se que as políticas de ação afirmativa norte-americanas não se confundem, como comumente defendido pelos legisladores brasileiros, com o sistema de cotas fixas para que os empregadores contratem, como ocorre no Brasil, através de percentagens fixas membros de grupos específicos. Sobre este freqüente equívoco preleciona, com veemência, *Joaquim Gomes:*

> *"A desinformação fez com que o debate sobre as ações afirmativas tenha se iniciado no Brasil de maneira equivocada. Confunde-se ação afirmativa com o sistema de cotas. Em realidade, as cotas constituem apenas um dos modos de implementação de políticas de ação afirmativa. (...) a jurisprudência americana tem sérias restrições às chamadas 'cotas cegas', isto é, aquelas instituídas aleatoriamente, sem propósito de corrigir uma injustiça precisa, que é a própria razão de existência das políticas de ação afirmativa. No Brasil, infelizmente, os poucos projetos de lei de ação afirmativa já apresentados ao Congresso incorrem nesse erro."*[287]

Com relação ao objeto do presente estudo, notadamente as oportunidades de acesso ao trabalho destinadas às pessoas portadoras de deficiência, temos os seguintes exemplos de ação afirmativa no sistema normativo norte-americano: 1) *Architectural Barriers Act*; 2) *Rehabilitation Act de 1973*[288], exigindo que os contratantes

---

[286] Paulo Lucena de Menezes, *A ação afirmativa (affirmative action) no direito norte-americano,* p. 93.

[287] Joaquim B. Barbosa Gomes, *A ação afirmativa & princípio constitucional da igualdade,* p. 40.

[288] A lei dispunha que o contratante com o governo federal "não discriminará contra qualquer empregado ou candidato de emprego por causa de incapacidade física, ou

com o governo federal oferecessem oportunidades de emprego para os deficientes físico; 3) *Veterans Readjustment Act* de 1974, concedendo favorecimentos e proteção para os veteranos da Guerra do Vietnã; 4) *Education for all Handicapped Children Act* (1975); 5) *Developmental Disabilities Assistance* (1976); *Fair Labor Standards Act* (1976).[289]

Mais recentemente, verificou-se a edição do *Americans with Disabilities Act* de 1990, o qual tornou-se tema de incessantes estudos por parte da doutrina Americana, sofrendo, de igual modo, críticas e elogios. Esta norma é assim analisada por *Nancy Mudrick:*

> *"In July 1990, a new piece of federal civil rights legislation, the Americans with Disabilities Act (ADA), added persons with disabilities to the categories of people protected against discrimination in employment. Although state civil rghts acts and federal 1973 Rehabilitation Act offered persons with disabilities some protection against employment discrimination prior to the ADA is significant because its coverage is broader than these prior laws. (...) With the ADA, the public obligation to persons with disabilities is focused on the protection of their rights as a disadvanged minority goup. In other words, the presence of a chronic condition is not the major factor affecting the employment experience of people with disabilities; inaccessible buildings, inaccessible workplace facilities, and discriminating employers are."*[290]

---

mental para qualquer posição para a qual estão qualificados a desempenhar. O contratante adotará Ação Afirmativa para empregar, promover no emprego e por outro modo tratará o indivíduo deficiente qualificado sem discriminação baseada em sua incapacidade física ou mental, em todas as práticas de emprego, dentre as seguintes: emprego, promoção, rebaixamento ou transferência, recrutamento anúncio de emprego, dissolução de contrato, obrigações de pagamento ou outras formas de compensação, e seleção para treinamento ou aprendizagem". *Apud* Richard V. Burkhauser, *Post-ADA: Are people with Disabilities expected to work?*, pp. 72-75.

[289] Cf. Richard V. Burkhauser, *Post-ADA: Are people with Disabilities expected to work?*, pp. 72-75.

[290] *"Em julho 1990, uma nova peça da legislação federal de direitos civis, o Americans with Disabilities Act (ADA,) adicionou as pessoas com deficiência às categorias de pessoas protegidas contra discriminação no emprego. Apesar do manifesto de direitos civis e o do Ato Federal de Reabilitação de 1973 terem oferecido às pessoas com deficiências alguma proteção contra discriminação no emprego, o ADA é significativo porque seu alcance é mais largo que o destas leis anteriores. (...) Com o ADA, a obrigação pública com as pessoas deficientes é dirigida à proteção de seus direitos como um grupo minoritário em desvantagem. Em outras palavras, a presença de uma condição crônica não é fator principal afetando a experiência empregatícia das pessoas com deficiência; edifícios inacessíveis, ausência de facilidades no local de trabalho, e patrões preconceituosos, são" (Tradução livre).* Nancy R. Mudrick, *Employment Discrination Laws for Disability: Utilization and Outcome*, p. 54.

Joseph Shapiro, por sua vez, fez as seguintes considerações:

> *"Never has the world of disable people changed so fast. Rapid advances in tecchnology, new civil rights protections, a general better-educated disabled students out of 'mainstreamed' class-rooms, a new group consciouness, and political activism meam more disable people are seeking jobs and greater dailly participation in American life."*[291]

O ADA retrata, com fidelidade, o que é a essência das ações afirmativas com relação ao direito ao trabalho das pessoas portadoras de deficiência, ou seja, que é o de remover as barreiras discriminatórias de acesso ao emprego impostas, com objetivo de alcançar a igualdade real ou material. Neste sentido preleciona *Mary C. Daly:*

> *"One of the goals of the Americans with Disabilities Act (ADA) is to ensure equal access to employment for people with disabilities. Underlying this goal is a belief that all individuals, regardless of their impairments, have a desire and a right to work in the labor market. Proponents of the ADA reason that if the disability-related barriers to employment are removed, the goal of full employment for the population with disabilities can be reached. Some researchers have suggested, however, that the ADA will not be the panacea hoped for by its most ardent supporters. In particular, concerns have beem raised about the ability of the ADA to promote employment among the doubly disadvantged — those with a poor education, poor job skills, and a disability."*[292]

---

[291] "Nunca o mundo das pessoas deficientes mudou tão rápido. Céleres avanços tecnológicos, novas proteções de direitos civis, uma geral melhor educação para estudantes deficientes fora das salas de aula 'intensivas', uma nova consciência de grupo, e ativismo político significam mais pessoas deficientes em busca de empregos e uma maior participação diária na vida americana" (Tradução livre) Joseph P. Shapiro, *No pity: People with disabilities froging a new civil rights movement. Apud* Peter David Blanck, *Employment integration, economic opportunity, and the American with Disabilities Act: Empirical study from 1990-1993*, p. 855.

[292] *"Uma das metas do Americans with Disabilities Act (ADA) é assegurar a igualdade de acesso ao emprego às pessoas com deficiência. A sustentação desta meta está na crença de que todos os indivíduos, em que pese seus impedimentos (deficiências), têm o desejo e o direito trabalhar no mercado de trabalho. Sustenta o ADA que se as barreiras relativas à contratação de deficientes forem removidas, a meta de pleno emprego para a população com deficiências pode ser alcançadas. Alguns pesquisadores têm sugerido, entretanto, que o ADA não será a panacéia esperada por seus mais ardentes defensores. Em especial, preocupações têm se avolumado sobre a habilidade do ADA em promover emprego entre os duplamente desfavorecidos — aqueles com educação precária, com parcas habilidades de trabalho, e com deficiência" (Tradução livre)* Mary C. Daly, *Who is protected by the ADA?*, p. 102.

Verifica-se que nos Estados Unidos, assim como no Brasil, não se pode dissociar a idéia de ações positivas destinadas a conferir emprego às pessoas portadoras de deficiência, da necessidade de educação e qualificação destas para atividades produtivas.[293] A título de exemplo, como se verá amiúde adiante, o argumento mais utilizado pelas empresas como justificativa para não cumprirem as cotas previstas na Lei n. 8.213/91 (art. 93), é que não encontram pessoas qualificadas para as funções disponíveis.

Muito embora a noção de ação afirmativa tenha nascedouro e início de aplicação sistemática nos Estados Unidos, em especial em razão dos conflitos raciais da década de 60, a idéia de igualação pela desigualação também encontrou abrigo no Direito europeu, sob a designação de *discriminação positiva.*

Para *Ferdinand Mélin-Soucramanien*, a chamada discriminação positiva pode ser definida como "... une différenciation juridique de traitement, créé à tire temporaire, dont l'autorité normative affirme expressément qu'elle a pour but de favoriser une catégorie déterminée de personnes physiques ou Morales ou détriment d'une autre afin de compenser une inégalité de fait préexistante entre elles".[294]

Verifique-se, ainda, a atuação da Corte Constitucional Alemã, a qual tem admitido a utilização da discriminação positiva como forma de realização prática do princípio da igualdade jurídica (em aresto de 28 de janeiro de 1992):

> *"Dès lors, plusiers critères permettant d'identifier une discrimination positive peuvent être énumérés: il faut qu'il y ait une différenciation juridique de traitement; celle-ci doit être finalisée, elle doit avoir fait l'objet de discrimintions par lê passe; lê but de l'autorité normative doit être de parvenir à établir une égualité de fait ce qui implique que ces politiques discriminatoires cessent lors-que l'égalité est rétablie."*[295]

[293] O tema da ação afirmativa, atualmente, na comunidade jurídica norte-americana, em razão de recentes decisões da Suprema Corte, tem sido objeto de muitos questionamentos, onde se discute a sua legitimidade e constitucionalidade. Para um exame profundo de tal questão ver as seguintes obras: Christopher Edley Jr. *Not all black and white: affirmative action and American values.*USA: Noonday, 1998; Lydia Chavez. *The color bind: the campaing to end affirmative action.* USA: Univ. California Press, 1998; Joann Bren Guernsey. *Affirmative action: a problem or a remedy.* USA: Lerner Publications Company, 1997.

[294] "Uma diferenciação jurídica de tratamento, criada a título temporário, na qual o legislador afirma, expressamente, o objetivo de favorecer uma categoria de determinadas pessoas físicas ou jurídicas em detrimento de outra, a fim de compensar uma desigualdade de fato preexistente entre elas" (tradução livre). Ferdinand Mélin-Soucramanien, *Le principe d'égalité dans la jurispudence du Conseil Constiutionnel*, p. 206.

[295] "Assim, alguns critérios que permitem a identificação de uma discriminação positiva podem ser enumerados: a obrigatoriedade de diferenciação jurídica de tratamento, esta deve vir motivada e deve estar de acordo com sua estrita finalidade de conceder uma

3.4.2. Conceito de ação afirmativa

Como pôde ser percebido no histórico *supra*, as ações afirmativas sempre tiveram como objetivo maior atingir alvos, de igualização de direitos, que, normalmente, restariam inalcançados caso a estratégia de combate à discriminação se limitasse à adoção, no campo normativo, de regras meramente proibitivas de discriminação. *Em termos sucintos, não basta proibir, é preciso promover a igualdade.*

Atualmente, as ações afirmativas podem ser definidas como um conjunto de medidas estatais e privadas que adotam mecanismos de inclusão com vistas à concretização de um objetivo constitucional universalmente reconhecido — o da efetiva igualdade de oportunidades a que todos os seres humanos têm direito.

Sobre os objetivos das ações afirmativas, *Joaquim Barbosa Gomes* atenta, com perspicácia, que "diferentemente das políticas governamentais antidiscriminatórias baseadas em leis de conteúdo meramente proibitivo, que se singularizam por oferecerem às respectivas vítimas tão-somente instrumentos de caráter reparatório e de *intervenção ex post facto*, as ações afirmativas têm natureza multifacetária".[296]

No mais, como presente estudo visa enfocar a ação afirmativa como instrumento de promoção da igualdade nas oportunidades no acesso ao mercado de trabalho, tomemos, inicialmente, o conceito de *Robert Sedler* o qual circunscreve a ação afirmativa no problema do acesso ao mercado de trabalho:

> *"In the employment context affirmative action means the deliberate use of race and gender criteria by employers in making hiring and promotional decisions, and in this sense, the giving of a preference to minority persons and women over white males in the workplace. The preference may take the form of 'paying attention to the numbers' in hiring and promotional decisions, or of using race or gender as a "plus factor" in the decisional process, or of establishing a quota for minority and female representation in the employer´s workforce."*[297]

---

vantagem a uma categoria determinada de cidadãos. Esta categoria de cidadãos deve ter sido objeto de discriminações no passado; o legislador deve ter como meta o estabelecimento de uma igualdade de fato, de modo que as políticas discriminatórias devam cessar assim que essa igualdade for alcançada" (Tradução livre). *Apud* Ferdinand Mélin-Soucramanien, ob. cit., p. 207.

[296] Joaquim B. Barbosa Gomes, *Ação afirmativa & Princípio constitucional da igualdade*, p. 41.

[297] "No domínio das relações de emprego, ação afirmativa significa o uso deliberado pelos empregadores de critérios de raça e gênero nas decisões de contratar e promover, e, nesse sentido, a concessão de preferência a minorias e mulheres sobre os

Já com enfoque mais amplo, temos o excelente conceito de ação afirmativa adotado por *Paulo Lucena*, que empreendeu profundo estudo sobre a *affirmative action* na terra de sua origem:

> *"Ação afirmativa, nos dias correntes, é um termo de amplo alcance que designa o conjunto de estratégias, iniciativas ou políticas que visam favorecer grupos ou segmentos sociais que se encontram em piores condições de competição em qualquer sociedade em razão, na maior parte das vezes, da prática de discriminações negativas, sejam elas presentes ou passadas. Colocando-se de outra forma, pode-se asseverar que são medidas especiais que buscam eliminar os desequilíbrios existentes entre determinadas categorias sociais até que eles sejam neutralizados, o que se realiza por meio de providências efetivas em favor das categorias que se encontram em posições desvantajosas."*[298]

Segundo *Alice Monteiro de Barros* a função da ação afirmativa, no que tange ao exercício do direito fundamental ao trabalho, "consiste, portanto, em promover a igualdade de oportunidades, transformando a função estática do princípio igualitário inserido na lei em uma função ativa, com a utilização de meios capazes de alterar as regras do 'jogo do mercado de trabalho'. As ações afirmativas já não visam ao reconhecimento da igualdade de tratamento, mas aos meios necessários para torná-la *efetiva*".[299]

Por fim, cumpre evidenciar que entre todos os doutrinadores pátrios pesquisados, invariavelmente, são citadas as lições ministradas por *Cármen Lúcia Antunes Rocha*, lançadas em brilhante artigo intitulado *Ação afirmativa — O conteúdo democrático do princípio da igualdade jurídica*[300]. Na referida obra, a autora classifica, com exatidão, as *ações afirmativas como a mais avançada tentativa de concretização do princípio jurídico da igualdade:*

---

homens brancos nos locais de trabalho. A preferência pode concretizar através da 'atenção prestada aos números' nas decisões de contratação e de promoção, do uso da raça e do gênero como um 'fator positivo' no processo de decisão ou através do estabelecimento de cotas para a representação de minorias e de mulheres na força de trabalho" (tradução livre), Robert Sedler, *Race in America: Employment Equality, Affirmative Action, and the Constitucional Political Consensus*, in Michigan Law Review nr. 90, p. 1315 (1992). *Apud* Joaquim B. Barbosa Gomes, *Ação afirmativa & Princípio constitucional da igualdade*, p. 41.

[298] Paulo Lucena de Menezes, *A ação afirmativa (affirmative action) no direito norte-americano*, p. 27.

[299] *Discriminação no emprego por motivo de sexo*, in *Discriminação*, p. 67.

[300] Revista de informação legislativa, pp. 283-295.

"a definição jurídica objetiva e racional da desigualdade dos desiguais, histórica e culturalmente discriminados, é concebida como uma forma para se promover a igualdade daqueles que foram e são marginalizados por preconceitos encravados na cultura dominante na sociedade. Por esta desigualação positiva promove-se a igualação jurídica efetiva; por ela afirma-se uma forma jurídica para se provocar uma efetiva igualação social, política e econômica no e segundo o Direito, tal como assegurado formal e materialmente no sistema constitucional democrático. A ação afirmativa é, então, uma forma jurídica para se superar o isolamento ou a diminuição social a que se acham sujeitas as minorias."[301]

Como se vê, a ação afirmativa tem como objetivo não apenas coibir a discriminação do presente, mas sobretudo eliminar os efeitos da discriminação do passado — como o caso das seqüelas estruturais relativas ao período da escravidão — que tendem a se perpetuar. Esses efeitos revelam na chamada "discriminação estrutural"[302], calcada nas abissais desigualdades sociais entre grupos dominantes e os grupos minoritários ou marginalizados.

Fica claro ainda, que as ações afirmativas congregam medidas que implicam na supressão das desigualdades de fato, capazes de ampliar as oportunidades de formação das pessoas portadoras de deficiência, com reflexos nas suas condições de trabalho.

Após a digressão obrigatória sobre os termos que envolvem a compreensão da ação afirmativa, no país de origem do instituto, sobreleva-se a necessidade de identificar se tais políticas (afirmativas) encontram guarida no ordenamento jurídico brasileiro, e, em caso positivo, se a mesma pode ser usada para conferir maior efetividade ao direito ao trabalho da pessoa portadora de deficiência.

3.4.3. Ação afirmativa no Brasil e as cotas de emprego

Como já registrado em outras oportunidades, ao abordarmos o tema isonomia no ordenamento jurídico pátrio, irrompe a dicção do *caput* do art. 5º da CF/88[303], como reconhecimento expresso da igualdade *perante a lei*.

---

[301] Cármen Lúcia Antunes Rocha, *Ação afirmativa: o conteúdo democrático do princípio da igualdade*, p. 290.

[302] Terminologia utilizada por Joaquim B. Barbosa Gomes, *Ação afirmativa & Princípio constitucional da igualdade*, p. 47.

[303] "Art. 5º Todos são iguais *perante a lei*, sem distinção de qualquer natureza, garantindo-se aos brasileiros e aos estrangeiros residentes no País a inviolabilidade do direito à vida, à igualdade, à segurança e à propriedade, nos termos seguintes ..." (grifo nosso).

Desta forma, apesar da Constituição fazer referência *expressa* apenas à noção de igualdade formal, não está autorizada, contudo, a conclusão no sentido de que esta é a única possibilidade exegética do princípio. A igualdade material, como já evidenciado, também tem agasalho na CF/88. Resta, destarte, a ser definido se a ação afirmativa, considerada como veículo desta igualdade material, encontra abrigo no nosso ordenamento constitucional.

O próprio preâmbulo da Carta Magna, sinaliza para a essencialidade da igualdade como elemento de realização plena do Estado Democrático de Direito Brasileiro. Revela o preâmbulo a preocupação de se "instituir um Estado Democrático, destinado a assegurar o exercício dos direitos sociais e individuais (...) *a igualdade* e a justiça como valores supremos de uma sociedade fraterna, pluralista e *sem preconceitos...*" (grifamos).

A igualdade é consagrada entre os objetivos fundamentais do Estado Brasileiro, como se pode inferir do art. 3º da CF/88, *in verbis*:

> "Art. 3º Constituem objetivos fundamentais da República Federativa do Brasil:
>
> I — *construir* uma sociedade justa, livre e solidária;
>
> II — *garantir* o desenvolvimento nacional;
>
> III — *erradicar* a pobreza e a marginalização e *reduzir* as desigualdades sociais e regionais;
>
> IV — *promover* o bem de todos, sem preconceitos de origem, raça, sexo, cor, idade e quaisquer outras formas de discriminação." (grifo nosso)

Assim sendo, a igualdade, por força do comando do art. 3º, como princípio fundamental, estende-se por todo o corpo constitucional, conferindo maior amplitude aos seus efeitos e desdobrando-se em matizes diferentes, tal qual as tramas que suportam o bordado de uma tapeçaria.[304]

Sobre a irradiação dos efeitos do princípio da igualdade sobre as normas constitucionais pondera *Cármen Lúcia Rocha* que "o princípio da igualdade resplandece sobre quase todos os outros acolhidos como pilastras do edifício normativo fundamental alicerçado. É guia não apenas de regras, mas de quase todos os outros princípios

---

[304] Fernanda Duarte Lopes Lucas da Silva, *Princípio constitucional da igualdade*, p. 73.

que informam e conformam o modelo constitucional positivado, sendo guiado apenas por um, ao qual se dá a seguir: o da dignidade da pessoa humana (art. 1º, III, da Constituição da República)".[305]

Destaque-se que todos verbos os utilizados nas expressões normativas citadas nos incisos do referido art. 3º — *construir, garantir, erradicar, reduzir, promover* — indicam *ação*. Ou seja, a Constituição não preceitua apenas uma igualização estática, meramente negativa, determinando claramente uma igualização *dinâmica, eficaz, com ações positivas — ações afirmativas.*

Dessarte, entendemos que do art. 3º da CF/88 emana a sustentação, o amparo necessário para a adoção de ações afirmativas destinadas à correção dos mais variados tipos de desigualdades sociais. Neste sentido, *Cármen Lúcia Rocha* é imperativa ao declarar que "somente a ação afirmativa, vale dizer, a atuação transformadora, igualadora, segundo o Direito, possibilita a verdade do princípio da igualdade, para se chegar à igualdade que a Constituição brasileira garante como direito fundamental de todos".[306]

Esta também é a opinião esposada por *Marco Aurélio de Mello*, Ministro do Supremo Tribunal Federal. A idéia foi defendida, com brilhantismo, durante palestra proferida no Seminário intitulado "Discriminação e o Sistema Legal Brasileiro", promovido em novembro de 2001 pelo Colendo TST, cujo texto correspondente, nos foi remetido por determinação da Presidência do STF, atendendo a pedido formulado àquele Tribunal. Defendeu o Ministro naquela oportunidade:

> *"Do art. 3º vem-nos luz suficiente ao agasalho de uma ação afirmativa, a percepção de que o único modo de se corrigir desigualdades é colocar o peso da lei, com a imperatividade que ela deve ter no mercado desequilibrado, a favor daquele que é discriminado, que é tratado de forma desigual. Nesse preceito são considerados como objetivos fundamentais de nossa República: primeiro, construir — prestem atenção a esse verbo — uma sociedade livre, justa e solidária; segundo, garantir o desenvolvimento nacional — novamente temos aqui o verbo a conduzir, não a uma atitude simplesmente estática, mas a uma posição ativa; erradicar a pobreza e a marginalização e reduzir as desigualdades sociais e regionais; e, por último, no que nos interessa, promover o bem de todos, sem preconceitos de origem, raça, sexo, idade e quaisquer outras formas de discriminação. Posso asseverar, sem receio de equívoco, que se passou de uma igualização estática, meramente negativa, no que se proibia a discriminação, para*

---

[305] Cármen Lúcia Antunes Rocha, *Ação afirmativa: o conteúdo democrático do princípio da igualdade,* p. 289.

[306] Cármen Lúcia Antunes Rocha, ob. cit., p. 289.

uma igualização eficaz, dinâmica, já que os verbos 'construir', 'garantir', 'erradicar' e 'promover' implicam, em si, mudança de óptica, ao denotar 'ação'. Não basta discriminar. É preciso viabilizar — e encontramos, na Carta da República, base para fazê-lo — as mesmas oportunidades. Há de ter-se como página virada o sistema simplesmente principiológico. A postura deve ser, acima de tudo, afirmativa."[307] (grifo nosso)

De resto, convém evidenciar que as chamadas ações afirmativas, no Brasil, não estão restritas à discussão acadêmica. A título de exemplo, no segundo semestre do ano de 2001, empreendeu-se rico debate, através dos meios de comunicação, sobre a viabilidade da adoção de políticas afirmativas no Brasil, especificamente no que tange à reserva de vagas em universidades públicas para representantes da raça negra[308]. Uma destas matérias, por noticiar a adoção de política afirmativa, merece ser transcrita:

---

[307] Marco Aurélio Mendes de Farias Mello, *Óptica Constitucional — A Igualdade e as Ações afirmativas*, pp. 4-5.

[308] Cf. *Folha de S. Paulo de 25 de agosto de 2001*, pág. A13, "Analistas discutem vantagens e desvantagens de medidas de favorecimento de minorias, que o Brasil estuda adotar", relatando a seguinte entrevista: "Autor de um livro sobre a experiência de ação afirmativa nos Estados Unidos, o Procurador da República Joaquim Barbosa Gomes acha difícil que uma política semelhante seja aplicada no Brasil, pelo menos a médio prazo. 'Não vejo condições políticas e institucionais. Esse é um governo em fim de reino, com dificuldades de aprovar no Congresso até mesmo pontos de sua agenda política. Como vai fazer uma política de ação afirmativa? O governo vai jogar para a platéia lá fora, dizendo que vai fazer e acontecer, sabendo que não tem chances mínimas de fazer qualquer coisa no plano interno", *Folha de S. Paulo de 2.9.01*, pág. A18, "Crescem iniciativas de ação afirmativa para negros e índios", *Folha de S. Paulo de 10.10.2001*, pág. C3, "Rio dá a negros e pardos 40% das vagas", noticiando que: "Em meio ao debate nacional sobre cotas para negros no ensino superior, a Assembléia Legislativa do Estado do Rio de Janeiro aprovou ontem projeto de lei reservando 40% das vagas nas universidades públicas estaduais para negros e pardos. O autor do projeto, José Amorim (PPB), disse que a cota de 40% foi estabelecida com base na representatividade de negros e pardos na população fluminense", *Folha de S. Paulo de 22.10.2001*, pág. Especial 2, "Para MEC, cotas não são solução", registrando que "O sistema de cotas para negros nas universidades públicas não está nos planos do governo federal e não é consenso entre educadores e pesquisadores. Para o ministro da Educação, Paulo Renato de Souza, 55, a inclusão social do negro deve ser uma preocupação desde a educação infantil. Como medidas para melhorar o acesso ao curso superior, o ministério vai criar no ano que vem pré-vestibulares gratuitos para a população carente, principalmente negros e indígenas", *Revista Época, Ano IV, n. 187, 17 de dezembro de 2001*,"Há vagas para negros", pp. 132-134, relatando que "'as cotas trazem implícita uma forma de discriminação, mas só na aparência', diz a professora Maria de Lourdes Teodoro, com doutorado na Sorbonne, em Paris, e autora de uma tese sobre a identidade cultural brasileira. 'No fundo não há discriminação nem injustiça em ajudar a população afro-brasileira. Afinal, sempre houve reserva de cotas para brancos'. Nesse debate, o juiz americano Antonin Scalia, uma das vozes mais conservadoras e competentes da Suprema Corte, contribuiu com uma reflexão interessante: 'Não há credores nem devedores em matéria de raça', escreve ele numa de suas sentenças".

"... o presidente Fernando Henrique Cardoso anuncia um pacote com a política federal de cotas para negros. O pacote é composto de três medidas: — 20% dos cargos sem concurso da administração federal ficam reservados para negros; — cria-se um programa especial para auxiliar os negros para seguir carreira diplomática; — empresas que prestam serviço ao Ministério da Justiça ficam obrigadas a manter 20% de funcionários negros. Para outros ministérios, a medida é estimulada, mas não obrigatória. Há razões para que essas medidas sejam bem recebidas. Uma passada de olhos nas estatísticas dá idéia de como vive a maioria dos brasileiros negros: eles representam 70% da população indigente e 65% dos pobres, embora correspondam a 45% de toda a população. Aqueles que tentam escalar a pirâmide social deparam com uma batalha duríssima, que começa nas dificuldades de qualificação. Os negros são raros nas escolas de alto nível e, como resultado, têm 23% de chances de ingressar numa universidade, contra 43% dos brancos. Com tais antecedentes, não é de se admirar que no mercado de trabalho um homem negro receba em média 60% do salário de um branco.

A questão é incontestavelmente séria, o que não significa que as novas medidas mereçam adesão e aplausos automáticos. Elas certamente abrirão espaço para que o Brasil debata uma questão necessária, mas carregam os costumeiros problemas das idéias importadas. No caso, importadas dos Estados Unidos, de onde vem a política de cotas na qual o governo se inspirou para redigir sua portaria."[309]

Como se percebe, as incipientes políticas de ação afirmativa adotadas no Brasil estão concentradas no sistema de cotas. A adoção do sistema de cotas, puro e simples, no nosso entender, é insuficiente para garantir o direito à igualdade do grupo favorecido, no caso os negros, merecendo críticas, inclusive, por integrantes do próprio Governo Federal:

"O ministro da Educação, Paulo Renato Souza, é o único integrante do primeiro escalão do governo a fazer críticas públicas ao sistema de cotas. Ele adianta que é, sim favorável às medidas que o Presidente FHC anunciará (...). Aprova a contratação de 20% dos negros para cargos de confiança, como assessores, secretários, chefes de departamento. Na seleção para o preenchimento dessas vagas, feita unicamente pelos critérios subjetivos e pessoais de quem está contratando, o preconceito racial pode realmente pesar muito. Agora, quando se começa a discutir cotas para os negros em concursos públicos e em universidades — idéias que já entraram na ordem do dia — o ministro faz sérias ressalvas. 'Precisamos insistir na qualificação.

---

[309] Revista Época, Ano IV, n. 187, 17 de dezembro de 2001,"Há vagas para negros", p. 132.

> *Não podemos simplesmente fixar cotas se não tivermos pessoas preparadas para ocupá-las', diz Paulo Renato, que prefere defender programas de treinamento aos de reserva de vagas."*[310]

Em síntese, equiparar simplesmente os conceitos de cotas e ação afirmativa, como já anotado, é um equívoco.

É importante chamar atenção para o fato de que o sistema de cotas é apenas uma das modalidades existentes de ação afirmativa. O governo federal norte-americano, por exemplo, reconhece outros mecanismos que se enquadram nesse conceito, mas não adotam o sistema de cotas. "É o caso, por exemplo da oferta de treinamentos específicos para membros de certos grupos, quando tendentes a corrigir os desequilíbrios existentes, e da reformulação de políticas de contratação e promoção de empregados, levando-se em conta fatores que estão associados aos grupos que se pretende beneficiar (*v. g.* prestigiar os indivíduos bilíngües, de modo a favorecer os grupos sociais de origem hispânica)".[311]

São inúmeras as hipóteses de aplicação da ação afirmativa, razão pela qual alguns doutrinadores procuram delimitar esse campo, ainda que de forma genérica. *Christopher MacCruden*, por exemplo, identificou cinco categorias diferentes de ações afirmativas:

> *"a) a erradicação da discriminação mediante a identificação de práticas discriminatórias, e as acomodações das verdadeiras diferenças entre as pessoas; b) a adoção de diretrizes, à primeira vista neutras, porém propositadamente inclusivas, que produzam o efeito de melhorar as perspectivas dos integrantes de grupos específicos; c) a implantação de programas de assistência social extrapolantes (*outreach programs*), destinados a divulgar oportunidades de emprego aos integrantes de grupos específicos, bem como a atrair candidatos qualificados que integrem tais grupos; d) tratamento preferencial no emprego e em outras áreas, mediante o qual são conferidos aos integrantes de grupos específicos benefícios denegados aos integrantes de outros grupos; e) a redefinição do princípio do mérito, do qual resulta tal condição de integrante do grupo tornar-se uma qualificação na mudança de emprego, em vez de constituir exceção."*[312]

O sistema de cotas, de fato, praticamente não é utilizado nos EUA, na atualidade, por ser considerado inconstitucional. A Suprema

---

[310] Revista Época, Ano IV, n. 187, 17 de dezembro de 2001,"Há vagas para negros", p. 134.

[311] Paulo Lucena de Menezes, *A ação afirmativa (affirmative action) no direito norte-americano*, p. 30.

[312] *Apud* Paulo Lucena de Menezes, ob. cit., p. 31.

Corte daquele país tem sérias restrições às chamadas "cotas cegas", isto é, aquelas instituídas aleatoriamente, sem previsão de metas ou tempo de duração e sem o propósito de corrigir uma injustiça precisa, com base em critérios vedados pela Constituição (*v. g.* raça).[313]

No Brasil, a questão do acesso ao mercado de trabalho à pessoa portadora de deficiência, em termos de igualdade material, ocorre em termos limitados. A política de inclusão social da pessoa portadora de deficiência, através do trabalho, fica praticamente restrita ao sistema de fixação de cotas.

Ao defendermos a adoção de ações afirmativas para conferir efetividade ao direito ao trabalho das pessoas portadoras de deficiência, entendemos que as cotas, *isoladas*, são insuficientes para garantir o exercício de tal direito. A inclusão social das pessoas portadoras de deficiência, através do trabalho, é uma tarefa complexa. Envolve educação, qualificação, eliminação de barreiras arquitetônicas, adequação do meio ambiente de trabalho, elementos estes não contemplados, em princípio, no sistema de cotas isoladas[314].

A título ilustrativo, a observância dos direitos fundamentais das pessoas portadoras de deficiência no mercado de trabalho implica em custos que não existem na maioria dos casos de contratação de membros de outros grupos minoritários. Para empregar um integrante da raça negra, por exemplo, as empresas têm as mesmas despesas que para recrutar um da raça branca. Todavia, para empregar uma pessoa portadora de deficiência, há custos de adaptação que não podem ser ignorados. Sobre este aspecto atenta *José Pastore:*

> *"As pesquisas sobre o assunto mostram que atitudes positivas em relação ao trabalho de portadores de deficiência não resultam automaticamente das leis ou da fiscalização. Os empregadores inclinados a contratar portadores, costumam recuar quando têm de enfrentar as despesas e os problemas gerados pelo seu emprego em ambientes de não-portadores de deficiência, e que nem sempre aceitam bem o trabalho daqueles.*
>
> *Nem todo empregador está pronto para atender o problema do lado do portador de deficiência e para preparar o ambiente de traba-*

---

313 Cf. Joaquim B. Barbosa Gomes, *Ação afirmativa & princípio constitucional da igualdade*, p. 40. Paulo de Menezes — ob. cit., p. 31 — destaca que "uma série de pesquisas realizadas nas últimas duas décadas também revela que a opinião pública não aprova esse sistema, embora seja favorável a outras formas de ação afirmativa, como a oferta de treinamento profissional complementar para grupos marginalizados".

314 Também chamadas de "cotas solitárias" por *José Pastore*, uma vez que usadas isoladamente. *Oportunidades de trabalho para portadores de deficiência*, p. 184.

lho para a sua inclusão. Aliás, até as famílias, em muitos casos, não estão preparadas para receber um membro que seja portador de deficiência (Ribas, 1983). A mudança desse quadro depende muito mais de educação e medidas estimuladoras do que de fiscalização e punição."[315] (grifo nosso)

José Pastore anota ainda que, segundo pesquisas, nos países onde se adota o sistema de cotas, descobriu-se que, do lado dos empregadores, mais importante do que garantir o emprego por lei é serem estes capazes de reconhecer o potencial das pessoas portadoras de deficiência. Em quase todos estes países, está ocorrendo uma guinada em direção a um tratamento dos portadores de deficiência de forma mais consentânea com as regras da economia de mercado, e um afastamento gradual das velhas políticas exclusivamente protecionistas.[316]

No Brasil, para que se alcance a igualdade real no exercício do direito ao trabalho das pessoas portadoras de deficiência, é imprescindível a adoção de medidas compensatórias (ações afirmativas), tais como: *contribuições*, *prêmios*, *subsídios* e *benefícios*, que, *aliadas ao sistema de cotas*, trarão novo estímulo aos empregadores para contratação de integrantes deste grupo desfavorecido.

Segundo *Pastore*, nos países desenvolvidos que adotam o sistema de cotas, ele é "apenas uma peça de um complexo enredo de leis, instituições, programas e incentivos econômicos para facilitar o trabalho dos portadores de deficiência".[317]

---

[315] José Pastore, *Oportunidades de trabalho para portadores de deficiência*, p. 61.

[316] Ob. cit., p. 138.

[317] José Pastore, *Oportunidades de trabalho para portadores de deficiência*, p. 180. Destaca o autor que "O sistema de cotas continua vivo na grande maioria dos países da Europa (Thorton, 1999). O percentual das cotas varia entre 1,5% e 7%, mas, em muitos casos, ele é fixado em função do tamanho da empresa. Os empregadores que não respeitam a cota, violaram lei, e estão sujeitos a penalidades (...) Nos últimos 30 anos, o sistema de cotas evoluiu bastante na direção da flexibilidade. Em muitos países, a contratação de portadores de deficiência mais severa dá às empresas a possibilidade de contá-los em dobro ou em triplo. Em outros, certas atividades são excluídas da obrigatoriedade da cota (construção civil, mineração, trabalho a bordo e outras). Nesses casos, o número de posições existentes nessas atividades é descontado do total da força de trabalho da empresa. Há os casos em que, em lugar de as empresas contratarem diretamente os portadores de deficiência, elas o fazem através de instituições especializadas nesse campo. Há também os casos em que as empresas justificam a não contratação ou recontratação (no caso de dispensas) de portadores de deficiência com base em critérios preestabelecidos por lei ou instrumento de negociação coletiva" (pp. 159-160). *Pastore* faz, então, um elenco dos países que adotam o sistema de cotas e os respectivos percentuais utilizados (pp. 159-170): *Áustria:* lei federal exige que todas as empresas com mais de 25 empregados reservem 4% das vagas para pessoas portadoras de deficiência; *Alemanha:* a lei alemã estabelece

Os países desenvolvidos praticam cada vez mais as políticas positivas, que incluem atividades bem articuladas, para inserir e reter os portadores de deficiência no mercado de trabalho: reabilitação médica, reabilitação profissional, preparação para o trabalho, serviços de colocação, apoio à adaptação no mercado de trabalho, incentivos aos empregadores, sistemas cotas-contribuição e cotas terceirizadas, apoios a programas de modificação de arquitetura e equipamentos. Essas atividades complementares têm sido mais importantes do que as cotas implantadas isoladamente. [318]

O sistema de cotas no Brasil, seduziu os governantes que, usualmente, superestimam o poder da lei. A realidade mostra, porém, que o impacto positivo do sistema de cotas é reduzido.[319] "A simples imposição de uma obrigatoriedade não garante que ela seja cumprida, e muito menos que as empresas venham a oferecer, de bom grado, condições condignas de trabalho para os portadores de deficiência".[320]

Uma política eficiente para garantir o emprego para as pessoas portadoras de deficiência deve inserir uma política maior e mais abrangente, que englobe as demais áreas de sua vida e de sua existência social, tais como *saúde, educação, qualificação, previdência, acesso e transporte*, uma vez que a problemática das pessoas portadoras de deficiência é definida, e se manifesta, no contexto da

---

uma cota de 6% para todo empregador, público ou privado, que possua mais de 16 empregados; *França: a* lei requer que os órgãos públicos e empresas privadas (com mais de 20 empregados) preencham 6% de seus quadros com portadores de deficiência; *Itália:* mudanças legislativas, a partir de 1992 introduziram um sistema bastante compreensivo de amparo aos portadores de deficiência. O sistema de cotas se aplica às empresas que têm mais de 35 empregados, com exceção das atividades de transporte aéreo e marítimo, assim como os empregados domésticos, aprendizes, militares e gestantes. O percentual fixado é o mais alto do mundo — 15%; *Holanda:* o sistema de cotas foi introduzido em 1947, com percentual variável de 3% a 7%; *Espanha:* desde 1983 está em vigor um sistema de cotas de 3%, que é aplicável a toda empresa que possui mais de 50 empregados; *Irlanda:* a cota é de 3%.

[318] No plano mundial, encontramos vários países que se mantiveram afastados do sistema da "cotas solitárias". Esse sistema nunca prosperou, a título de exemplo, na *Dinamarca, Suécia, Finlândia, Estados Unidos, Canadá, Nova Zelândia e Austrália. Apud* José Pastore, *Oportunidades de trabalho para portadores de deficiência*, pp.174-179. Nesses países argumenta-se que a simples existência de cotas é indicativa de que as pessoas portadoras de deficiência não têm condições de competir no mercado de trabalho. Esse fato constituiria um forma perversa de discriminação que, no final das contas, forçaria os empregados a contratar por piedade ou para evitar a punição. Nos países citados, argumenta-se ser impossível legislar para garantir cotas para portadores de deficiência, sem garantir o mesmo direito para outros grupos minoritários.

[319] Como será demonstrado no Capítulo IV *infra*.

[320] José Pastore, *Oportunidades de trabalho para portadores de deficiência.*

intersetorialidade. A adoção de medidas isoladas para a criação de vagas de trabalho, como as cotas isoladas, de nada adiantará, se não for acompanhada pela provisão de providências da área da reabilitação, da educação e do transporte, de forma a permitir o acesso e a permanência dessas pessoas no emprego.

Assim, ao se optar pela construção de uma sociedade inclusiva, o Estado necessita prover os serviços, os suportes e medidas que garantam às pessoas portadoras de deficiência, o acesso e a possibilidade de participação nas diferentes instâncias da vida coletiva, da forma mais independente possível.

Em suma, o sistema de cotas, no nosso entender, só será eficaz no Brasil quando combinado com outros mecanismos de estimulação junto às empresas e qualificação junto às pessoas portadoras de deficiência. Dentro desses mecanismos alguns crescem em importância, como a necessidade de educação e qualificação das pessoas portadoras de deficiência e criação de incentivos fiscais para as empresas contratantes dos serviços destas. Propostas defendidas neste trabalho e a seguir explicitadas.

CAPÍTULO IV

MEDIDAS POSITIVAS DE ACESSO AO TRABALHO

> *"A pluralidade é a condição da ação humana pelo fato de sermos todos os mesmos, isto é, humanos, sem que ninguém seja exatamente igual a qualquer pessoa que tenha existido, exista ou venha a existir."*[321]

4.1. O DIREITO AO TRABALHO DA PESSOA PORTADORA DE DEFICIÊNCIA E A REALIDADE BRASILEIRA

Conforme se constatou nos capítulos anteriores, o acesso ao mercado de trabalho é um direito fundamental da pessoa portadora de deficiência, sendo a efetivação do mesmo um dos objetivos fundamentais da República (art. 3º da CF/88). Verificou-se, ainda, que o exercício deste direito está ligado diretamente ao princípio jurídico da igualdade, materialmente considerado. Por fim, restou inconteste que, para o alcance do primado de igualdade de oportunidades, constitucionalmente previsto, há a necessidade da adoção de ações positivamente discriminatórias (ações afirmativas), propiciando o equilíbrio das desigualdades, com o abandono da neutralidade estatal.

Para se apontar, todavia, tais medidas positivas é necessário detectar-se os elementos, as barreiras, que comumente têm servido de obstáculos para o acesso da pessoa portadora de deficiência ao mercado de trabalho. Ou seja, após termos verificado qual o tratamento dado pela doutrina e pela legislação, em todos os seus níveis, acerca do direito ao trabalho das pessoas portadoras de deficiência, imperioso é o exame da repercussão desses preceitos, especificamente os legais, no mundo concreto, e só assim apontar as debilidades do sistema.

---

[321] Hannah Arendt, *A condição humana*, p. 16.

Devaneadora, portanto, seria a abordagem do direito ao trabalho das pessoas portadoras de deficiência sem que se fizesse referência às estatísticas sobre emprego e oportunidades de trabalho no contexto brasileiro.

Inicialmente, é impreterível distinguir: uma coisa é o propósito do legislador; outra é a realidade existente. Nós integramos uma sociedade que pretende ver observado o postulado de trabalho com dignidade e qualidade de vida, mas essa intenção, infelizmente, não nos parece estar sendo observada inteiramente no plano concreto das ocorrências.

A década de 90 ficou conhecida, mundialmente, como a década do desemprego. O Brasil neste período, produziu um desempregado a cada 68 segundos.[322] O Brasil perdeu, de 1990 a junho de 1996, mais de dois milhões de empregos formais, contra o surgimento de quase 10 milhões de pessoas aptas ao trabalho, o que acabou provocando o crescimento do mercado informal[323]. No início do ano de 1999, o IBGE (Instituto Brasileiro de Geografia e Estatística) registrava desemprego médio recorde de 7,59% da PEA (População Economicamente Ativa) em 1998, prevendo um índice próximo dos 10% para o ano de 1999[324], previsão esta que vem se confirmando nos meios de comunicação e institutos oficiais de pesquisa que divulgam taxas de desemprego cada vez mais elevadas.[325]

Apesar das evidentes causas estruturais e conjunturais de desemprego[326], tais como elevados encargos sociais, as altas taxas de ju-

---

[322] Cf. Folha de S. Paulo de 1º de maio de 1998.

[323] Cf. Folha de S. Paulo. São Paulo, ed. de 15.setembro.1996, p. 1-8.

[324] Cf. Folha de S. Paulo. São Paulo, ed. de 29.janeiro.1999, p. 2-8.

[325] Dados do IBGE (www.ibge.net/brasil) informam que as taxas de desemprego durante o ano de 2000 ultrapassaram os 8% da população economicamente ativa.

[326] Cf. Folha de S. Paulo. São Paulo, ed. de 15.setembro.1996, p. 1-8. Georgenor de Sousa Franco Filho — *Globalização e Desemprego*, pp. 126-127 — após classificar os tipos de desemprego como: *sazonal*, *friccional*, *conjuntural* e *estrutural*, elucida que: "No Brasil, são evidentes as causas conjunturais e estruturais do desemprego. Conjunturalmente, podem ser identificados os elevados encargos sociais, as diferenças cambiais, as altas taxas de juros e a falta de investimento efetivo no campo, de modo a empregar o trabalhador rural. As causas estruturais são: a *globalização da economia* com todos os seus efeitos sobre a competitividade dos mercados, inclusive a dos produtos importados entrados regularmente ou não no mercado interno de consumo; *falência do Estado* que não conseguiu reduzir sua imensa e, geralmente, ineficaz máquina; *rigidez de legislação trabalhista e obsolescência do Direito*, com excesso de normas de pouca eficácia e recente utilização de novas técnicas, incluindo a automação e a informatização".

ros, globalização da economia etc., nota-se que, atualmente, o mercado de trabalho está exigindo um novo perfil do trabalhador. O mundo do trabalho não aceita mais pessoas apenas com habilidades específicas. O mercado está mais exigente, no sentido de demandar um trabalhador que tenha formação básica sólida, que seja mais criativo, preparado para trabalhar em equipe, que seja mais versátil capaz de exercer funções diferentes e de ocupar postos diferenciados. Para manter um bom nível de empregabilidade são necessários o aprimoramento e capacitação contínuos.

As pessoas portadoras de deficiência, dentro desse novo contexto, estão, na prática, submetidas às mesmas exigências impostas aos trabalhadores não-portadores de deficiência. Entretanto, devido à história de segregação e de isolamento em que têm vivido neste país, como em tantos outros, encontram-se ainda mais distantes do perfil exigido.

Assim, a realidade inexorável é que grande maioria das pessoas portadoras de deficiência no Brasil, independentemente do regime de cotas, não se encontra apta para participar do mercado de trabalho.

No Brasil, ao aplicar-se a média mundial de 10%[327], chega-se ao número de mais 17 milhões de portadores de deficiência[328]. Das 17 milhões de pessoas portadoras de algum tipo de deficiência que vivem no Brasil, estima-se em 9 milhões as que estão em idade de trabalhar. Entretanto, aquelas que trabalham, no mercado formal ou informal, mal chegam a um milhão.[329]

Destaque-se que, dentro do que denominamos trabalho informal, a maioria dos trabalhadores é constituída de pedintes de rua, camelôs que trabalham irregularmente, vendedores de bilhetes

---

[327] Segundo a ONU 10% da população mundial é portadora de algum tipo de deficiência. *Apud* Folha de S. Paulo de 04.04.2001, pág. C. 10.

[328] Censo 2000, IBGE, "www.ibge.net". O Nordeste concentra 40% dos portadores de deficiência; o Norte, 14%; o Sudeste, 12%; o Sul, 18%; e o Centro-Oeste, 16%. (Ministério da Previdência e Assistência Social, *Atenção à pessoa portadora de deficiência na área de assistência social*, 1998). Pelos cálculos da Organização Mundial de Saúde, entre os portadores de deficiência existentes no Brasil, 50% têm limitações mentais; 20% portam deficiência física; 15%, de audição; 5%, visuais; 10%, deficiências múltiplas (*apud* José Pastore, *Oportunidades de trabalho para portadores de deficiência*, p. 72).

[329] IBGE, *Proporção da população de deficientes, com 10 anos ou mais que trabalha*, Censo Demográfico de 1991.

de loteria, distribuidores de adesivos nos semáforos e os que pedem dinheiro em nome de entidades que cuidam de portadores de deficiência.[330]

Sobre binômio falta de qualificação-trabalho informal, a realidade brasileira é sintetizada por *Steven Dubner*, fundador e coordenador da Associação Desportiva para Deficientes (ADD):

> *"Eu recomendo a meus 100 atletas que abandonem a aposentadoria paga pelo governo e se aperfeiçoem para conseguir trabalho melhor. Queremos empregos qualificados. Eu tenho mais de 2000 ofertas de emprego na minha mesa, mas eles não aceitam porque o salário é muito baixo.* Na rua, eles conseguem 1000 reais vendendo balas. Preciso qualificá-los para que consigam empregos que paguem mais que isso."[331] (sem destaque no original)

José Pastore, ao pesquisar sobre o número total de portadores de deficiência no Brasil trabalhando, esclarece que "se formos considerar como trabalho a atividade que é exercida de forma legal, com registro em carteira de trabalho ou de forma autônoma mas com as devidas proteções da seguridade social, é bem provável que essa proporção fique em torno de 2% do total de portadores de deficiência em idade de trabalhar do Brasil — 180 mil pessoas".[332] Destaca, ainda, o referido autor:

> *"No Brasil, o espaço de trabalho legal é muito limitado. Não deveria ser assim pois, afinal, apenas 2 milhões de portadores de deficiência em idade de trabalhar possuem limitações mais severas, e de difícil solução através de acomodações de baixo custo. Cerca de 7 milhões possuem limitações que, com acomodações razoáveis do ambiente do trabalho, da arquitetura e do transporte, teriam condições de trabalhar de forma produtiva* (Chagas, *1999). No entanto, a maior parte desse universo, nas pesquisas domiciliares, se considera como fora do mercado de trabalho."*[333]

Apesar de serem inúmeros os fatores que conspiram contra a inserção das pessoas portadoras de deficiência no mercado de trabalho, optamos neste Capítulo em apontar quais são as barreiras mais graves para o acesso ao mercado de trabalho deste grupo minoritário, barreiras estas que devem ser rechaçadas através de ações positivas a serem adotadas pelo Estado brasileiro.

---

330 Cf. José Pastore, *Oportunidades de trabalho para portadores de deficiência*, p. 73

331 Revista Exame de 15.11.2000, "Esforço olímpico", p. 23.

332 *Oportunidades de trabalho para portadores de deficiência*, p. 74.

333 *Ibidem*, pp. 75-76.

4.2. MEDIDAS POSITIVAS DESTINADAS À ELIMINAÇÃO DE BARREIRAS AO TRABALHO DA PESSOA PORTADORA DE DEFICIÊNCIA

4.2.1. Medidas positivas de educação

No Brasil, o atendimento aos portadores de deficiência no campo da educação é reconhecidamente precário. O Ministério da Educação estima que atualmente há seis milhões de crianças e jovens de até 19 anos com algum tipo de deficiência física ou mental no país. Apenas 5% deles estariam recebendo algum tipo de atendimento especializado na área educacional[334]. O restante está em casa, sem estudar ou então está em alguma instituição para deficientes.

Diante deste quadro, se a discriminação já é uma barreira suficiente para manter a pessoa portadora de deficiência isolada da sociedade, a falta de acesso à educação, quase sempre, o condena a uma vida sem perspectivas.

Apesar do direito à educação constitucionalmente garantido (inc. III, art. 208 da CF/88), e da obrigação de adaptação dos estabelecimentos de ensino, não se tem conhecimento de instituição de ensino regular do país que esteja totalmente adaptada para integrar as pessoas portadoras de deficiência. A realidade destas pessoas fica bem retratada no seguinte exemplo:

> *"Lara de Campos Siaulys, 20, foi recusada em muitas escolas durante sua vida escolar. Cega desde bebê, ela conta que a família teve que lutar muito para conseguir educá-la. 'As escolas nunca diziam não. Mas nos enrolavam, diziam para tentar outro lugar', diz ela. Hoje Lara faz faculdade de música na Unicamp e trancou a matrícula do curso de letras na PUC-SP (Pontifícia Universidade Católica de São Paulo). A estudante toca bateria, piano e violão. 'Existe professor que aponta para lousa e fala: 'Isso mais isso é igual a isso'. Mas isso o quê? Eu não vejo! Aí peço para ele dizer o que está mostrando'. (...) Lara diz que com ajuda dos professores e de equipamentos básicos, os cegos poderiam estudar em qualquer escola. 'Eles só precisam aprender a ler braile na infância, e depois, é tudo igual aos alunos comuns."*[335]

---

[334] Cf. Folha de S. Paulo, *"Por que os estudantes são barrados na escola"*, pág. 7-1, 12.7.99. Os dados levantados pelo Censo Escolar de 2000 identificaram apenas 280 alunos cursando as escolas regulares do Brasil (Censo Escolar 2000, *apud* José Pastore, *Oportunidades de trabalho para portadores de deficiência*, p. 76).

[335] Folha de S. Paulo, *"Por que os estudantes são barrados na escola"*, pág. 7-1, 12.07.99.

É claro que esta situação merece atenção especial por parte do Estado (União, Estados e Municípios), na medida em um quadro como este está diretamente ligado às dificuldades das pessoas portadoras de deficiência ingressarem no mercado de trabalho. Como deve proceder o Estado então? Investir na criação de "escolas especiais"? A resposta vem em termos relativos.

O atual debate travado entre os especialistas de educação tem se concentrado na chamada "educação inclusiva". Ou seja, defende-se que uma parcela expressiva dos portadores de deficiência curse escolas regulares, pois a inclusão com as demais crianças estimula as pessoas que têm limitações.[336]

Note-se que, quando em questão, a qualificação do futuro trabalhador para o mercado de trabalho, é inviável a idéia de utilização de classes ou escolas especiais, segregando ainda mais as pessoas portadoras de deficiência, educando-as em um mundo à parte.

Os discursos favoráveis à inclusão se apóiam, também, em argumentos que privilegiam o processo de socialização em detrimento da escolarização. Neste sentido, a educadora *Heloísa Barbosa* defende que "... educar indivíduos em salas de educação especial significa negar-lhes o acesso a formas mais ricas e estimulantes de socialização".[337]

Para a *Leny Magalhães Mrech*, pesquisadora e educadora da USP na área de psicologia e educação especial, a educação inclusiva é entendida como um *"processo social, onde todas as crianças portadoras de necessidades especiais e de distúrbios da aprendizagem têm o direito à escolarização o mais próximo possível do normal"*[338] (grifamos).

---

[336] Cf. Monique Franco, *Escola inclusiva: caminhos da norma ou da individuação, in O direito do deficiente*, p. 89. "Incorporar o aluno portador de deficiência física ou mental à dinâmica pedagógica do ensino regular é uma das propostas que fazem parte da teoria da *inclusão,* que começa a ganhar terreno no Brasil. Diferentemente da integração, paradigma predominante no país, a inclusão não prevê a existência de salas e esquemas de atendimento especiais para os deficientes. Estes passam a freqüentar as salas de aula regulares e participam, de acordo com suas capacidades e habilidades, das atividades propostas pelo professor. A teoria da inclusão se baseia em uma nova maneira de se conceituar as deficiências. Em 1992, a AAMR (sigla em inglês para Associação Americana de Retardamento Mental) estabeleceu as seguintes categorias de classificação: incapacidade, deficiência e desvantagem. Cada uma diz respeito a um tipo de problema — estrutural, social e funcional, respectivamente. Por exemplo, uma criança que tem síndrome de Down é enquadrada na categoria 'incapacidade' por já ter nascido com algum tipo de problema. A conceituação vigente antes da mudança baseava-se em níveis de deficiências e não em tipos. Os deficientes eram classificados em categorias como treinável, educável, severamente ou levemente prejudicado, dependendo do grau de problema" (Folha de S. Paulo de 24 de novembro de 1997).

[337] *Por que inclusão?*, p. 2, apud Monique Franco, ob. cit., p. 91.

[338] *O que é educação inclusiva*, http://www.regra.com.br/educacao/oqueen.htm.

A educação inclusiva, entretanto, deve continuar levando em consideração as peculiaridades de cada aluno portador de deficiência, como nos lembra o seguinte relato:

> *"A via-crúcis que Iraci Egual, 49, enfrentou para que sua filha, portadora da síndrome de Down, tivesse uma avaliação considerada justa mostra como é grande a distância entre a teoria e a prática quando o assunto é a integração de deficientes em salas comuns. No final do ano passado, Tatiana Egual, 11, foi reprovada na escola particular onde estudava. 'Só me avisaram que ela não estava acompanhando o resto da turma no final do ano. Não fizeram aula de reforço nem recuperação. Eles estavam avaliando a minha filha sem levar em conta a particularidade dela', reclama Iraci.*
>
> *Ao tentar rever a reprovação de Tatiane, Iraci ouviu duas vezes que deveria matriculá-la em uma escola para deficientes. 'Na escola e diretoria municipal de ensino onde fui reclamar me sugeriram isso, mas não aceitei', conta. Foi só com a ajuda do Ministério Público Federal, que exigiu que a escola a reavaliasse, que sua filha conseguiu não repetir de ano."*[339]

Diante do exposto, subjaz esta proposta de adoção de medidas por parte do Estado não só no sentido de incentivar a educação das pessoas portadoras de deficiência, mas também de tornar preponderante o modelo da educação inclusiva. Uma escola única, inclusiva, capaz de atender a todos, indiscriminadamente. A escola, nesse contexto, é um espaço de consenso, de tolerância para com os diferentes.

A experiência educacional cotidiana, ao lado de colegas não-portadores de deficiência deve ser encarada como elemento integrador, indispensável para a preparação do futuro trabalhador que irá se deparar, via de regra, com um mercado de trabalho "normal" e não "especial".

4.2.2. Medidas positivas de qualificação (habilitação e reabilitação)

Para as pessoas que adquiriram uma deficiência mais tarde na vida, quando já em idade produtiva, é essencial a adoção de medidas públicas e privadas voltadas ao seu retorno ao trabalho, seja na mesma função, seja em novos postos, compatíveis com as suas novas condições. Muitas vezes, entretanto, isto não ocorre, uma vez que é mais fácil para o trabalhador requerer a aposentadoria que

---

339 Folha de S. Paulo, "Escolas ampliam integração de deficiente", pág. C1, 02.06.2001.

continuar trabalhando no mercado formal. Já as pessoas que portam deficiências desde o nascimento ou desde a primeira infância, geralmente passam sua vida toda em condição social de segregação.[340]

A *reabilitação* é a atenção prestada aos portadores de deficiência, em geral, após um acidente, enquanto a *habilitação* é o conjunto de atividades voltadas para quem traz uma limitação de nascença e ainda para os que precisam se qualificar para desempenhar determinadas funções no mundo do trabalho.[341] O dispositivo legal mais recente que regula essa matéria é o Decreto n. 3.048/99 (regulamentador da Lei n. 8.213/91). O art. 137 do referido Decreto diz caber aos profissionais do INSS a responsabilidade de:

> "a) realizar a avaliação e a capacidade laboral dos portadores de deficiência;
>
> b) orientar e acompanhar a programação da habilitação e reabilitação;
>
> c) articular o INSS com a comunidade a fim de facilitar o ingresso e o reingresso dos portadores de deficiência no mercado de trabalho;
>
> d) pesquisar a oferta de vagas no mercado de trabalho e o desempenho dos portadores de deficiência nos processos de inserção e reinserção."

O art. 140 diz que, concluído o processo de reabilitação profissional, cabe ao INSS emitir um certificado indicando a função para a qual o reabilitado foi capacitado, sem prejuízo do exercício de outra para a qual se julgue capacitado. Esse artigo isenta o INSS de qualquer responsabilidade de manter o reabilitado no mesmo emprego ou em outro para o qual esteja em condições de trabalhar.

Apesar da previsão da responsabilidade do órgão previdenciário, contudo, pouco se tem feito no Brasil, considerando a grandiosidade do problema. Os gastos da previdência têm sido grandes, todavia, mal-direcionados.

É certo que a reabilitação é uma atividade complexa e de alto custo. Todavia, a manutenção pura e simples das pessoas portadoras de deficiência longe do mercado de trabalho, recebendo benefí-

---

[340] Cf. José Pastore, *Oportunidades de trabalho para portadores de deficiência, passim.*

[341] Segundo *José Pastore* — ob. cit., p. 99 — "A habilitação deve ser ministrada àquelas pessoas portadoras de deficiência, que necessitam de treinamento para ingressar na vida social ou, mesmo, que do mesmo necessitem para diminuir sua dificuldade de integração. A educação especial, as oficinas protegidas de trabalho e o treinamento fisioterápico representam exemplos de habilitação. A reabilitação tem a finalidade de cuidar dos que, alguma vez, tiveram habilitação e a perderam por qualquer motivo".

cios, é mais onerosa pois prolonga-se, via de regra, por toda a vida do beneficiado. Segundo *Pastore*, "nos países mais avançados, um dos grandes objetivos dos sistemas de seguridade social é acelerar a volta ao trabalho, o que estimula as agências de reabilitação a investir adequadamente na recuperação dessas pessoas"[342]. Esta é uma medida positiva que, indubitavelmente, confere efetividade ao direito ao trabalho da pessoa portadora de deficiência, sendo ainda relevante para as finanças da seguridade social.

A má gestão de recursos públicos destinados às pessoas portadoras de deficiência no Brasil é descrita, com riqueza de detalhes por *José Pastore:*

> *"No ano de 1998, só a Previdência Social destinou quase 3 bilhões aos portadores de deficiência física, sensorial e mental (MPAS, 1999a). Como ocorre em outros países, mais de 80% dos recursos destinaram-se ao pagamento de benefícios de prestação continuada a pessoas que estão impossibilitadas de trabalhar e que fazem parte de famílias comprovadamente carentes (renda* per capita *menor de ¼ de salário mínimo). Mas como os recursos da Previdência Social estão se tornando escassos, o valor dos benefícios não sobe, submetendo a vasta maioria dos portadores de deficiência a um estado de penúria. (...)*
>
> *Enquanto nos países mais desenvolvidos as políticas governamentais procuram potencializar a sinergia decorrente da combinação de vários esforços das instituições e das redes que lidam com os portadores de deficiência, o Brasil coloca praticamente todos os seus recursos para pagar benefícios precários. (...) Inexistem políticas públicas que estimulem as empresas a admitir e reabilitar. O atendimento do acidentado no trabalho, quando ocorre, é feito tarde demais, e com poucos recursos, o que amplifica, de maneira violenta, a probabilidade de o acidentado virar objeto de benefício vitalício da Previdência Social."* [343]

Em síntese, sem atendimento adequado nos sistemas de Saúde e Previdenciário, as pessoas portadoras de deficiência não têm como desenvolver condições básicas para uma vida independente, ato que encerra, na maioria dos casos, qualquer possibilidade de uma vida produtiva e feliz.

---

[342] José Pastore, *Oportunidades de trabalho para portadores de deficiência*, pp. 95-96. O autor reconhece, ainda, que "nos casos de deficiências mais severas, a reabilitação é demorada, e nem sempre bem-sucedida. Mas os novos equipamentos e as terapias modernas estão trazendo resultados positivos, chegando até mesmo a diminuir o número de portadores de deficiência e o período de afastamento no caso de reabilitação".

[343] Ob. cit., pp. 130-131.

A estrutura e a cobertura desses serviços são muito limitadas. São cerca de 30 centros de reabilitação para todo o país. No total são menos de 2.500 profissionais para atender as necessidades de todo o Brasil. Anualmente, mais de 100 mil portadores de deficiência solicitam ajuda, mas o atendimento mal ultrapassa a casa dos 50 mil. "Segundo os especialistas, 90% das cidades brasileiras não possuem nenhum serviço de reabilitação e as que têm, em geral, são instituições filantrópicas de pouco profissionalismo, ou particulares e, nesse caso, caríssimas".[344]

Não é demasiado enfatizar que a competência de uma pessoa portadora de deficiência qualificada (habilitada ou reabilitada) é igual e, freqüentemente, mais elevada que de um não-portador de deficiência, como nos mostram os seguintes exemplos:

> *"O sistema de aplicação de fundos do segundo maior banco privado do país, que tem um estoque de R$ 30,6 bilhões, é coordenado por um deficiente visual. Uma equipe de 11 deficientes físicos tem em suas mãos todo o monitoramento e controle de segurança do maior hospital da América Latina. E, se as cerca de 100 mil pessoas diariamente pela rua Boa Vista (antigo centro financeiro de São Paulo) percebem que as plantas estão vivas, as calçadas limpas e o lixo fora da vista, o crédito deve ser dado a um advogado que só se locomove em cadeira de rodas. Enfrentam as limitações impostas pela falta de visão ou pela dificuldade de locomoção, compensando a deficiência com rigor profissional pouco comum. Exercem funções importantes em grandes empresas, lidando direta ou indiretamente com a qualidade de vida de muitos cidadãos.*
>
> *'Há alguns profissionais deficientes que eu não troco por nenhum dos outros da segurança', diz Fabiano Ramim, chefe de segurança do Hospital Albert Einstein. Os 11 que trabalham nesse departamento são o coração do hospital. Além de monitorarem todas as câmeras de vídeo espalhadas pelo prédio, é desse 'quartel-general' que partem todas as ações para os mais diferentes problemas: de vazamento de água na pia do centro cirúrgico a princípio de incêncio."*[345]

Em resumo, o Estado brasileiro em lugar de gastar com benefícios a não-reabilitados deve intensificar os seus gastos na habilitação e na reabilitação. Neste caso, a ação positiva a ser privilegiada nos conduz a máxima Aristotélica no sentido de que "é mais fácil ensinar um aleijado a desempenhar uma tarefa útil do que sustentá-lo como indigente".[346]

---

[344] José Pastore, *Oportunidades de trabalho para portadores de deficiência*, p. 95.

[345] Folha de S. Paulo, "A competência está na cabeça e não na visão", p. 10-12.

[346] *Apud* Otto Marques da Silva, *A Epopéia Ignorada. A pessoa deficiente na história do mundo de ontem e hoje*, p. 97.

4.2.3. Política de incentivos fiscais

Como se tem defendido, é insuficiente a mera imposição legal de contratação de pessoas portadoras de deficiência, através de sistema de cotas, para que esteja assegurado o acesso das mesmas ao mercado de trabalho. O Estado não deve apenas *impor*, mas estimular a contratação, tornando-a mais atraente ao empregador. Como? Através de incentivos.

Um exemplo é redução das contribuições sociais na contratação de uma pessoa portadora de deficiência, ou mesmo a isenção das parcelas devidas pelo empregador. Neste caso, a isenção poderia ser concedida caso a empresa excedesse a cota legal.

José Pastore lembra que na Alemanha, por exemplo, os portadores de deficiência pagam apenas 25% das contribuições previdenciárias, e o próprio governo complementa o resto. [347]

Em outro enfoque, muitos empregadores hesitam em contratar pessoas portadoras de deficiência sob o argumento de são elevados os custos atinentes às adaptações necessárias no local de trabalho. Estes custos, por sua vez, poderiam ser deduzidos do imposto de renda da empresa ou mesmo integralmente subsidiados pelo Estado.

São medidas positivas de incentivo de fácil execução e que, com certeza, como repercutem na equação custo-benefício, para a qual está atenta o empresariado, só contribuírão para a efetividade do direito ao trabalho das pessoas portadoras de deficiência.

4.3. ADEQUAÇÃO DO MEIO AMBIENTE DO TRABALHO

Diz a canção de Chico Buarque e Edu Lobo que "todo mundo tem um irmão meio zarolho, teve escarlatina ou tem febre amarela, só a bailarina é que não tem".[348] A bailarina, sabemos todos, não existe, mas, paradoxalmente, as cidades e, especificamente, os locais de trabalho, foram construídos para ela, ou seja, para as pessoas fisica e mentalmente "perfeitas".

A questão ora abordada é essencial para a efetivação do direito ao trabalho da pessoa portadora de deficiência, pois determina,

---

[347] *Oportunidades de trabalho para portadores de deficiência*, p. 147.

[348] "Ciranda da Bailarina", Edu Lobo/Chico Buarque, 1982. — "Procurando bem Todo mundo tem pereba Marca de bexiga ou vacina E tem piriri, tem lombriga, tem ameba Só a bailarina que não tem E não tem coceira Berruga nem frieira Nem falta de maneira Ela não tem..." (1ª estrofe).

em última instância, a adaptação do portador de deficiência ao local de trabalho e, por via de conseqüência, a permanência do mesmo no emprego.

No campo do trabalho, a deficiência é muito mais determinada pela falta de um ambiente do trabalho equilibrado, adequado às necessidades da pessoa portadora de deficiência, do que pela presença de uma limitação pessoal. Por exemplo: se o imóvel onde está o local de trabalho possui escadas e portas estreitas, essa arquitetura constitui uma barreira para quem tem competência profissional, mas usa uma cadeira de rodas. Um meio ambiente do trabalho adaptado consistiria na construção de rampas e alargamento de portas. A partir daí, o desenvolvimento do trabalho da pessoa portadora de deficiência locomotora dar-se-ia em igualdade de condições com os demais trabalhadores ditos "normais".

Dentro do enfoque desta tese, o meio ambiente do trabalho deve ser entendido como "habitat laboral" no qual o trabalhador deve encontrar os meios com os quais há de prover a sua existência digna, proclamada por nossa Carta Magna (art. 1º, III)".[349]

O meio ambiente do trabalho, como já tivemos oportunidade de defender de forma pormenorizada em outra obra[350], constitui um dos aspectos que compõem o meio ambiente geral preconizado no *caput* do art. 225 da Constituição Federal de 1988,[351] o qual dispõe que *"o meio ambiente ecologicamente equilibrado é bem de uso comum do povo e essencial à sadia qualidade de vida"*. O meio ambiente, no referido dispositivo constitucional, é considerado em todos os seus aspectos, inclusive o do meio ambiente do trabalho.

Como se vê, a idéia de desenvolvimento equilibrado da vida em todas as suas formas, transmitida pelo art. 225 e incisos da

---

349 Sandro Nahmias Melo, *Meio ambiente do trabalho: direito fundamental*, p. 30. Rodolfo de Camargo Mancuso — *A ação civil pública: análise de alguns pontos controvertidos*, p. 59 — define meio ambiente do trabalho como "tudo que envolve e condiciona direta e indiretamente, o local onde o homem obtém os meios para prover o quanto necessário para a sua sobrevivência e desenvolvimento, em equilíbrio com o ecossistema".

350 *Meio ambiente do trabalho: direito fundamental*, pp. 17-20.

351 Os outros aspectos são: "I — *meio ambiente artificial*, constituído pelo espaço urbano construído, consubstanciado no conjunto de edificações (espaço urbano fechado) e dos equipamentos públicos (ruas, praças, áreas verdes, espaços livres em geral: espaço urbano aberto); II — *meio ambiente cultural*, integrado pelo patrimônio histórico, artístico, arqueológico, paisagístico, turístico, que, embora artificial, em regra, como obra do homem, difere do anterior (que também é cultural) pelo sentido de valor especial que adquiriu ou se impregnou; III — *meio ambiente natural*, ou físico, constituído pelo solo, a água, o ar atmosférico, a flora, enfim, pela interação dos seres vivos e seu meio, onde se dá a correlação recíproca entre as espécies e as relações destas com o ambiente físico que ocupam". José Afonso da Silva, *Direito ambiental constitucional*, p. 3.

Constituição Federal, realça a necessidade de interação do homem com o mundo natural, para que, num dado ecossistema, não se perca de vista que o ser humano ali radicado que tem tanto direito à vida quanto a fauna e flora ali ocorrentes. Sucintamente, a necessária defesa do tamanduá-bandeira[352] ou do mogno[353] em determinada região do País, deve ser gerenciada de modo a que haja igual preocupação com o homem ali vivente[354].

Neste diapasão, é possível concluir-se que o bem maior a ser tutelado é a vida saudável e, considerando esta premissa, assim como os aspectos do meio ambiente ressaltados na própria Carta Constitucional (natural, cultural, trabalho e artificial), podemos dizer, seguindo a classificação de *Celso Fiorillo*[355], que o meio ambiente, na Constituição do 1988, recebe uma tutela *mediata* e outra *imediata*. Neste sentido, o direito ao meio ambiente do trabalho equilibrado encontra guarida, de forma imediata, no inc. VIII, art. 200 da CF/88, *in verbis*:

> "Art. 200. Ao Sistema Único de Saúde compete, além de outras atribuições, nos termos da lei: (...)
>
> VIII — colaborar com a proteção do meio ambiente, *nele compreendido o do trabalho.*" (grifamos)

Nestes termos, da mesma forma que o acesso ao trabalho é um direito fundamental da pessoa portadora de deficiência, também o é (fundamental) o direito ao meio ambiente do trabalho equilibrado como aspecto integrante do meio ambiente geral previsto no *caput* do art. 225 da CF/88, uma vez que indissociavelmente ligado ao exercício do direito à vida. Neste sentido já tivemos a oportunidade de observar:

---

352 Espécie da fauna brasileira ameaçada de extinção. Fonte: IBAMA 1998, *apud* Almanaque Abril 1999, p.127.

353 Espécie da flora brasileira ameaçada de extinção. Fonte: IBAMA 1998, *apud* Almanaque Abril 1999, p.126.

354 Grande avanço é demostrado, na matéria ambiental, pela Constituição de 1988 em relação às suas predecessoras, uma vez que as Constituições de 1824, 1891, 1934, 1937, 1946, 1967 e Emenda Constitucional n. 1/69 (Constituição de 1969) não preconizaram, de maneira expressa, dispositivo de proteção ao meio ambiente. Ressalte-se, todavia, a existência de menções em alguns textos constitucionais sobre os bens ambientais, tal qual na Constituição de 1969 (parágrafo único do art. 180), que dispunha: "Ficam sob a proteção especial do poder público os documentos, as obras e os locais de valor histórico ou artístico, os monumentos e as paisagens naturais notáveis, bem como as jazidas arqueológicas".

355 Celso Antonio Pacheco Fiorillo, *Manual de Direito Ambiental e Legislação Aplicável*, pp. 54 e ss.

"A exigência da dignificação das condições de trabalho, consignada na Constituição de 1988, inverte uma ordem de prioridade histórica, colocando o homem como valor primeiro a ser preservado, em função do qual trabalham os meios de produção. Esta dignidade prevista no art. 1º, inc. III, da Constituição Federal, tendo como enfoque o ser humano-trabalhador, é essencial, assim como as condições de trabalho saudáveis, para alcançar-se o equilíbrio no meio ambiente de trabalho. Note-se, ainda, que o próprio art. 170 da Constituição, que trata sobre a ordem econômica, deixa clara a prevalência do homem sobre os meios de produção, na medida em que preconiza 'a valorização do trabalho humano'.

Destarte, *o direito ao meio ambiente do trabalho equilibrado, sob todos os prismas analisados* — como aspecto do meio ambiente geral ou como elemento essencial à vida, com qualidade e dignidade, do obreiro — *é um direito fundamental do trabalhador*".[356]

Ou seja, como regra, a pessoa portadora de deficiência necessita de meio ambiente de trabalho especial, adequado à sua deficiência (rampas para paraplégicos; marcações em *braile*, em máquinas e ferramentas de trabalho, para deficientes visuais etc.), para que o seu labor se dê em condições de igualdade com os demais trabalhadores.

Com relação ao meio ambiente de trabalho do portador de deficiência, alguns empresários ainda insistem na recusa em adaptar arquitetonicamente (§ 2º, art. 227 da CF/88) seus estabelecimentos de forma a permitir o acesso de portadores de deficiência de locomoção. O raciocínio em nada difere ao de governantes que defendem a impossibilidade de oferecimento de ensino público gratuito a deficientes mentais ou a cegos e mudos, brandindo com a Constituição o "inalienável direito ao exercício do poder discricionário", que lhes permite decidir quando e como aplicar os recursos financeiros.

No que tange aos óbices apresentados ao trabalho do portador de deficiência, em que pese a taxatividade do texto constitucional, concordamos com *Bobbio*, quando afirma que: "o mais forte argumento adotado pelos reacionários de todos os países contra os direitos do homem, particularmente contra os direitos sociais, não é a sua falta de fundamento, mas sua inexeqüibilidade."[357]

Por fim, o papa *João Paulo II* enfeixa, com clareza, a necessidade de atenção ao trabalho do portador de deficiência:

---

[356] *Meio ambiente do trabalho: direito fundamental*, p. 72.

[357] Norberto Bobbio, *A era dos direitos*, p. 24.

"Uma grande atenção deverá ser dedicada, como para todos os outros trabalhadores, às condições físicas e psicológicas do trabalho dos deficientes, à sua justa remuneração, à sua possibilidade de promoção e à eliminação dos diversos obstáculos. Sem querer esconder que se trata de uma tarefa complexa e não fácil, é de se desejar que uma concepção exata do trabalho no sentido subjetivo permita chegar-se a uma situação que dê à pessoa deficiente a possibilidade de sentir-se não já à margem do mundo e do trabalho ou a viver na dependência da sociedade, mas sim como um sujeito do trabalho de pleno direito, útil, respeitado na sua dignidade humana e chamado a contribuir para o progresso e para o bem da sua família e da comunidade, segundo as próprias capacidades."[358]

4.3.1. A "eliminação da deficiência" através da adequação do meio ambiente do trabalho

A importância da adequação do meio ambiente do trabalho às necessidades da pessoa portadora de deficiência é tão expressiva que, em certa medida, acaba por "eliminar a deficiência", ou melhor, acaba por eliminar a eventual limitação para o trabalho. Ora, se não existe qualquer limitação para o trabalho não há que se falar em "deficiência". Neste sentido, preleciona *José Pastore:*

"Entretanto, muitos problemas que afligem a vida dos portadores de deficiência têm origem na sociedade. Uma parte da redução da capacidade de andar, pensar, aprender, falar ou ver está ligada às limitações que possuem, é verdade. Mas uma boa parte decorre das barreiras que lhe são impostas pelo meio social. Isso é fácil de ser observado. Basta atentar para o fato de que, em muitos casos, a pessoa deixa de ser deficiente no momento em que a sociedade proporciona condições adequadas. É o que acontece com quem usa cadeira de rodas para se locomover e encontra na escola e no trabalho providências no transporte e na arquitetura — muitas vezes uma simples rampa de acesso.

Na prática, essa pessoa sai da categoria dos portadores de deficiência, o que significa dizer que a sociedade e a cultura desempenham um importante papel na própria definição, assim como na interpretação e superação das dificuldades dos portadores de deficiência. Com o avanço dos equipamentos auxiliares, muitas pessoas outrora definidas como portadoras de deficiência deixaram de sê-lo, e desempenham hoje atividades produtivas no mercado de trabalho regular."[359]

---

[358] Papa João Paulo II, *Encíclica Laborem Exercens*, Encíclicas do Papa João Paulo II, p. 142.

[359] *Oportunidades de trabalho para portadores de deficiência*, pp. 13-14.

Atualmente talvez um dos maiores exemplos de "eliminação" de deficiências, através de um meio ambiente do trabalho adequado, está na evolução da informática. Com esta nova aliada muitas deficiências foram compensadas deixando, para determinada atividade laboral, de existir.

O próprio avanço tecnológico permitiu a travessia entre o trabalho baseado na força física e o trabalho fundado na força das idéias. A redução das exigências motoras decorrentes da evolução tecnológica ampliou a possibilidade de trabalho para os portadores de deficiência, em especial para aqueles que apresentam limitações físicas e sensoriais.[360]

Na área tecnológica, podemos constatar diversos exemplos bem sucedidos, tais como: substituição de teclados por pedais, braços computadorizados, teclados com figuras que substituem letras e significam palavras, gargantilhas com interruptores para comando de computadores, faixas para cabeça com *laser* que controlam sintetizadores de voz, desenvolvimento de impressoras em *Braile* entre outros.[361]

Na verdade, os próprios ambientes de trabalho, outrora construídos para abrigar força muscular e a movimentação de grandes máquinas, estão sendo redesenhados de forma a abrigar menos energia física e mais concentração mental. "Costuma-se dizer que, para os não-portadores de deficiência, as novas tecnologias tornaram o trabalho mais fácil; para os portadores de deficiência, eles tornaram o trabalho possível".[362]

Com relação ao avanço da informática, milhares de pessoas utilizam hoje o microcomputador para compensar as suas deficiências. É inegável que o equipamento tem sido um grande aliado dos portadores dos mais variados tipos de deficiência. Alguns depoimentos são ilustrativos, como os feitos sobre a criação do sistema DOSVOX, pela Universidade Federal do Rio de Janeiro, o qual permite que as pessoas portadoras de deficiência visual utilizem um microcomputador comum para desempenhar uma série de tarefas:[363]

> *"O Brasil, grande produtor de cegos, finalmente começa a fazer algo diferente. Produzir ferramentas para a nossa integração, depois*

---

[360] *José Pastore*, ob. cit., p. 86.

[361] Cf. Rosana Naomi Santo Echigo, *O deficiente e o mercado de trabalho: contratando também portadores de deficiência*, p. 100.

[362] *José Pastore*, ob. cit., p. 87.

[363] Cf. Rosana Naomi Santo Echigo, *O deficiente e o mercado de trabalho: contratando também portadores de deficiência*, pp.101-103.

do sistema Braile de escrita e do Imperial Instituto dos Meninos Cegos, atual Instituto Benjamin Constant, a tecnologia nos traz a leitura dos mananciais da Internet pelo companheirismo do DOSVOX. O potencial do DOSVOX não se vai esgotar, se todos pensarmos numa nova utilidade para ele dia após dia."[364]

"Quanto ao sistema operacional DOSVOX, tenho a dizer que este software não apenas mudou mas operou uma verdadeira revolução em minha vida. Antes dele, eu não sabia o que era um computador, nem como funcionava a máquina e a sensação de independência que experimentei me levou às lágrimas, quando usei pela primeira vez para redigir uma ata. Com a prática que adquiri na operacionalização desse sistema, já me permite ajudar aos meus companheiros."[365]

O sistema tem sido aperfeiçoado a cada nova versão, implementado por programadores portadores de deficiência visual, também usuários da própria criação. O sistema "conversa" com o portador de deficiência visual em português, sem sotaque e lhe propicia facilidades no manuseio do computador que seriam impossíveis sem a adoção do programa.[366]

O trabalho das pessoas portadoras de deficiência, como se vê, passa por uma grande revolução. A adequação do meio ambiente do trabalho, através das novas tecnologias, surge como uma grande promessa para aumentar a contratação de pessoas portadoras de deficiência.

4.3.2. A eliminação das barreiras arquitetônicas

A pessoa portadora de deficiência, entretanto, não enfrenta barreiras físicas apenas no seu meio ambiente de trabalho. Os obstáculos físicos surgem muito antes de se chegar ao local de trabalho. O trajeto casa-trabalho-casa pode constituir um dos maiores óbices ao emprego, especialmente para as pessoas portadoras de deficiência locomotora.

Ressalte-se que a pouca possibilidade de deslocamento implica diretamente na redução de chances de obter e manter trabalho, limitando o número de profissões nas quais a pessoa portadora de deficiência possa atuar, ao reduzir o seu raio de locomoção às proximidades de sua casa.

---

[364] M. D. K. programador de computador, portador de deficiência visual, *apud* Rosana Naomi Santo Echigo, *O deficiente e o mercado de trabalho: contratando também portadores de deficiência*, p.102.

[365] A. K. S., bibliotecário e pedagogo, portador de deficiência visual, *apud* Rosana Naomi Santo Echigo, ob. cit., p.103.

[366] Cf. *Rosana Naomi Santo Echigo*, ob. cit., pp.103-108.

Mais uma vez, constatamos a falta de eficácia de um mandamento constitucional, notadamente o § 2º do art. 227 da Constituição Federal de 1988 e o art. 244 das Disposições Constitucionais Gerais, estabelecendo este que:

> "a lei disporá sobre a adaptação dos logradouros, dos edifícios de uso público e dos veículos de transporte coletivo atualmente existentes a fim de garantir acesso às pessoas portadoras de deficiência, conforme disposto no art. 227, § 2º."

Em que pese, todavia, a imperatividade do dispositivo constitucional, a realidade da pessoa portadora de deficiência no Brasil no que tange às barreiras arquitetônicas é tormentosa. Dentro do enfoque de dificuldades de locomoção, cumpre registrar o martírio imposto pelos transportes públicos. O acesso a eles é difícil, pois estes possuem altos degraus e passagens estreitas com roletas obrigando a pessoa portadora de deficiência a entrar sempre pela frente e com a ajuda de outras pessoas, minando, assim, a sua autonomia e sua auto-estima.

Escadas, mesas muito altas e próximas umas das outras, degraus, meios-fios sem rebaixamento, banheiros sem adaptação. Estes também são alguns dos obstáculos enfrentados especialmente por portadores de deficiência física em todo o país. A dificuldade de locomoção, e, por via de conseqüência, de acesso ao local de trabalho é ricamente demonstrada nos seguintes exemplos:

> *"A autora do primeiro guia para deficientes físicos ('Guia SP Adaptada', Ed. O nome da Rosa) não dá uma volta em Higienópolis, bairro onde mora, há três meses.*
>
> *Andrea Schwarz, 25, que avaliou mais de 590 estabelecimentos em São Paulo a partir do critério da acessibilidade, não consegue sair sozinha de casa — a única rampa de acesso do próprio prédio, que fica na garagem, é íngreme demais para ser usada por alguém com cadeira. 'O carro é a minha salvação. Se não fosse ele, provavelmente ficaria em casa'. Andrea faz parte de uma minoria dos cerca de 1,5% de portadores de deficiência física que são proprietários de carros adaptados. 'Sem carro, a pessoa sai de casa uma, duas vezes, depois desiste, o sentimento de indignação é muito grande, diz Andrea.*
>
> *'Nunca saí sozinho. Acho que, se tentar algum dia, eu me perco. Como vou pegar um ônibus ou trem, tendo de subir e descer escadas?', questiona o representante comercial autônomo Robson Duarte da Silva, 26, que interrompeu os estudos durante seis anos e ficou sem entrar em um cinema por mais de um ano. Hoje ele trabalha e estuda porque conta com a ajuda — e o carro — do pai. 'O transporte público é inacessível, e a cidade intransitável', resume o presidente*

do Conselho Municipal da Pessoa Deficiente (SP), Gilberto Frachetta, 60, usuário de cadeira de rodas (ou cadeirante) há mais de 26 anos por conta de um acidente automobilístico. A lei determina que 10% dos ônibus da cidade de São Paulo sejam adaptados para portadores de deficiência física. Há cerca de 219 ônibus adaptados, diz Frachetta. 'Quase 80% das linhas não têm nenhum ônibus adaptado; isso é um descaso muito grande'.

Quanto às calçadas de São Paulo, ele estima que menos de 5% tenham guia rebaixada (a maior parte no centro e nas grandes avenidas). 'Isso sem contar os buracos, os semáforos que abrem e fecham muito rapidamente, a falta de respeito dos demais cidadãos' lamenta."[367]

Não se pode olvidar que o deslocamento de portadores de outros tipos de deficiência na estrutura urbana de qualquer cidade brasileira não é menos tormentoso.

Uma proposta de intervenção positiva neste aspecto, entre muitas outras possíveis, seria a oferta de transporte coletivo especial para as pessoas portadoras de deficiência com conforto e segurança, mediante cadastramento por bairro em função da demanda existente.

4.4. GARANTIAS FUNDAMENTAIS DO DIREITO AO TRABALHO DA PESSOA PORTADORA DE DEFICIÊNCIA

"O problema fundamental em relação aos direitos do homem, hoje, não é tanto o de justificá-los, mas o de protegê-los. Trata-se de um problema não filosófico, mas político." (Norberto Bobbio)[*]

4.4.1. Noção geral das garantias

Reiterando, o direito ao trabalho das pessoas portadoras de deficiência é um dos mais importantes e fundamentais direitos dessa expressiva parcela da população, o qual, se desrespeitado, provoca agressão a toda a sociedade na medida em que esta, em última instância, é quem custeia a Previdência Social, mantenedora de benefícios conferidos aos ditos "inválidos".

Assim sendo, defendemos, ao longo do presente estudo, o abandono da neutralidade estatal e a utilização de ações afirmativas como veículo de efetivação deste direito fundamental, como verdadeiro instrumento da igualdade jurídica em sua vertente material.

---

[367] Folha de S. Paulo de 14 de março de 2001, suplemento folha equilíbrio, p. 8.

[*] *A era dos direitos*, p. 24.

Todavia, resta evidente que a realidade brasileira, além das propostas defendidas neste trabalho, exige ações imediatas que possam garantir, com urgência, certa efetividade ao direito ao trabalho das pessoas portadoras de deficiência; direito fundamental registre-se uma vez mais. E os direitos fundamentais, como adverte *Celso Bastos*, "tornar-se-iam letra morta se não fossem acompanhados de *ações judiciais* que pudessem conferir-lhes uma eficácia compatível com a própria relevância dos direitos segurados"[368] (grifamos).

Como já por nós defendido em outra obra[369] essas ações judiciais que visam garantir a efetivação dos *direitos fundamentais* são as *garantias fundamentais*, previstas constitucionalmente.

Para sustentar tal assertiva, fizemos uso das seguintes conclusões de juristas renomados:

> "*José Afonso da Silva,* lembrando *Maurice Hauriou*, afirma não bastar que 'um direito seja reconhecido e declarado, é necessário garanti-lo, porque virão ocasiões em que será discutido e violado', concluindo, com lição de *Rui Barbosa*, que: 'uma coisa são os direitos, outras as garantias, pois devemos separar, 'no texto da lei fundamental, as disposições meramente declaratórias, que são as que imprimem existência legal aos direitos reconhecidos, e as disposições assecuratórias, que são as que, em defesa dos direitos, limitam o poder'. No entender do autor, aquelas consagram direitos; estas, por sua vez, as garantias.
>
> *Meirelles Teixeira*, ao tratar de direitos e garantias fundamentais, deixa claro que estas são 'dispositivos constitucionais que não declaram, não configuram qualquer direito específico, nenhum bem jurídico, ou esfera de liberdade mas contêm apenas técnicas ou remédios jurídicos destinados à proteção dos direitos individuais' (ou direitos fundamentais, conforme a nomenclatura da Constituição de 1988).
>
> Apesar de todo o exposto, com relação à posição da doutrina quanto aos sentidos distintos de direitos e garantias fundamentais, cumpre registrar a ressalva feita por *Canotilho*, ao advertir que: 'rigorosamente, as clássicas garantias são também direitos, embora muitas vezes se salientasse nelas o caráter instrumental de proteção de direitos — distinguindo, no âmbito da Constituição Portuguesa, entre meios de defesa jurisdicionais e não jurisdicionais'. Neste mesmo sentido aponta *Manoel Gonçalves Ferreira Filho* que 'as próprias garantias em sentido estrito são de determinado ângulo direitos fundamentais. Sim porque

---

368 Celso Ribeiro Bastos, *Curso de Direito Constitucional*, p. 210.

369 *Meio ambiente do trabalho: direito fundamental*, pp. 103-104.

há um direito (...) a recorrer ao Judiciário, a impetrar mandado de segurança ou requerer *habeas corpus*. São direitos subjetivos à garantia: direitos-garantia, portanto'.

Celso Bastos pontua que as garantias constitucionais, 'nada obstante também se constituírem em direitos, são direitos de ordem processual, são direitos de ingressar em juízo para obter uma medida judicial com força específica ou com celeridade não encontrável nas ações ordinárias'. Para o autor, a Constituição de 1988 elenca as seguintes garantias constitucionais: o *Habeas Corpus*; o Mandado de Segurança Individual e Coletivo; o Mandado de Injunção; a Ação Popular; o *Habeas Data* e a Ação Civil Pública".[370]

Com relação ao direito ao trabalho das pessoas portadoras de deficiência, apesar dos avanços expressivos da Constituição de 1988, criando o mandado de segurança coletivo, o mandado de injunção e o *habeas data*, cumpre destacar um instrumento jurídico que também não constava de nossas Constituições anteriores mas já era disciplinado pela Lei n. 7.347/85: *a ação civil pública*. Esta ação ganhou com a Constituição de 1988 *status* constitucional, incluída a sua promoção entre as funções institucionais do Ministério Público (art. 129, III). A ação civil pública tem sido utilizada largamente como meio de proteção do direito ao trabalho das pessoas portadoras de deficiência, razão pela qual julgamos necessário estudo de seus meandros[371].

Destacamos, ainda, a opinião de *Manoel Gonçalves Ferreira* Filho no sentido de que a ação civil pública, assim como a ação popular, "não é verdadeiramente uma garantia constitucional, mas faz às vezes na hipótese consagrada no art. 129, III: 'Para a proteção do patrimônio público e social, do meio ambiente e de *outros interesses difusos e coletivos*'." (grifamos)[372]

Abstraída esta questão semântica, é inegável a contribuição da ação civil pública para a efetivação do direito fundamental ao trabalho das pessoas portadoras de deficiência, o que, sem dúvida, atribui-lhe o sentido de "garantia fundamental". No mais, o § 2º do art. 5º da Constituição é claro ao preconizar que "os direitos e *garantias* expressos nesta Constituição não excluem outros decorrentes do regime e dos princípios por ela adotados (...)" (grifamos), sendo, portanto, totalmente pertinente a classificação da ação civil pública como *garantia fundamental*.[373]

---

[370] *Meio ambiente do trabalho: direito fundamental*, p. 104

[371] Sandro Nahmias Melo, *Meio ambiente do trabalho: direito fundamental*, p. 105.

[372] *Direitos Humanos Fundamentais*, p. 154.

[373] Sandro Nahmias Melo, *Meio ambiente do trabalho: direito fundamental*, p. 105.

Apesar da incontestável importância da ação civil pública, controvérsias têm surgido sobre que órgão judiciário seria competente para apreciar as ações envolvendo os interesses, atinentes às oportunidades de trabalho, das pessoas portadoras de deficiência.

Com relação aos pontos mais candentes de tais controvérsias podemos sintetizar que:

1) o Ministério Público do Trabalho é parte legítima para propor ação civil pública em defesa do direito ao trabalho das pessoas portadoras de deficiência;[374]

2) a Justiça do Trabalho é competente para conhecer e julgar ação civil pública versando sobre preceito que cuida da acessibilidade ao mercado de trabalho de trabalhadores portadores de deficiência;

3) a competência funcional para apreciação de ação civil pública é da Vara do Trabalho e não do Tribunal Regional do Trabalho.[375]

---

[374] São entes legitimados, concorrentemente, para a propositura da ação civil pública, segundo a Lei n. 7.347, de 24 de julho de 1985 (art. 5º e incisos), o Ministério Público, a União, os Estados, os Municípios, as autarquias, as empresas públicas, as fundações, as sociedades de economia mista e as associações civis (preenchidos os requisitos dos incisos I e II do art. 5º). Com relação a estas últimas, cumpre destacar a natureza de associação civil dos sindicatos que possuem, portanto, legitimidade ativa para propor ação civil pública em face ao dano causado no meio ambiente do trabalho, que provoque degradação da qualidade do ambiente e que, direta ou indiretamente, prejudique a saúde, a segurança e o bem-estar dos trabalhadores pertencentes à categoria que representa. A questão que ultimamente tem suscitado maior controvérsia é sobre a legitimidade do Ministério Público do Trabalho para propor ação civil pública em defesa do meio ambiente do trabalho. Defendem, aqueles que contestam a legitimidade do MPT basicamente que: a) quando em questão a tutela de interesses coletivos, estes devem ser defendidos pelos sindicatos (CF/88, art. 8º, III); b) ser da competência dos Ministérios Públicos Estaduais a propositura de ação para prevenção e reparação de danos ao meio ambiente do trabalho, associando este à questão dos acidentes de trabalho. Inicialmente, padece de fragilidade o argumento de que, na defesa dos interesses coletivos, apenas os sindicatos teriam legitimidade para propor a ação civil pública, na medida em que o próprio art. 5º e incisos da Lei n. 7.347/85 (Lei de Ação Civil Pública), ao elencar os legitimados, deixa claro que tal legitimação é concorrente. O próprio conceito de ação civil pública, apresentado por R*odolfo Mancuso* deixa patente esta co-legitimação: *"o meio processual de natureza não penal, apto à instrumentação judicial dos interesses metaindividuais, socialmente relevantes, e, mesmo quando de natureza individual, desde que qualificados pela nota da indisponibilidade ou homogeneizados pela origem comum, uns e outros portados em Juízo pelos co-legitimados credenciados pelo legislador como 'representantes adequados', atuando em caráter concorrente-disjuntivo"* (grifamos). No mais, não há a menor dúvida de que o Ministério Público é o grande responsável pela expansão da credibilidade da ação civil pública, mas, em que pese a instituição "una e indivisível" (CF, art. 127, § 1º), fato é que existe o *parquet* específico no ramo trabalhista, cujas atribuições, naturalmente, acabam afetadas pela competência mesma dessa Justiça especializada (Lei Complementar Federal n. 75/93, art. 83 e incisos).

[375] Para os defensores da competência originária do Tribunal Regional do Trabalho, parte-se da consideração de que a competência das Varas é típica de jurisdição singu-

O posicionamento jurisprudencial em voga com relação à competência da Justiça do Trabalho fica claro no acórdão a seguir referido:

"Ação Civil Pública — Portadores de deficiência — Reserva de vagas.

1 — O Ministério Público é parte legítima na defesa dos interesses difusos ou coletivos, conforme previsto no art. 129, III, da Constituição Federal.

2 — Competência — A Justiça do Trabalho é competente para conhecer e julgar ação civil pública, fundada na Lei n. 8.213/91, envolvendo a aplicação de preceito que cuida da acessibilidade dos portadores de deficiência ao mercado de trabalho" (TRT 5ª Região, RO 01.07.97.2585-50 — Ac. 1ª T., n. 4.950/99, Rel. Juíza Ilma Aguiar)[376].

A fundamentação do voto da Juíza Ilma Aguiar é elucidativa, merecendo ser transcrita:

"Peliminar de incompetência em razão da matéria. A recorrente suscita tal preliminar, no pressuposto de que a matéria em debate refoge à competência da Justiça do Trabalho, por não envolver conflito entre emprego e empregador.

O tema em exame é tipicamente trabalhista, tanto mais que envolve o cumprimento de norma de grande alcance social, de evidente caráter coletivo. Trata-se, pois, de Direito Social do Trabalho. Com efei-

---

lar, tendo como atribuição natural o julgamento de dissídios individuais. Considerando que aos Tribunais cabe a análise dos dissídios coletivos e dada a similitude da ação civil pública com estes, deveria ser a ACP julgada pelos Tribunais. Sobre este aspecto, abstraída a questão sobre o afirmado símile entre o dissídio coletivo e a ação civil pública trabalhista, imperioso registrar que os casos de competência originária de Tribunal (competência funcional por grau de jurisdição), constituem exceção. Assim sendo, não há que se falar em uma exegese ampliativa, para que se alcançassem, via analogia, hipóteses não contempladas na norma processual ou de organização judiciária. Neste mesmo sentido decidiu o Tribunal Regional do Trabalho da 2ª Região: *"Da ação civil pública. Legitimidade do Ministério Público. Lei Complementar n. 75/93, arts. 83, III, 84, 6º, VII, letra "d", Lei n. 7.347/85, art. 5º, Lei n. 8.078/90, art. 81. Da legitimidade do Ministério Público — A legitimidade do Ministério Público se impõe em se tratando de interesse puro ou individual homogêneo, quando em discussão o interesse de uma coletividade. 'A classificação de um direito como difuso, coletivo, individual puro ou individual homogêneo é o tipo de tutela jurisdicional que se pretende quando se propõe a competente ação judicial. O mesmo tipo pode dar ensejo à proteção difusa, coletiva e individual.' (*Nelson Nery Jr.*). 2. Da competência funcional — A competência funcional para a apreciação de ação civil pública é da Junta de Conciliação e Julgamento, no local onde ocorrer o dano (art. 2º da Lei n. 7.347/85). Os Regionais, excepcionada a competência funcional para a rescisória, ação anulatória, mandado de segurança,* habeas corpus, *têm competência funcional revisora, não originária" (grifado no original — Processo TRT/SP n. 02.97.032714-1, Rel. Francisco Antônio de Oliveira).*

[376] Revista do Ministério Público do Trabalho, ano X, n. 19, Março de 2000.

to, a competência da Justiça do Trabalho para conhecer e julgar a Ação Civil Pública, quando subjacente um conflito de natureza trabalhista, decorre da regra do artigo 114 da Carta Magna.

Versando a questão sobre a aplicação do preceito que cuida da acessibilidade ao mercado de trabalho de trabalhadores portadores de deficiência, afigura-nos claro, cristalino, que o interesse a tutelar se insere no âmbito da competência constitucional conferida à Justiça do Trabalho.

Em síntese, a Ação proposta visa compelir a Ré ao cumprimento do art. 93 da Lei n. 8.213/91 que estabelece que as empresas devem preencher os seus cargos com beneficiários reabilitados ou pessoas portadoras de deficiência, habilitados, na proporção de 2% a 5% conforme previsão legal, observando o número de empregados que tenha tal empresa.

Veja-se que a disposição legal citada se inspira e está vinculada à regra constitucional que cuida da proibição de discriminação do portador de deficiência no mercado do trabalho. É, destarte, competente a Justiça do Trabalho para apreciar a questão." [377]

4.5. A ATUAÇÃO DO MINISTÉRIO PÚBLICO DO TRABALHO

Digna de registro tem sido a atuação do Ministério Público do Trabalho (MPT) em defesa do direito ao trabalho das pessoas portadoras de deficiência, principalmente em atos que antecedem a eventual propositura de uma ação civil pública.

O MPT tem realizado, no país inteiro, inúmeras reuniões de conscientização para criação de estruturas possibilitadoras do acesso das pessoas portadoras de deficiência no mercado de trabalho. Tais eventos têm reunido o empresariado e as entidades representativas de pessoas portadoras de deficiência com o objetivo de discutir estratégias para facilitar a contratação de pessoas portadoras de deficiência.[378]

Empresas também são convocadas a comparecer perante o Ministério Público do Trabalho com o fito de comprovar o cumprimento dos percentuais previstos em lei. Para as que estão em desconformidade com a lei, o MPT, via de regra, propõe que seja firmado termo de compromisso, para que, em tempo razoável se atenda à legislação pertinente. A empresa se compromete perante o Ministério Público do Trabalho, basicamente, a assumir as obrigações previstas no seguinte exemplo:

---

[377] Fonte: Revista do Ministério Público do Trabalho, ano X, n. 19, março de 2000, p. 7.

[378] Os resultados de tais reuniões são divulgados através do *site* www.pgt.mpt.gov.br.

"1. A empresa se compromete, no momento em que houver necessidade de novas contratações de empregados, a oficiar o SINE ou serviços de reabilitação do INSS ou CAAD (Coordenadoria de Apoio ao Deficiente Físico ...), mediante protocolo, indicando a disponibilidade de vagas e exigências necessárias para ocupá-las, visando buscar candidato que se enquadre nos termos do art. 93 da Lei n. 8.213/91 (beneficiário habilitado/reabilitado ou portador de deficiência), cabendo a tal órgão indicar por escrito os eventuais candidatos, no prazo de 20 (vinte) dias;

2. No caso de resposta negativa do SINE ou do Serviço de Reabilitação do INSS ou do CAAD, através de certidão negativa, esta terá validade de 60 (sessenta) dias; período no qual a empresa fica dispensada de novas consultas para o mesmo cargo;

3. Em caso de existência de candidato a emprego, beneficiário habilitado/reabilitado portador de deficiência, a empresa se compromete a contratá-lo preferencialmente, desde que atendidos os requisitos do cargo e avaliações, quando existentes testes seletivos. No caso da existência de teste seletivo, tal informação deverá constar no ofício remetido ao SINE ou Serviço de Reabilitação do INSS ou CAAD, na forma do item 1;

4. A Empresa fica isenta da obrigação do item '1', pelo prazo de 60 (sessenta) dias, a contar da data de encaminhamento de candidato pelos órgãos acima em caso de contratação ou recusa dos candidatos;

5. Caso preenchido o percentual legal, inscrito no art. 93 da Lei n. 8.231/91, no momento de nova contratação, a empresa está dispensada da obrigação dos itens 1 a 3;

6. O presente Termo de Compromisso deverá ser efetivado no prazo máximo de 30 (trinta) dias de sua assinatura, no caso de já existirem vagas disponíveis, ou no momento da abertura de vagas por dissolução dos antigos contratos de emprego;

7. O presente Termo de Compromisso tem validade por dois anos;

8. MULTA — O requerido sujeitar-se-á de multa no valor de 1000 (mil) UFIR's (ou qualquer índice que por lei o substituir), confessado e possível de ser inscrita na Dívida Ativa da União — Lei n. 6.830/80, por ato praticado em relação a cada empregado em descumprimento ao ora avençado;

9. Tal multa, caso incida, será reversível ao FAT — Fundo de Amparo ao Trabalhador, nos termos dos arts. 5º, § 6º e 13 da Lei n. 7.347/85, nos moldes da Lei n. 6.830/80 tida confessada, nos moldes da Dívida Ativa da União, tendo o inquirido o prazo de dez dias para comprovar perante o MPT o pagamento da mesma, ou a força maior (ou motivo relevante justificador); após tal prazo, sem justificativa do não pagamento será inscrita na Dívida Ativa da União, como confessada;

> *10. O presente Termo de compromisso é passível de fiscalização pela Delegacia Regional do Trabalho e/ou por este Ministério Público do Trabalho."* [379]

A negativa da empresa em firmar termo de compromisso, impõe ao Ministério Público do Trabalho o ajuizamento de ação civil pública para a proteção dos interesses difusos da pessoa portadora de deficiência e a execução da multa prevista no termo de ajuste de conduta. Neste particular entendemos é que se encontra o grande êxito de tal procedimento.

Sobre o referido procedimento anota, com argúcia habitual, *Francisco Antônio de Oliveira:*

> *"O compromisso de ajustamento de conduta não traduz nenhuma transação, uma vez que o legitimado ativamente não abdica de nada, apenas e tão-somente aceita da parte uma espécie de promessa que dali por diante modificará o seu comportamento. Vale dizer que existe um 'reconhecimento implícito da ilegalidade da conduta e promessa de que se adequará à lei'. É, pois, uma carta de intenção, mediante cominações, que terá eficácia de título executivo extrajudicial. O legitimado ativo da ação civil pública não abre mão e nem poderia abrir mão de qualquer direito para formalizar o ajuste. Apenas, de comum acordo, são concedidos prazo e condições para que o réu possa conduzir-se ao caminho da legalidade, evitando com isso a proposição da ação."*[380]

A grande vantagem deste procedimento é evitar a discussão da matéria em juízo, que pode se prolongar por anos (dependendo da Região onde a ação civil pública for proposta), quando somente após o trânsito em julgado ter-se-á em mãos um título executivo, agora já judicial. O termo de ajustamento de conduta, por sua vez, constitui título executivo extrajudicial.[381]

---

[379] Termo de compromisso e ajustamento de conduta celebrado entre o Ministério Público do Trabalho (3ª Região) e a empresa Segurança Tratex, Belo Horizonte (20.07.98), *apud* Ministério Público do Trabalho, *Atividades do Ministério Público do Trabalho para inserção da pessoa portadora de deficiência no mercado de trabalho*, pp. 67-69.

[380] *Da ação civil pública: Da execução do compromisso de ajustamento de conduta*, p. 73.

[381] *Francisco Antônio de Oliveira* — ob. cit., p. 74 — adverte que "ao contrário do que poderá parecer prima facie a cominação pecuniária, em caso de inadimplência, será feita por meio das *astreintes*, e não de multa. Aquelas, conceitualmente diversas desta (Dec. n. 22.626/33, art. 8º, Lei de Usura) traduzem pressão econômica irresistível, obrigando ao cumprimento, pois o valor acumulado da cominação pecuniária, diverso da multa, não tem o beneplácito do art. 920 do CCivil".

Conclusão

O *trabalho* é elemento indispensável à integração social da pessoa portadora de deficiência prevista constitucionalmente (art. 203, IV, CF/88), constituindo, ainda, um direito materialmente fundamental uma vez que a sua inobservância implica na impossibilidade do exercício direito à vida.

Deve ser rechaçado, portanto, o estereótipo segundo o qual a pessoa portadora de deficiência é incapaz para o trabalho. Incapacidade e pessoa portadora de deficiência não andam necessariamente juntas.

É imperioso que o direito ao trabalho das pessoas portadoras de deficiência não seja apenas reconhecido, e sim efetivado. Não basta apenas indicar o direito posto. Num discurso geral sobre direitos, mormente os fundamentais, deve-se manter acesa a preocupação acerca da distinção entre a teoria e a prática, ou melhor, deve-se manter em mente, antes de mais nada, que a teoria e prática percorrem estradas diversas e a velocidades díspares, sob pena de direitos, como de acesso ao trabalho às pessoas portadoras de deficiência, tornarem-se meras aspirações legais às quais o nome de "direitos" serve unicamente para atribuir um título de nobreza.

Neste sentido, destaca-se o princípio constitucional da igualdade, centro medular do Estado Social, como resposta à necessidade de conferir-se efetividade ao direito ao trabalho da pessoa portadora de deficiência. O direito à igualdade, por considerar positivamente as diferenças humanas, é o verdadeiro alicerce de todos os direitos constitucionalmente conferidos às pessoas portadoras de deficiência.

Entendemos que a implementação da igualdade jurídica é tarefa essencial a qualquer projeto democrático, já que em última análise a democracia significa igualdade — a igualdade no exercício dos direitos civis, econômicos, sociais e culturais. A busca democrática requer fundamentalmente o exercício, em igualdade de condições, dos direitos humanos elementares. Se a democracia se confunde com a igualdade, a implementação do direito à igualdade, por sua vez, impõe tanto o desafio de eliminar toda e qualquer forma de discriminação, como o desafio de promover a igualdade em todas as suas vertentes.

Entre as vertentes formal e material do princípio da igualdade, apenas esta propicia a remoção dos obstáculos e fornece os instrumentos adequados para ultrapassar a real desigualdade entre os cidadãos. Dentro desta vertente material do princípio da igualdade surge como poderoso instrumento de inclusão social das pessoas portadoras de deficiência as chamadas ações afirmativas. Tais ações constituem medidas especiais e temporárias que, buscando remediar a discriminação a determinado grupo social, objetivam acelerar o processo de igualdade, como o alcance da igualdade substantiva por parte de grupos vulneráveis ou desfavorecidos, entre eles as pessoas portadoras de deficiência.

Defendemos que do art. 3º da CF/88 emana a sustentação, o amparo necessário, para a adoção de ações afirmativas no ordenamento jurídico brasileiro. Todavia, as incipientes políticas de ação afirmativa, adotadas no Brasil, estão concentradas no sistema de cotas. A adoção do sistema de cotas, puro e simples, no nosso entender, é insuficiente para garantir o direito à igualdade do grupo favorecido.

Ao defendermos a adoção de ações afirmativas como meio de conferir efetividade ao direito ao trabalho das pessoas portadoras de deficiência, entendemos que as cotas, *isoladas*, são insuficientes para garantir o exercício de tal direito. A inclusão social das pessoas portadoras de deficiência, através do trabalho, é uma tarefa complexa. Envolve educação, qualificação, eliminação de barreiras arquitetônicas, adequação do meio ambiente de trabalho, elementos estes não contemplados, em princípio, no sistema de cotas isoladas.

O sistema de cotas no Brasil seduziu os governantes que, usualmente, superestimam o poder da lei. A realidade mostra, porém, que o impacto positivo do sistema de cotas é reduzido. Uma medida eficiente para garantir o emprego para as pessoas portadoras de deficiência deve se inserir em uma política maior e mais abrangente, que englobe as demais áreas da vida destas e de sua existência social, tais como *saúde, educação, qualificação, previdência, acesso e transporte*. A adoção de medidas para a criação de vagas de trabalho, como as cotas isoladas, de nada adiantará, se não for acompanhada pela provisão de providências da área da reabilitação, da educação e do transporte, de forma a permitir o acesso e a permanência dessas pessoas no emprego.

Assim, ao se optar pela construção de uma sociedade inclusiva, o Estado necessita prover os serviços, os suportes e medidas que garantam às pessoas portadoras de deficiência, o acesso e a possibilidade de participação nas diferentes instâncias da vida coletiva, da forma mais independente possível.

A proposta de consolidação ou reconstrução legislativa dos direitos da pessoa portadora de deficiência, que não exclui a necessidade de cotidianamente lutar pela implementação dos direitos já existentes, talvez tenha também por mérito possibilitar a integração de pessoas distantes desta discussão, ajudar na organização e articulação de todos os atores envolvidos na afirmação da cidadania de parcela significativa da população brasileira e introjetar na cultura nacional a concepção de que a pessoa portadora de deficiência é, antes de tudo, sujeito de direitos.

O direito à igualdade pressupõe o direito à diferença, inspirado na crença de que somos iguais, mas diferentes, e diferentes, mas sobretudo iguais.

Por fim, esperamos que as considerações aqui expostas sejam encaradas não como regras absolutas, e sim como uma semente. Pois, como já disse um grande autor nortista[382], "do meu lado aspirei apenas a lançar semente e não colher frutos. Auguro tê-la lançado em terreno fértil, como na parábola do semeador (Lc, 8,15)".

---

[382] Georgenor de Sousa Franco Filho, *As mudanças no mundo: a globalização, os princípios do direito do trabalho e o futuro do trabalho*, p. 46.

DECLARAÇÃO DE DIREITOS DO DEFICIENTE MENTAL

A Assembléia Geral,

Consciente da obrigação assumida pelos Estados-membros da Organização das Nações Unidas, em virtude da Carta, de agir, quer conjunta, quer separadamente, com espírito de cooperação com a Organização no sentido de favorecer o aumento do nível de vida, o pleno emprego e condições de progresso e de desenvolvimento nos setores econômico e social;

Reafirmando a sua crença nos direitos do homem, nas liberdades fundamentais e nos princípios da paz, da dignidade e do valor da pessoa humana, bem como da justiça social, tais como são proclamados na Carta,

Lembrando os princípios da Declaração Universal dos Direitos do Homem e da Declaração dos Direitos da Criança, bem como as normas de progresso social já enunciadas nos atos constitutivos, nas convenções, nas recomendações e resoluções da Organização Mundial de Saúde, do Fundo das Nações Unidas para Infância e ainda outras organizações interessadas;

Sublinhando que a declaração sobre o progresso e o desenvolvimento do domínio social proclamou a necessidade de proteger os direitos dos deficientes físicos e mentais, e de assegurar o seu bem-estar e readapatação;

Tendo presente a necessidade de ajudar os deficientes mentais a desenvolver suas aptidões nos mais diversos setores de atividade e a favorecer, tanto quanto possível, a sua integração na vida social normal;

Consciente de que certos países, no seu estado atual de desenvolvimento, só podem consagrar esforços muitos limitados a essa tarefa,

Proclama a presente Declaração dos Direitos do Deficiente Mental, e apela para que seja promovida uma campanha para que, nos planos nacional e internacional, esta declaração constitua uma base e uma referência comuns para a proteção desses direitos:

1. O deficiente mental deve gozar, na medida do possível, os mesmos direitos que todos os outros seres humanos.

2. O deficiente mental tem direito aos cuidados médicos e aos tratamentos físicos apropriados, assim como à instrução, à formação, à readaptação e aos conselhos que o ajudem a desenvolver ao máximo as suas capacidades e aptidões.

3. O deficiente mental tem direito à segurança econômica e a um nível de vida decente. Tem ainda o direito, na medida das suas próprias possibilidades, *de efetuar um trabalho produtivo ou de exercer qualquer ocupação útil.*

4. Quando tal for possível, o deficiente mental deve viver no seio de sua família, ou numa instituição que a substitua, e deve poder participar em diversos tipos de vida comunitária. A instituição onde viver deverá beneficiar de processo normal e legal que tenha em consideração o seu grau de responsabilidade em relação às suas faculdades mentais.

5. O deficiente mental deve poder beneficiar-se de uma proteção tutelar especializada quando a proteção da sua pessoa e bens exigir.

6. O deficiente mental deve ser protegido contra qualquer exploração, abuso ou tratamento degradante. Quando sujeito à ação judicial, deverá beneficiar-se de processo normal e legal que leve em consideração o seu grau de responsabilidade em relação às suas faculdades mentais.

7. Se, em virtude da gravidade da sua deficiência, certos deficientes mentais não puderem gozar livremente os seus direitos, ou se impuser uma limitação ou até a supressão desses mesmos direitos, o processo legal utilizado para essa limitação ou supressão deverá preservá-los legalmente contra toda e qualquer forma de abuso. Esse processo deverá basear-se numa avaliação das suas capacidades sociais feita por peritos qualificados. Essa limitação ou supressão de direitos deverá compreender o direito de recurso a instâncias superiores.

DECLARAÇÃO DE DIREITOS DAS PESSOAS DEFICIENTES

A assembléia Geral,

Consciente da promessa feita pelos Estados-membros na Carta das Nações Unidas no sentido de desenvolver ação conjunta e separada, em cooperação com a Organização, para promover padrões mais altos de vida, pleno emprego e condições de desenvolvimento e progresso econômico e social;

Reafirmando a fé nos direitos humanos, nas liberdades fundamentais e nos princípios de paz, de dignidade e valor da pessoa humana e de justiça social proclamada na Carta;

Recordando os princípios da Declaração Universal dos Direitos do Homem, dos Acordos Internacionais dos Direitos Humanos, da Declaração dos Direitos da Criança e da Declaração dos Direitos das Pessoas Mentalmente Retardadas, bem como os padrões já estabelecidos para o progresso social nas constituições, convenções, recomendações e resoluções da Organização Internacional do Trabalho, da Organização Educacional, Científica e Cultural das Nações Unidas e outras organizações afins;

Lembrando também a Resolução n. 1.921 (LVIII), de 6 de maio de 1975, do Conselho Econômico e Social, sobre prevenção da deficiência e reabilitação de pessoas deficientes;

Enfatizando que a Declaração sobre o Desenvolvimento e Progresso Social proclamou a necessidade de proteger os direitos e assegurar o bem-estar e a reabilitação daqueles que estão em desvantagem física ou mental;

Tendo em vista a necessidade de prevenir deficiências físicas e mentais e de prestar assistência às pessoas deficientes para que elas possam desenvolver suas habilidades nos mais variados campos de atividades e para promover, portanto, quanto possível, sua integração na vida normal;

Consciente de que determinados países, em seu atual estágio de desenvolvimento, podem desenvolver apenas limitados esforços para este fim,

Proclama esta Declaração dos Direitos das Pessoas Deficientes e apela à ação nacional e internacional para assegurar que ela seja utilizada como base comum de referência para a proteção destes direitos:

1. O termo "pessoas deficientes" refere-se a qualquer pessoa incapaz de assegurar por si mesma, total ou parcialmente, as necessidades de uma vida individual ou social normal, em decorrência, congênita ou não, em suas capacidades físicas ou mentais.

2. As pessoas deficientes gozarão de todos os direitos estabelecidos a seguir nesta declaração. Estes direitos serão garantidos a todas as pessoas deficientes sem nenhuma exceção e sem qualquer distinção ou discriminação com base em raça, cor, sexo, língua, religião, opiniões políticas ou outras, origem social ou nacional, estado de saúde, nascimento ou qualquer outra situação que diga respeito ao próprio deficiente ou a sua família.

3. As pessoas deficientes têm direito inerente de respeito por sua dignidade humana. As pessoas deficientes, qualquer que seja a sua origem, natureza e gravidade de suas deficiências, têm os mesmos direitos fundamentais que seus concidadãos da mesma idade, o que implica, antes de tudo, o direito de desfrutar uma vida decente, tão normal e plena quanto possível.

4. As pessoas deficientes têm os mesmos direitos civis e políticos que outros seres humanos: o parágrafo 7º da Declaração dos Direitos das Pessoas Mentalmente Retardadas aplica-se a qualquer possível limitação ou supressão destes direitos para as pessoas mentalmente deficientes.

5. As pessoas deficientes têm direito a medidas que visem a capacitá-las a tornarem-se tão autoconfiantes quanto possível.

6. As pessoas deficientes têm direito a tratamento médico, psicológico e funcional, incluindo-se aí aparelhos protéticos e ortóticos, à reabilitação médica e social, educação, treinamento vocacional e reabilitação, assistência, aconselhamento, serviços de colocação e outros serviços que lhes possibilitem o máximo desenvolvimento de sua capacidade e habilidades e que acelerem o processo de sua integração social.

7. As pessoas deficientes têm direito à segurança econômica e social e a um nível de vida decente e, de acordo com suas capacidades, a obter um emprego ou desenvolver atividades úteis, produtivas e remuneradas e a participar dos sindicatos.

8. As pessoas deficientes têm o direito de ter suas necessidades especiais levadas em consideração em todos os estágios de planejamento econômico e social.

9. As pessoas deficientes têm o direito de viver com suas famílias ou com pais adotivos e de participar de todas as atividades sociais, criativas e recreativas. Nenhuma pessoa deficiente será submetida, em sua residência, a tratamento diferencial, além daquele requerido por sua condição ou necessidade de recuperação. Se a permanência de uma pessoa deficiente em um estabelecimento especializado for indispensável, o ambiente e as condições de vida nesse lugar devem ser, tanto quanto possível, próximos da vida normal de pessoas da sua idade.

10. As pessoas deficientes deverão ser protegidas contra toda a exploração, todos os regulamentos e tratamentos de natureza discriminatória, abusiva ou degradante.

11. As pessoas deficientes deverão poder valer-se de assistência legal qualificada quando tal assistência for indispensável para a proteção de suas pessoas e propriedades. Se forem instituídas medidas judiciais contra elas, o procedimento legal aplicado deverá levar em consideração sua condição física e mental.

12. As organizações de pessoas deficientes poderão ser consultadas com proveito em todos os assuntos referentes aos direitos de pessoas deficientes.

13. As pessoas deficientes, suas famílias e comunidades deverão ser plenamente informadas, por todos os meios apropriados, sobre os direitos contidos nesta declaração.

Resolução adotada pela Assembléia Geral das Nações Unidas de 9 de dezembro de 1975, Comitê Social Humanitário e Cultural.

CONVENÇÃO N. 159 DA OIT

REABILITAÇÃO PROFISSIONAL E EMPREGO DE PESSOAS DEFICIENTES

A Conferência Geral da Organização Internacional do Trabalho, convocada em Genebra pelo Conselho de Administração do Escritório Internacional do Trabalho e realizada nessa cidade em 1º de junho de 1983, em sua sexagésima nona reunião,

Tendo tomado conhecimento das normas internacionais existentes e contidas na Recomendação sobre a habilitação e reabilitação profissional dos deficientes, 1955, e na Recomendação sobre o desenvolvimento dos recursos humanos, 1975;

Tomando conhecimento de que, desde a adoção da Recomendação sobre a habilitação e reabilitação profissional dos deficientes, 1955, foi registrado um significativo progresso na compreensão das necessidades de reabilitação, na extensão e organização dos serviços de reabilitação e na legislação e no desempenho de muitos países-membros em relação às questões cobertas por essa recomendação;

Considerando que a Assembléia Geral das Nações Unidas proclamou 1981 o Ano Internacional das Pessoas Deficientes, com o tema "Participação plena e igualdade", e que um programa de ação mundial relativo às pessoas deficientes permitiria a adoção de medidas eficazes a nível nacional e internacional para atingir metas de "participação plena" das pessoas deficientes na vida social e no desenvolvimento, assim como de "igualdade";

Depois de haver decidido que esses progressos tornaram oportuna a convivência de adotar novas normas internacionais sobre o assunto, que levem em consideração, em particular, a necessidade de assegurar, tanto nas zonas rurais como nas urbanas, a igualdade de oportunidade e tratamento a todas as categorias de pessoas deficientes no que se refere a emprego e integração na comunidade;

Depois de haver determinado que estas proposições devam ter a forma de uma Convenção, adota com a data de junho de mil novecentos e oitenta e três, a presente Convenção sobre reabilitação e emprego (pessoas deficientes), 1983.

PARTE I

Definições e Campo de Aplicação

Artigo 1

1. Para efeito desta Convenção, entende-se por "pessoa deficiente" todas as pessoas cujas possibilidades de obter e conservar um emprego adequado e de progredir no mesmo fiquem substancialmente reduzidas devido a uma deficiência de caráter físico ou mental devidamente comprovada.

2. Para efeitos desta Convenção, todo o país-membro deverá considerar que a finalidade da reabilitação profissional é a de permitir que a pessoa deficiente obtenha e conserve um emprego e progrida no mesmo, e que se promova, assim, a integração ou a reintegração dessa pessoa na sociedade.

3. Todo país-membro aplicará os dispositivos desta Convenção através de medidas adequadas às condições nacionais e de acordo com a experiência (costumes, uso e hábitos) nacional.

4. As proposições desta Convenção serão aplicáveis a todas as categorias de pessoas deficientes.

PARTE II
Princípios da Política de Reabilitação Profissional e Emprego para Pessoas Deficientes

Artigo 2

De acordo com as condições nacionais, experiências e possibilidades nacionais, cada país-membro formulará, aplicará e periodicamente revisará a política nacional sobre reabilitação profissional e emprego de pessoas deficientes.

Artigo 3

Essa política deverá ter por finalidade assegurar que existam medidas adequadas de reabilitação profissional ao alcance de todas as categorias de pessoas deficientes no mercado regular de trabalho.

Artigo 4

Essa política deverá ter como base o princípio da igualdade de oportunidades entre trabalhadores deficientes e os trabalhadores em geral. Dever-se-á respeitar a igualdade de oportunidades e de tratamento para as trabalhadoras deficientes. As medidas positivas especiais com a finalidade de atingir a igualdade efetiva de oportunidades e de tratamento entre trabalhadores deficientes e os demais trabalhadores não devem ser vistas como discriminatórias em relação a estes últimos.

Artigo 5

As organizações representativas de empregadores e de empregados devem ser consultadas sobre a aplicação dessa política e em particular sobre as medidas que devem ser adotadas para promover a cooperação e coordenação dos organismos públicos e particulares que participam nas atividades de reabilitação profissional. As organizações representativas de e para deficientes devem, também ser consultadas.

PARTE III

Medidas a Nível Nacional para o Desenvolvimento de Serviço de Reabilitação Profissional e Emprego para Pessoas Deficientes

Artigo 6

Todo país-membro, mediante legislação nacional e por outros procedimentos, de conformidade com as condições e experiências nacionais, deverá adotar as medidas necessárias para aplicar os artigos 2, 3, 4 e 5 da presente Convenção.

Artigo 7

As autoridades competentes deverão adotar medidas para proporcionar e avaliar os serviços de orientação e formação profissional, colocação, emprego e outros semelhantes, a fim de que as pessoas deficientes possam obter e conservar um emprego e progredir no mesmo; sempre que possível e adequado, serão utilizados os serviços existentes para os trabalhadores em geral, com as adaptações necessárias.

Artigo 8

Adotar-se-ão medidas para promover o estabelecimento e desenvolvimento de serviços de reabilitação profissional e de emprego para pessoas deficientes na zona rural e nas comunidades distantes.

Artigo 9

Todo o país-membro deverá esforçar-se para assegurar a formação e a disponibilidade de assessores em matéria de reabilitação e outro tipo de pessoal qualificado que se ocupe da orientação profissional, da formação profissional, da colocação e do emprego de pessoas deficientes.

PARTE IV

Disposições Finais

Artigo 10

As ratificações formais da presente Convenção serão comunicadas, para o devido registro, ao Diretor-Geral do Escritório Internacional do Trabalho.

Artigo 11

1. Esta Convenção obrigará unicamente aqueles países-membros da Organização Internacional do Trabalho, cujas ratificações tenham sido registradas pelo Diretor-Geral.

2. Entrará em vigor doze meses após a data em que as ratificações de dois dos países-membros tenham sido registradas pelo Diretor-Geral.

3. A partir desse momento, está Convenção entrará em vigor, para cada país-membro, doze meses após a data em que tenha sido registrada a sua ratificação.

Artigo 12

1. Todo país-membro que tenha ratificado esta Convenção poderá suspender, por um período de dez anos, a partir da data em que tenha sido posta inicialmente em vigor, mediante um comunicado ao Diretor-Geral do Trabalho, para o devido registro. A suspensão somente passará a vigorar um ano após a data em que tenha sido registrada.

2. Todo o país-membro que tenha ratificado esta Convenção e que, no prazo de um ano após a expiração do período de dez anos mencionado no parágrafo anterior, não tenha feito uso do direito de suspensão previsto neste artigo será obrigado, durante um novo período de dez anos, e no ano seguinte poderá suspender esta Convenção na expiração de cada período de dez anos, nas condições previstas neste artigo.

Artigo 13

1. O Diretor-Geral da Organização Internacional do Trabalho notificará todos os países-membros da Organização Internacional do Trabalho do registro do número de ratificações, declarações e suspensões que lhe forem comunicadas por aqueles.

2. Ao notificar os países-membros da Organização do registro da segunda ratificação que lhe tenha sido comunicada, o Diretor-Geral chamará a atenção dos países-membros da Organização sobre a data em que entrará em vigor a presente Convenção.

Artigo 14

O Diretor-Geral do Escritório Internacional do Trabalho comunicará ao Secretário-Geral das Nações Unidas os efeitos do registro e, de acordo com o artigo 102 da Carta das Nações Unidas, prestará uma informação completa sobre todas as ratificações, declarações e ofícios de suspensão que tenham sido registrados de acordo com os artigos anteriores.

Artigo 15

Cada vez que considere necessário, o Conselho Administrativo do Escritório Internacional do Trabalho apresentará na Conferência um relatório sobre a aplicação da Convenção, e considerará a conveniência de incluir na ordem do dia da Conferência a questão da revisão total ou parcial.

Artigo 16

1. No caso da Conferência adotar uma nova Convenção que implique uma revisão total ou parcial da presente, e a menos que a nova Convenção contenha dispositivos em contrário:

a) a ratificação, por um país-membro, de novo Convênio, implicará, *ipso jure*, a notificação imediata deste Convênio, não obstante as disposições contidas no artigo 12, sempre que o novo Convênio tenha entrado em vigor;

b) a partir da data da entrada em vigor do novo Convênio, o presente Convênio cessará para as ratificações pelos países-membros;

2. Este Convênio continuará em vigor, em todo o caso, em sua forma e conteúdo atuais, para os países-membros, que o tenham ratificado e não ratifiquem um Convênio revisado.

Artigo 17

As versões inglesa e francesa do texto desta Convenção são igualmente autênticas.

CONVENÇÃO N. 111

DISCRIMINAÇÃO EM MATÉRIA DE EMPREGO E OCUPAÇÃO

A Conferência Geral da Organização Internacional do Trabalho,

Convocada em Genebra pelo Conselho de Administração da Repartição Internacional do Trabalho e reunida a 4 de junho de 1958, em sua quadragésima segunda sessão;

Após ter decidido que essas disposições relativas à discriminação em matéria de emprego e profissão, assunto que constitui o quarto ponto da ordem do dia da sessão;

Após ter decidido que essas disposições tomariam a forma de uma convenção internacional;

Considerando que a Declaração de Filadélfia afirma que todos os seres humanos, seja qual for a raça, credo ou sexo, têm direito ao progresso material e desenvolvimento espiritual em liberdade e dignidade, em segurança econômica e com oportunidades iguais;

Considerando, por outro lado, que a discriminação constitui uma violação dos direitos enunciados na Declaração Universal dos Direitos do Homem, adota neste vigésimo quinto dia de junho de mil novecentos e cinqüenta e oito a convenção abaixo transcrita que será denominada ´Convenção sobre a Discriminação (Emprego e Profissão), 1958:

Art. 11. Para os fins da presente convenção o termo ´discriminação' compreende:

a) toda distinção, ou preferência fundada na raça, cor, sexo, religião, opinião política, ascendência nacional ou origem social, que tenha por efeito destruir ou alterar a igualdade de oportunidade ou de tratamento em matéria de emprego ou profissão;

b) qualquer outra distinção, exclusão ou preferência que tenha por efeito destruir ou alterar a igualdade de oportunidades ou tratamento em matéria de emprego ou profissão que poderá ser especificada pelo Membro interessado depois de consultadas as organizações representativas de empregadores e trabalhadores, quando estas existam, e outros organismos adequados.

2. As distinções, exclusões ou preferências fundadas em qualificações exigidas para um determinado emprego não são consideradas como discriminação.

3. Para os fins da presente convenção as palavras 'emprego' e 'profissão' incluem acesso à formação profissional, ao emprego e às diferentes profissões, bem como às condições de emprego.

Art. 2 — Qualquer Membro para o qual a presente convenção se encontre em vigor compromete-se a formular e aplicar uma política nacional que tenha por fim promover, por métodos adequados às circunstâncias e aos usos nacionais, a igualdade de oportunidades e de tratamento em matéria de emprego e profissão, com o objetivo de eliminar toda discriminação nessa matéria.

Art. 3 — Qualquer Membro para o qual a presente convenção se encontre em vigor deve por métodos adequados às circunstâncias e aos usos nacionais:

a) esforçar-se por obter a colaboração das organizações de empregadores e trabalhadores e de outros organismos apropriados, com o fim de favorecer a aceitação e aplicação desta política;

b) promulgar leis e encorajar os programas de educação próprios a assegurar esta aceitação e esta aplicação;

c) revogar todas as disposições legislativas e modificar todas as disposições ou práticas administrativas que sejam incompatíveis com a referida política;

d) seguir a referida política no que diz respeito a empregos dependentes do controle direto de uma autoridade nacional;

e) assegurar a aplicação da referida política nas atividades dos serviços de orientação profissional, formação profissional e colocação, dependentes do controle de uma autoridade nacional;

f) indicar, nos seus relatórios anuais sobre a aplicação da convenção, as medidas tomadas em conformidade com esta política e os resultados obtidos.

Art. 4 — Não são consideradas como discriminação quaisquer medidas tomadas em relação a uma pessoa que, individualmente, seja objeto de uma suspeita legítima de se entregar a uma atividade prejudicial à segurança do Estado ou cuja atividade se encontre realmente comprovada, desde que a referida pessoa tenha o direito de recorrer a uma instância competente, estabelecida de acordo com a prática nacional.

Art. 5 — 1. As medidas especiais de proteção ou de assistência previstas em outras convenções ou recomendações adotadas pela Conferência Internacional do Trabalho não são consideradas como discriminação.

2. Qualquer Membro pode, depois de consultadas as organizações representativas de empregadores e trabalhadores, quando estas existam, definir como não discriminatórias quaisquer outras medidas especiais que tenham por fim salvaguardar as necessidades particulares de pessoas em

relação às quais a atribuição de uma proteção ou assistência especial seja, de uma maneira geral, reconhecida como necessária, por motivos tais como o sexo, a invalidez, os encargos de família ou o nível social ou cultural.

Art. 6 — Qualquer membro que ratificar a presente convenção compromete-se a aplicá-la aos territórios não metropolitanos, de acordo com as disposições da Constituição da Organização Internacional do Trabalho.

Art. 7 — As ratificações formais da presente convenção serão comunicadas ao Diretor-Geral da Repartição Internacional do Trabalho e por ele registradas.

Art. 8 — 1. A presente convenção não obrigará senão aos Membros da Organização Internacional do Trabalho cuja ratificação tenha sido registrada pelo Diretor-Geral.

2. Ele entrará em vigor doze meses depois que as ratificações de dois Membros tiverem sido registradas pelo Diretor-Geral.

3. Em seguida, esta convenção entrará em vigor para cada Membro doze meses depois da data em que sua ratificação tiver sido registrada.

Art. 9 — 1. Todo Membro que tiver ratificado a presente convenção poderá denunciá-la no fim de um período de dez anos depois da data da entrada em vigor inicial da convenção, por ato comunicado ao diretor-Geral da Repartição Internacional do Trabalho e por ele registrado. A denúncia não terá efeito senão um ano depois de ter sido registrada.

2. Todo Membro que, tendo ratificado a presente convenção, dentro do prazo de um ano depois da expiração do período de dez anos mencionado no parágrafo precedente, não fizer uso da faculdade de denúncia prevista no presente artigo, será obrigado por novo período de dez anos e, depois disso, poderá denunciar a presente convenção no fim de cada período de dez anos, nas condições previstas no presente artigo.

Art.10 — 1. O Diretor-Geral da Repartição Internacional do Trabalho notificará a todos os Membros da Organização Internacional do Trabalho o registro de todas as ratificações que lhe foram comunicadas pelos Membros da Organização.

2. Notificando aos Membros da Organização o registro da segunda ratificação que lhe for comunicada, o Diretor-Geral chamará a atenção dos Membros da Organização para a data em que a presente convenção entrar em vigor.

Art. 11 — O Diretor-Geral da Repartição Internacional do Trabalho enviará ao Secretário-Geral das Nações Unidas, para fim de registro, conforme o art. 102 da Carta das Nações Unidas, informações completas a respeito de todas as ratificações, declarações e atos de denúncia que houver registrado conforme os artigos precedentes.

Art. 12 — Cada vez que julgar necessário, o Conselho de Administração da Repartição Internacional do Trabalho apresentará à Conferência Geral um relatório sobre a aplicação da presente convenção e examinará se é necessário inscrever na ordem do dia da Conferência a questão de sua revisão total ou parcial.

Art. 13 — 1. No caso de a Conferência adotar nova convenção de revisão total ou parcial da presente convenção, e a menos que a nova convenção disponha diferentemente:

a) a ratificação, por um Membro, da nova convenção de revisão acarretará, de pleno direito, não obstante o art. 9 acima, denúncia imediata da presente convenção quando a nova convenção de revisão tiver entrado em vigor;

b) a partir da data da entrada em vigor da nova convenção de revisão, a presente convenção cessará de estar aberta à ratificação dos Membros.

2. A presente convenção ficará, em qualquer caso, em vigor, na forma e no conteúdo, para os Membros que a tiverem ratificado e que não tiverem ratificado a convenção de revisão.

Art. 14 — As versões em francês e em inglês do texto da presente convenção fazem igualmente fé.

CONSTITUIÇÃO DO ESTADO DE SÃO PAULO

Art. 115. Para a organização da administração pública direta e indireta, inclusive as fundações instituídas ou mantidas por qualquer dos Poderes do Estado, é obrigatório o cumprimento das seguintes normas:

....

IX — a lei reservará percentual de cargos e empregos públicos para os portadores de deficiências, garantindo as adaptações necessárias para sua participação nos concursos públicos e definirá os critérios de sua admissão.

Art. 223. Compete ao Sistema Único de Saúde, nos termos da lei, além de outras atribuições:

......

VIII — a adoção de política de recursos humanos em saúde e na capacitação, formação e valorização de profissionais da área, no sentido de propiciar melhor adequação às necessidades específicas do Estado e de suas regiões e ainda aqueles segmentos da população cujas particularidades requerem atenção especial, de forma a aprimorar a prestação de assistência integral;

IX — a implantação de atendimento integral aos portadores de deficiências, de caráter regionalizado, descentralizado e hierarquizado em níveis de complexidade crescente, abrangendo desde a atenção primária, secundária e terciária de saúde, até o fornecimento de todos os equipamentos necessários à sua integração social;

......

Art. 277. Cabe ao Poder Público, bem como à família, assegurar à criança, ao adolescente, ao idoso e aos portadores de deficiências, com absoluta prioridade, o direito à vida, à saúde, à alimentação, à educação, ao lazer, à profissionalização, à cultura, à dignidade, ao respeito, à liberdade e à convivência familiar e comunitária, além de colocá-los a salvo de toda forma de negligência, discriminação, exploração, violência, crueldade e agressão.

Parágrafo único. O direito à proteção especial, conforme a lei, abrangerá, entre outros, os seguintes aspectos:

......

2. obrigação de empresas e instituições, que recebam do Estado recursos financeiros para a realização de programas, projetos e atividades culturais, educacionais, de lazer e outros afins, de preverem o acesso e a participação de portadores de deficiências.

Art. 278. O Poder Público promoverá programas especiais, admitindo a participação de entidades não governamentais e tendo como propósito:

......

IV — integração social de portadores de deficiências, mediante treinamento para o trabalho, convivência e facilitação do acesso aos bens e serviços efetivos;

......

Art. 279. Os Poderes Público estadual e municipal assegurarão condições de prevenção de deficiências, com prioridade para a assistência pré-natal e à infância, bem como integração social de portadores de deficiência, mediante treinamento para o trabalho e para convivência, mediante:

I — criação de centros profissionalizantes para treinamento, habilitação e reabilitação profissional de portadores de deficiência, oferecendo os meios adequados para esse fim aos que não tenham condições de freqüentar a rede regular de ensino;

II — implantação do sistema "Braile" em estabelecimentos da rede oficial de ensino, em cidade-pólo regional, de forma a atender às necessidades de educação e sociais dos portadores de deficiência.

......

Art. 281. O Estado propiciará, por meio de financiamentos, aos portadores de deficiências, a aquisição dos equipamentos que se destinam a uso pessoal e que permitam a correção, diminuição e superação de suas limitações, segundo condições a serem estabelecidas em lei.

ATO DAS DISPOSIÇÕES CONSTITUCIONAIS TRANSITÓRIAS

......

Art. 55. A lei disporá sobre a adaptação dos logradouros públicos, dos edifícios de uso público e dos veículos de transporte coletivo, a fim de garantir acesso adequado aos portadores de deficiências.

Art. 56. No prazo de cinco anos, a contar da promulgação desta Constituição, os sistemas de ensino municipal e estadual tomarão todas as providências necessárias à efetivação dos dispositivos nela previstos, relativos à formação e reabilitação dos portadores de deficiências, em especial e quanto aos recursos financeiros, humanos, técnicos e materiais.

CONSTITUIÇÃO DO ESTADO DE MINAS GERAIS

......

Art. 28. A lei reservará percentual dos cargos e empregos públicos para provimento com portador de deficiência e definirá os critérios de sua admissão.

......

Art. 190. Compete ao Estado, no âmbito do Sistema Único de Saúde, além de outras atribuições previstas em lei federal:

......

XIV — executar as ações de prevenção, tratamento e reabilitação, nos casos de deficiência física, mental e sensorial;

.....

Art. 224. O Estado assegurará condições de prevenção das deficiências física, sensorial e mental, com prioridade para a assistência pré-natal e à infância, e de integração social do portador de deficiência, em especial do adolescente, e a facilitação do acesso a bens e serviços coletivos, com a eliminação de preconceitos e remoção de obstáculos arquitetônicos.

§ 1º Para assegurar a implementação das medidas indicadas neste artigo, incumbe ao Poder Público:

I — estabelecer normas de construção e adaptação de logradouros e edifícios de uso público e de adaptação de veículos de transporte coletivo;

II — celebrar convênio com entidade profissionalizante sem fins lucrativos, com vistas à formação profissional e à preparação para o trabalho;

III — estimular a empresa, mediante adoção de mecanismos, inclusive incentivos fiscais, absorver a mão-de-obra de portador de deficiência;

IV — criar centros profissionalizantes para treinamento, habilitação e reabilitação profissional do portador de deficiência e do acidentado do trabalho, e assegurar a integração entre saúde, educação e trabalho;

V — implantar sistemas especializados de comunicação em estabelecimento da rede oficial de ensino de cidade-pólo regional, de modo a atender às necessidades educacionais e sociais de portador de deficiência visual ou auditiva;

CONSTITUIÇÃO DO ESTADO DO RIO DE JANEIRO

......

Art. 9º O Estado do Rio de Janeiro garantirá, através da lei e dos demais atos dos seus órgãos e agentes, a imediata e plena efetividade dos direitos e garantias individuais e coletivos, mencionados na Constituição da República, bem como de quaisquer outros decorrentes do regime e dos princípios que ela adota e daqueles constantes dos tratados internacionais firmados pela República Federativa do Brasil.

§ 1º Ninguém será discriminado, prejudicado ou privilegiado em razão de nascimento, idade, etnia, raça, cor, sexo, estado civil, trabalho rural ou urbano, religião, convicções políticas ou filosóficas, deficiência física ou mental, por ter cumprido pena nem por qualquer particularidade ou condição.

.....

Art. 305. O dever do Estado e dos Municípios com a educação será efetivado mediante garantia de:

.....

IV — atendimento educacional especializado aos portadores de deficiência e ensino profissionalizante na rede regular de ensino, quando necessário, por professores de educação especial;

V — atendimento educacional especializado aos alunos superdotados a ser implementado por legislação específica.

.....

Art. 335. É dever do Estado assegurar às pessoas portadoras de deficiência a plena inserção na vida econômica e social e o total desenvolvimento de suas potencialidades, obedecendo os seguintes princípios:

I — proibir a adoção de critérios diferentes para a admissão, a promoção, a remuneração e a dispensa no serviço público estadual garantindo-se a adaptação de provas, na forma da lei;

II — assegurar às pessoas portadoras de deficiência o direito à assistência desde o nascimento, incluindo a estimulação precoce, a educação de primeiro e segundo graus e profissionalizante, obrigatórias e gratuitas, sem limite de idade;

III — garantir às pessoas portadoras de deficiências o direito à habilitação e reabilitação com todos os equipamentos necessários;

IV — com a participação estimulada de entidades não governamentais, prover a criação de programas de doenças ou condições que levem à deficiência, e atendimento especializado para os portadores de deficiência física, sensorial ou mental, e de integração social do adolescente portador de deficiência, mediante treinamento para o trabalho e a convivência;

......

VIII — assegurar a formação de recursos humanos, em todos os níveis, especializados no tratamento, na assistência e na educação dos portadores de deficiência;

......

XI — regulamentar e organizar o trabalho das oficinas abrigadas para as pessoas portadoras de deficiência, enquanto estas não possam integrar-se no mercado de trabalho competitivo;

......

Art. 337. O Estado implementará sistemas de aprendizagem e comunicação para o deficiente visual e auditivo, de forma a atender às necessidades educacionais e sociais.

......

Art. 339. Cabe ao Poder Público celebrar os convênios necessários a garantir aos deficientes físicos as condições ideais para o convívio social, o estudo, o trabalho e a locomoção, inclusive mediante reserva de vagas nos estacionamentos públicos.

CONSTITUIÇÃO DO ESTADO DO AMAZONAS

Art. 108. A Administração Pública direta e indireta do Estado e dos Municípios terá sua atividade exercida pelos servidores públicos, ocupantes de cargos ou empregos públicos, todos criados por lei, sendo que os primeiros para provimento em caráter efetivo ou em comissão e regidos por estatuto próprio aprovado por maioria absoluta dos membros do Poder Legislativo.

......

§ 2º A lei reservará percentual dos cargos e empregos públicos para as pessoas portadoras de deficiência e definirá os critérios de sua admissão.

......

Art. 244. O Estado e os Municípios promoverão, em ação conjunta com a família e entidades particulares, programas de assistência à maternidade, à infância, ao adolescente, ao idoso, ao deficiente, com prioridade às famílias de baixa renda e de prole numerosa, objetivando:

......

X — habilitação, reabilitação e integração à vida comunitária dos indivíduos marginalizados, inclusive os portadores de deficiência, vícios ou anormalidades de comportamento.

......

Art. 247. A lei e as instituições públicas competentes disporão sobre normas para a construção e adaptação dos logradouros e edificações de uso público e de fabricação de veículos de transporte coletivos, a fim de garantir o acesso e a integridade das pessoas idosas e portadores de deficiências e da mulher gestante.

Art. 248. É garantido ao portador de deficiência, além dos preceitos da Constituição Federal:

I — emprego com salário e critérios de admissão não diferenciados;

II — atendimento educacional especializado, preferencialmente na rede regular de ensino, respeitada a homogeneidade das classes especiais, a partir do nível pré-escolar;

III — integração à vida comunitária através de programas de habilitação e reabilitação;

IV — prestação de serviços especializados nos diversos tipos de deficiência, na rede de saúde pública;

......

VI — o livre acesso a logradouros e prédios de uso público e aos transportes coletivos, mediante disposições normativas estabelecidas na Lei Orgânica dos Municípios.

CONSTITUIÇÃO DO ESTADO DO RIO GRANDE DO SUL

......

Art. 19. A Administração Pública direta e indireta de qualquer dos Poderes do Estado e dos Municípios, visando à promoção do bem público e à promoção do bem público e à prestação de serviços à comunidade e aos indivíduos que a compõe, observará os princípios da legalidade, da moralidade, da impessoalidade, da publicidade, da legitimidade, da participação, da razoabilidade, da economicidade, da motivição e o seguinte:

.....

V — a lei reservará percentual de cargos e empregos públicos para as pessoas portadoras de deficiência e definirá os critérios de sua admissão.

.....

Art. 157. Na organização de sua economia, em cumprimento ao que estabelece a Constituição Federal, o Estado zelará pelos seguintes princípios:

.....

II — valorização econômica e social do trabalho e do trabalhador, associada a uma política de expansão das oportunidades de emprego e da humanização do processo social de produção, com defesa dos interesses do povo;

.....

Art. 191. O Estado prestará assistência social, visando, entre outros, aos seguintes objetivos:

.....

III — promoção da integração no mercado de trabalho;

IV — habilitação e reabilitação das pessoas portadoras de deficiência e promoção de sua integração na vida social e comunitária.

Art.192. A lei definirá a participação do Estado nos programas federais relativos a emprego, segurança e acidentes do trabalho, reabilitação profissional, integração dos deficientes no mercado de trabalho e outros que assegurem o exercício de direitos laborais previstos na Constituição Federal.

.....

Art. 195. O Estado implementará política especial de proteção e atendimento aos deficientes, visando integrá-los socialmente.

§ 1º A lei disporá sobre a garantia de crédito especial, por instituições financeiras estaduais, às pessoas portadoras de deficiência e às entidades que trabalhem na promoção de deficientes.

§ 2º Os logradouros e edifícios serão adaptados para permitir o livre acesso aos deficientes físicos.

Art. 196. A educação, direito de todos e dever do Estado e da família, baseada na justiça social, na democracia e no respeito aos direitos humanos, ao meio ambiente e aos valores culturais, visa ao desenvolvimento do educando como pessoa e à sua qualificação para o trabalho e o exercício da cidadania.

.....

Art. 199. É dever do Estado:

.....

VII — propiciar atendimento educacional aos portadores de deficiência e aos superdotados;

.....

Art. 260. O Estado desenvolverá política e programas de assistência social e proteção à criança, ao adolescente e ao idoso, portadores ou não de deficiência, com a participação de entidades civis, obedecendo aos seguintes preceitos:

.....

III — criação de programas de prevenção, de integração social, de preparo para o trabalho, e de acesso facilitado aos bens e serviços e à escola, e de atendimento especializado para crianças e adolescentes portadores de deficiência física, sensorial, mental ou múltipla;

.....

Art. 261. Compete ao Estado:

.....

IV — estabelecer programas de assistência à criança aos idosos portadores ou não de deficiência, com o objetivo de proporcionar-lhes segurança econômica, defesa de dignidade e bem-estar, prevenção de doenças, integração e participação ativa na comunidade;

V — manter casas-albergues para idosos, mendigos, crianças e adolescentes abandonados, portadores ou não de deficiências, sem lar ou família, aos quais se darão as condições de bem-estar e dignidade humana;

.....

VIII — dispor sobre a criação de Centros Regionais de Habilitação Física e Profissional.

Referências Bibliográficas

ALVES, Rubens Valtecides. *Deficiente físico — Novas dimensões da proteção ao trabalhador.* São Paulo: LTr, 1992.

________. *O princípio da não discriminação no emprego.* Tese de doutorado em Direito. São Paulo: Pontifícia Universidade Católica de São Paulo, 2001, 376 p.

AMARAL, Lígia Assumpção. *Pensar a diferença/deficiência.* Brasília: Coordenadoria Nacional para Integração da Pessoa Portadora de Deficiência, 1994.

ANDRADE, Denise Lapolla de Paula Aguiar. *Portadores de deficiência — sujeitos de direitos.* Revista do Ministério Público do Trabalho. Ano X. Brasília: LTr, março/2000.

ARAUJO, Luiz Alberto David. *A proteção constitucional das pessoas portadoras de deficiência.* Brasília: Coordenadoria Nacional para Integração da Pessoa Portadora de Deficiência, 1994.

________. NUNES JR., Vidal Serrano. *Curso de Direito Constitucional.* São Paulo: Saraiva, 1998.

ARENDT, Hannah. *A condição humana.* São Paulo: Forense Universitária, 1991.

ASSIS, Olney Queiroz; PUSSOLI, Lafaiete. *Pessoa deficiente: direitos e garantias.* São Paulo: EDIPRO, 1992.

BARROSO, Luís Roberto. *O Direito Constitucional e a efetividade de suas normas.* Rio de Janeiro: Renovar, 1993.

________. *Interpretação e aplicação da Constituição.* 3ª ed., São Paulo: Saraiva, 1999.

BASTOS, Celso Ribeiro. *Curso de direito constitucional.* 17ª ed., São Paulo: Saraiva,1996.

________. *Necessidade de regulamentação constitucional.* Cadernos de Direito Constitucional e Ciências Políticas n. 18, 1995.

________. MARTINS, Ives Gandra. *Comentários à Constituição do Brasil promulgada em 5 de outubro de 1988, 2º volume (arts. 5º a 17).* São Paulo: Saraiva,1988.

BECKER, Elisabeth. *Deficiência: Alternativas de intervenção.* São Paulo: Casa do Psicólogo, 1997.

BÍBLIA SAGRADA. *Bíblia de estudo pentecostal.* Impressa nos Estados Unidos: CPAD, 1998.

BLANCK, Peter David. *Employment integration, economic opportunity, an the Americans with Disabilities Act: Empirical study from 1990-1993.* Iowa law Review, V. 05/1994, n. 4.

BOBBIO, Norberto. *A era dos direitos.* 8ª ed., Trad. Carlos Nelson Coutinho. Rio de Janeiro: Campu, 1992.

BONAVIDES, Paulo. *Curso de direito constitucional.* 11ª ed., São Paulo: Malheiros, 2001.

BOUCALT, Carlos Eduardo de Abreu; ARAUJO, Nádia de (org). *Os direitos humanos e o direito internacional.* Rio de Janeiro: Renovar, 1999.

BURKHAUSER, Richard V. *Post-ADA: Are people with disabilities expected to work?,* the Annals of the American Academy of Political and Social Science (*The americans with disabilaties act: social contract or special privilege?*). School of Health Administration and Policy and Department of Economics Arizona State University Tempe, January, 1997.

CANOTILHO, J. J. Gomes. *Direito Constitucional.* 6ª ed., Coimbra: Almedina, 1993.

CORRÊA, Josel Machado. *O doente mental e o direito.* São Paulo: Iglu Editora, 1999.

COSTA, Orlando Teixeira da. *O Direito do Trabalho na sociedade moderna.* São Paulo: LTr, 1998.

DALY, Mary C. *Who is protected by the ADA? Evidence from the german experience,* the Annals of the American Academy of Political and Social Science (*The americans with disabilaties act: social contract or special privilege?*). School of Health Administration and Policy and Department of Economics Arizona State University Tempe, January, 1997.

DINIZ, Maria Helena. *Norma constitucional e seus efeitos.* 3ª ed., São Paulo: Saraiva, 1997.

________. *Compêndio de introdução à ciência do direito.* 3ª ed., São Paulo, Saraiva, 1991.

ECHIGO, Rosana Naomi Santo. *O deficiente e o mercado de trabalho: contratando também portadores de deficiência.* Dissertação de Mestrado em Administração. São Paulo: Pontifícia Universidade Católica de São Paulo, 1998, 108 p.

FERNANDES, Anníbal. *Acidentes do trabalho: do sacrifício do trabalho à prevenção e à reparação.* São Paulo: LTr, 1995.

FERRARI, Irany; NASCIMENTO, Amauri; MARTINS FILHO, Ives Gandra da Silva. *História do trabalho, do direito do trabalho e da justiça do trabalho.* São Paulo: LTr, 1998.

FERREIRA FILHO, Manoel Gonçalves. *Comentários à Constituição Brasileira de 1988.* 21ª ed., São Paulo: Saraiva, 1995.

________. *Curso de direito constitucional.* 23ª ed., São Paulo: Saraiva,1996.

________. *Direitos humanos fundamentais.* São Paulo: Saraiva, 1996.

FIGUEIREDO, Guilherme José Purvin de (org.). *Direitos da pessoa portadora de deficiência.* São Paulo: Max Limonad, 1997.

________. (org), *Temas de direito ambiental e urbanístico.* São Paulo: Max Limonad, 1998.

________. *Processo de habilitação profissional e trabalho prestado por pessoa portadora de deficiência.* Revista LTr, v. 61, n. 07, São Paulo: LTr, Julho 1997.

FONSECA, Ricardo Tadeu Marques da. *O trabalho protegido do portador de deficiência.* Suplemento Trabalhista da Revista LTr, n. 151/99, São Paulo: 1999.

FRANCO FILHO, Georgenor de Sousa. *As mudanças do mundo: A globalização, os princípios do direito do trabalho e o futuro do trabalho.* Revista do Tribunal Superior do Trabalho, v. 66, n. 3, Brasília: Imprensa Nacional, jul./set./2000.

________. *Globalização & desemprego: mudanças nas relações do trabalho.* São Paulo: LTr, 1998.

________. *Globalização, trabalho e dignidade da pessoa humana.* Revista do Tribunal Regional do Trabalho da 8ª Região. v. 31, n. 61, Pará: Tribunal Regional do Trabalho, jul./dez./1998.

________. *Peculiaridades regionais nas relações de trabalho. Aplicação da Lei. Eqüidade.* Revista do Tribunal Regional do Trabalho da 8ª Região. v. 31, n. 61, Pará: Tribunal Regional do Trabalho, jul./dez./1998.

GARCIA, Maria. *Desobediência civil, direito fundamental.* São Paulo: RT, 1994.

GOMES, Joaquim B. Barbosa. *Ação afirmativa & princípio constitucional da igualdade: (o Direito como instrumento de transformação social. A experiência dos EUA).* Rio de Janeiro: Renovar, 2001.

GUGEL, Maria Aparecida. *Discriminação positiva.* Revista do Ministério Público do Trabalho. Ano X. Brasília: LTr, março/2000.

HORTA, Raul Machado. *Estrutura, natureza e expansividade das normas constitucionais.* Revista Trimestral do Direito Público, São Paulo, 1993.

IANTAS, Jaime José Bilek. *O Ministério Público do Trabalho e a proteção de interesses do trabalhador portador de deficiência.* Revista do Ministério Público do Trabalho. Ano IX. Brasília: LTr, março/1999.

JANNUZI, Gilberta. *A luta pela educação do deficiente mental no Brasil.* Campinas — SP: Editora Autores Associados, 1992.

KELSEN, Hans. *Teoria pura do direito.* [Tradução: João Batista Machado] 5ª ed., São Paulo: Martins Fontes,1996.

KÖNIG, Andreas; SCHALOCK, Robert L. *Empleo asistido: igualdad de oportunidades para hombres y mujeres gravemente incapacitados.* Revista Internacional del Trabajo, vol. 110, OIT — Ginebra, 1991.

LAFER, Celso. *A reconstrução dos direitos humanos: um diálogo com o pensamento de Hanna Arent.* São Paulo: Companhia das Letras, 1988.

LIMA, Francisco Gérson Marques de. *Igualdade de tratamento nas relações de trabalho.* São Paulo: Malheiros, 1997.

LOPES FILHO, Otacílio (org). *Tratado de Fonoaudiologia.* São Paulo: Roca Medicina, 2000.

LORENTZ, Lutiana Nacur. *A proteção da lei aos portadores de deficiência no mercado de trabalho.* Revista do Ministério Público do Trabalho. Ano IX. Brasília: LTr, março/1999.

MANCUSO, Rodolfo de Camargo. *Ação civil pública trabalhista: análise de alguns pontos controvertidos.* Revista do Ministério Público do Trabalho. Ano VI. Brasília: LTr, setembro/1996.

________. *Ação civil pública: em defesa do meio ambiente, patrimônio cultural e dos consumidores: Lei n. 7.347/85 e legislação complementar.* 5ª ed., São Paulo: Revista dos Tribunais, 1997.

________. *Interesses difusos: conceito e legitimação para agir.* 4ª ed., São Paulo: Revista dos Tribunais, 1997.

MANTOAN, Maria Teresa Eglér. *A integração de pessoas com deficiência: contribuições para uma reflexão sobre o tema.* São Paulo: Memnom: Editora SENAC, 1997.

MANUS, Pedro Paulo Teixeira. *Consolidação das Leis do Trabalho e legislação complementar em vigor.* 3ª ed., São Paulo: Malheiros, 1999.

________. *Direito do Trabalho.* 4ª ed., São Paulo: Atlas, 1995.

________. *Direito do Trabalho na nova Constituição.* São Paulo: Atlas, 1989.

MARTINS FILHO, Ives Gandra da Silva. *Ação civil pública trabalhista.* Recife: Ed. Nossa Livraria, 1997.

________. *Meio ambiente de trabalho. Interesses difusos, coletivos e individuais homogêneos. Defesa pelo Ministério Público.* Revista Trabalho & Doutrina. Saraiva, n. 14, setembro 1997.

MAZZILI, Hugo Nigro. *A defesa dos interesses difusos em juízo.* 8ª ed. São Paulo: Saraiva, 1996.

MEDEIROS, Adriane de Araujo. *Direito da pessoa portadora de deficiência ao trabalho e o papel do Ministério Público do Trabalho.* Revista do Ministério Público do Trabalho. Ano VIII. Brasília: LTr, março/1998.

MÈLIN-SOUCRAMANIEN, Ferdinand. *Le principe d'égalité dans la jurisprudence du Conseil Constitutionnel.* Paris: Economica,1997.

MELLO, Celso Antônio Bandeira de. *Conteúdo jurídico do princípio da igualdade.* 3ª ed., 5ª tiragem, São Paulo: Malheiros,1998.

MELLO, Marco Aurélio Mendes de Farias. *Óptica constitucional — A igualdade e as ações afirmativas.* Texto extraído da palestra proferida, em 20 de novembro de 2001, no Seminário "Discriminação e Sistema Legal Brasileiro", promovido pelo Tribunal Superior do Trabalho. Brasília, novembro de 2001, 11 p.

MENDES, Gilmar Ferreira. *Direitos fundamentais e controle de constitucionalidade.* São Paulo: Celso Bastos Editor, 1998.

________. *Controle de constitucionalidade (Aspectos jurídicos e políticos).* São Paulo: Saraiva, 1990.

MENEZES, Paulo Lucena de Menezes. *A ação afirmativa* (affirmative action) *no direito norte-americano.* São Paulo: Editora Revista dos Tribunais, 2001.

MINISTÉRIO PÚBLICO DO TRABALHO. Procuradoria Geral do Trabalho. *Atividades do Ministério Público do Trabalho para inserção da pessoa portadora de deficiência no mercado de trabalho.* Brasília, julho de 2000.

MORAIS FILHO, Evaristo de. *Introdução Direito do Trabalho.* vol. II, Rio de Janeiro: Revista Forense, 1956.

MUDRICK, Nancy R. *Employment discrimination laws for disability: Utilization and outcome,* the Annals of the American Academy of Political and Social Science (*The americans with disabilaties act: social contract or special privilege?*). School of Health Administration and Policy and Department of Economics Arizona State University Tempe, january 1997.

NAHMIAS MELO, Sandro. *Meio ambiente do trabalho: direito fundamental,* São Paulo, LTr, 2001.

________. *A problemática da eficácia das normas constitucionais programáticas. In* Revista da Associação de Pós-Graduandos da Pontifícia Universidade Católica de São Paulo. São Paulo, maio, 1999, ano VIII, n. 17.

NASCIMENTO, Amauri Mascaro. *Curso de Direito do Trabalho.* 12ª ed., São Paulo: Saraiva, 1996.

________. *Defesa processual do meio ambiente do trabalho. In* Revista LTr, vol. 63, n. 5, maio de 1999.

________. *Direito do Trabalho na Constituição de 1988.* São Paulo: Saraiva, 1989.

NERY JUNIOR, Nelson. *Princípios do processo civil na Constituição Federal.* 5ª ed., São Paulo: Revista dos Tribunais, 1999.

NUNES, Luiz Antonio Rizzatto. *Manual de monografia jurídica.* São Paulo: Saraiva, 1997.

OLIVEIRA, Francisco Antônio de. *Ação civil pública: enfoques trabalhistas.* São Paulo: Revista dos Tribunais, 1998.

_________. *Da ação civil pública: da execução do compromisso de ajustamento de conduta.* Revista do Ministério Público do Trabalho. Ano X. Brasília: LTr, março/2000.

OLIVEIRA, Sebastião Geraldo de. *Proteção jurídica à saúde do trabalhador.* 3ª ed., São Paulo: LTr, 2001.

ORTEGA, Maria Lucia Jordão. *Amplitude do conceito de "deficiente".* Revista Trimestral de Direito Público, n. 17. São Paulo: Malheiros, 1997.

PAIVA, Marcelo Rubens. *Feliz Ano Velho.* São Paulo: Mandarin, 1996.

PASTORE, José. *A agonia do emprego.* São Paulo: LTr, 1997.

_________. *Oportunidades de trabalho para portadores de deficiência.* São Paulo: LTr, 2000.

_________. *O peso dos encargos sociais no Brasil: implicações no salário, no emprego e na competitividade.* Centro de Integração Empresa-Escola. São Paulo: CIEE, 1998.

_________. *Trabalho, família e costumes: leituras em sociologia do trabalho.* São Paulo: LTr, 2001.

PIOVESAN, Flávia. *Temas de Direitos Humanos.* São Paulo: Max Limonad, 1998.

PLÁ RODRIGUEZ, Américo. *Princípios de direito do trabalho.* 3ª ed., São Paulo: LTr, 2000.

PUSSOLI, Lafaiete. *A pessoa portadora de deficiência e reserva de mercado.* Revista da Associação de Pós-Graduandos da Pontifícia Universidade Católica de São Paulo. São Paulo, 1998, ano VII, n. 15.

RANAURO, Hilma; SÁ, Nídia Regina Limeira de. *O discurso bíblico sobre a deficiência.* Niterói: Muiraquitã, 1999.

_________. *Considerando as pessoas com deficiência.* Manaus: Semente de Vida Ltda., 2000.

ROBERT, Cinthia (org.). *O direito do deficiente.* Rio de Janeiro: *Lumen Juris,* 1999.

ROCHA, Cármen Lúcia Antunes Rocha. *O princípio constitucional da igualdade.* Belo Horizonte: Editora Lê, 1990.

_________. *Ação afirmativa: o conteúdo democrático do princípio da igualdade jurídica.* Revista de Informação Legislativa, vol. 131, jul./set. 1996.

ROCHA, Fernando Luiz Ximenes. *Direitos fundamentais na Constituição de 1988.* Cadernos de Direito Constitucional e Ciência Política, outubro-dezembro de 1998.

ROCHA, Júlio Cesar de Sá da. *Direito Ambiental e meio ambiente do trabalho: dano, prevenção e proteção jurídica.* São Paulo: LTr, 1997.

ROMAR, Carla Teresa Martins; SOUSA, Otávio Augusto Reis de (coord.). *Temas relevantes de direito material e processual do trabalho — "Estudos em homenagem ao professor Pedro Paulo Teixeira Manus"*. São Paulo: LTr, 2000.

ROSEN, George. *Uma história da saúde pública*. Trad. Marcos Fernando da Silva Moreira e José Rubem de Alcântara Bonfim. São Paulo: Hucitec: Editora da Universidade Estadual Paulista, 1994.

SAAD, Eduardo Gabriel. *Consolidação das Leis do Trabalho Comentada*. 28ª ed., São Paulo: LTr, 1993.

SALOMON, Sônia Maria. *Deficiente Visual: um novo sentido de vida: proposta psicopedagógica para a ampliação da visão reduzida*. São Paulo: LTr, 2000.

SARLET, Ingo Wolfgang. *A eficácia dos direitos fundamentais*. Porto Alegre: Livraria do Advogado, 1998.

SARTORI, Luís Maria A. (org.). *Encíclicas do Papa João Paulo II*. São Paulo: LTr, 1996.

SENTO-SÉ, Jairo. (org.). *Desafios do direito do trabalho*. São Paulo: LTr, 2000.

SILVA, Clelma Cristina. *A formação profissional do portador de deficiência e suas oportunidades no mercado de trabalho*: Dissertação de Mestrado em Administração. São Paulo: Pontifícia Universidade Católica de São Paulo, 2000, 116 p.

SILVA, Fernanda Duarte Lopes Lucas da. *Princípio constitucional da igualdade*. Rio de Janeiro: Editora *Lumen Juris*, 2001.

SILVA, José Afonso da. *Aplicabilidade das normas constitucionais*. 3ª ed., São Paulo: Malheiros Editores, 1998.

_________. *Curso de Direito Constitucional Positivo*. 12ª ed., São Paulo: Malheiros, 1996.

SILVA, Otto Marques da. *A epopéia ignorada: a pessoa deficiente na história do mundo de ontem e de hoje*. São Paulo: Centro São Camilo de Desenvolvimento em Administração da Saúde, 1986.

_________. *Uma questão de competência*. São Paulo: Memnon, 1993.

SÜSSEKIND, Arnaldo Lopes. *Convenções da OIT*. São Paulo: LTr, 1994.

TEIXEIRA, José Horácio Meirelles [texto revisto e atualizado por Maria Garcia]. *Curso de Direito Constitucional*. Rio de Janeiro: Forense Universitária, 1991.

VIANA, Márcio Túlio; RENAULT, Luiz Otávio Linhares (coord.). *Discriminação: estudos*. São Paulo: LTr, 2000.

VILHENA, Oscar Viera (org.), *Direitos Humanos*. São Paulo: Max Limonad, 2001.

VILLATORE, Marco Antônio César. *O Decreto n. 3.298, de 20.12.99 — a pessoa portadora de deficiência no direito do trabalho brasileiro e o tema no direito do trabalho comparado.* Revista LTr, v. 64, n. 05, São Paulo: LTr, maio 2000.

YELIN, Edward H. *The employment of people with and without disabilities in a age of insecurity,* The Annals of the American Academy of Political and Social Science (*The americans with disabilaties act: social contract or special privilege?*). School of Health Administration and Policy and Department of Economics Arizona State University Tempe, january 1997.